本丛书得到何东先生独资赞助

This series of books is financially supported exclusively
by Mr. Eric Hotung.

20世纪中国文物考古发现与研究丛书

敦煌吐鲁番文献

王 素／著

文物出版社

一　莫高窟远眺

二　古叙利亚文《诗篇》节选（敦煌研究院藏品）

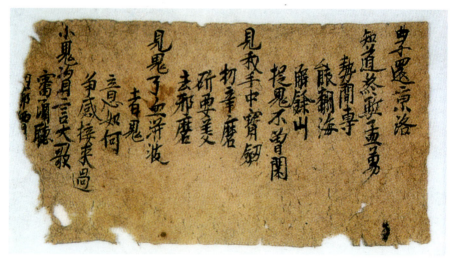

三　唐写本《曲子还京洛》（Дх.1468 号）

下蕃郡四姓　陳節各臣　　東莞郡四姓　淮浦今刀

廣陵郡三姓　戴　高　盛〔楊州〕

會稽郡七姓〔越州〕虞　孔　賀　榮〔盛　鍾　雞〕

吳興郡七姓〔胡州〕姚　明　丘　鈕〔詞〕施　沈

長城郡二姓〔湖州〕錢

吳郡四姓〔蘇州〕朱　張　顧　陸

餘康郡二姓〔杭州〕金　褚　花

丹陽郡四姓〔潤州〕紀　甘　許　古

臨海郡四姓　屈　譚　靖　弋

尋陽郡二姓〔江州〕陶　翟

武陵郡二姓〔湘州〕供　仵

武都郡一姓　舟

監官郡三姓〔杭州〕本　邸　戚

東陽郡五姓〔婺州〕苟　姚〔留　黃〕

松陽郡四姓〔括州〕黃　瀨　曲　豆

豫章郡五姓〔洪州〕熊　羅　章　雷　湛

長沙郡五姓〔潭州〕劉〔林　苟　秦〕

南安郡五姓〔泉州〕黃　廉　單　執　盛

以前太史曰尭置九州今為八千五郡合三百

九十八姓今貞觀八年五月十日壬辰自今已

後明加禁絕前件郡姓出處許其通婚媾結

婚之始非舊委悉必須精加研究知譜裏相承

四　吐蕃时期写本姓氏录（国图 D 08679 号）

五 高昌故城

六 高昌周隆
海买田券（九
大藏品）

20世纪中国文物考古发现与研究丛书

序 / 张文彬

　　俗称"锄头考古学"的田野考古学的诞生以及中国考古学学科体系的基本完善，由此而引起的古物鉴玩观赏著录向科学的文物学的转变，是20世纪中国学术与文化界的大事。它从材料与方法两个方面彻底刷新了持续了数千年之久的中国古代史学传统，不但为中国学术界和文化界开拓出更加广阔的研究天地，也为一切关心中华民族悠久历史和灿烂文明的人们不断地提供了可贵的精神滋养和力量源泉。

　　仰古、述古、探古，进而考古，向来为我国传统文化中一个明显的学术特点。先秦时期诸子百家发其端，汉代司马迁撰写《史记》，北魏郦道元作注《水经》。他们对相关的遗迹遗物，尽可能地做到亲自考察和调查，既能辨史又可补史。这种寻根追源的治学态度，为后世学术上的探古、考古树立了榜样。此后，山河间的访古和书斋式的究古相继开展，特别是对古器物的研究，成了唐、宋时期的文化时尚。不少学者热衷于青铜铭文、碑刻、陶文、印章等古文字的考释，进而有了对器物的辨伪鉴定、时代判断、分类命名等，逐渐兴起了一门新的学问——金石学，涌现出许多著名的古器物鉴赏家和收藏家。只是囿于当时的历史条件，金石学家们无法了解所见文物的出土地点和情况，也难以涉及史前时代漫长的演进历程，因而长期以来始终脱离不了考证文字和证经补史的窠臼。即使如此，他们的艰辛努力和取得的成绩，还是为推动我国传统文化的发展起到了积极作用，并且在事实上也为中国考古学和中国文物学的起步铺设了最早的一段道路。

20世纪初，近代考古学由西方传入。中国学者继承金石学的研究成果，学习并运用西方考古学方法，开始从事田野考古，通过历史物质文化遗存，探寻和认识古代社会，揭示人类社会发展规律。早在1926年，中国学者就自行主持山西南部汾河流域的调查和夏县西阴村史前遗址的发掘。随后，我国学者同美国研究机构合作，有计划地发掘周口店遗址，发现了北京猿人。从1928年起至1937年，连续十五次发掘安阳殷墟遗址，取得了较大收获，引起了国内外学术界的重视。自20世纪50年代以后，随着国家大规模经济建设的进行，田野考古勘探、调查和科学发掘工作在全国范围内蓬勃有序地开展，许多重要的典型遗址和墓地被揭露出来，重大发现举世瞩目。它们脉络清晰，层位分明，文化相连，不仅弥补了某些地域上的空白，而且衔接了年代上的缺环，为研究中国古代史、文化史、科学史以及其他学科领域，提供了珍贵、丰富的实物资料，极大地影响着人文社会科学诸多学科专业的研究与发展。这段时间被学术界称为中国考古学的黄金时代。在马列主义理论指导下，具有中国特色的考古学理论体系和方法论逐渐形成。有关研究成果不仅极大地改变和丰富了人们对中国文明起源、中国古史发展等重大问题的认识，同时也扩展了中国文物的研究领域和研究方式。可以说，考古学的发展与进步，直接影响到文物学的形成与发展，而且影响到全社会对文化遗产重要作用的认识以及世界学术界对中国古代文明的重新认识。

从20世纪80年代开始，文物界就中国文物学的创立，逐渐取得共识，在共同探讨的基础上，初步形成了学科体系。不少学者发表了有关论文，出版了专著，就文物的历史价值、科学价值、艺术价值以及在社会主义的物质文明与精神文明建设中如何对文物进行有效保护、合理利用发表意见。这些研究成果已获得学术界的赞同。

在这世纪之交和千年更替之际，对中国考古学和中国文物事业作一次世纪性的回顾和反思，给予科学的总结，是许多学者正在思考和研究的问题。如果能通过梳理20世纪以来重大发现和研究成果，透视学科自身成长的历程，从而展望未来发展的方向，以激励后来者继续攀登科学高峰，无疑是一件很有意义的事。为此，经过酝酿、商讨和广泛征求意见，我们约请一批学者（其中有相当多的中青年学者）就自己的专长选择一个专题，独立成篇，由文物出版社编辑出版一套《20世纪中国文物考古发现与研究丛书》，并以此作为向新世纪的献礼。

从某种意义上说，《20世纪中国文物考古发现与研究丛书》是一套学科发展史和学术研究史丛书。其内容包括对20世纪考古与文物工作概况的综合阐述；对一些重要的考古学文化和古代区域文化研究情况的叙述；对文物考古的专题研究；对重要的文物考古发现、发掘及研究的个例纪实。

此套丛书的内容面广，而且彼此关联。考虑到各选题在某些内容上难免会有重叠或复述，因此在编撰之初，我们要求各选题之间互有侧重，彼此补充，以期为读者了解 20 世纪中国考古学和文物学的发展提供更多的视角。

我国的文物与考古工作，虽在 20 世纪得到了迅速发展，但仍有许多重大学术问题需要进一步探索。我们主持编辑这套丛书，除了强调材料真实，考释有据，写作态度严谨求实外，也不回避以往在工作或研究上曾经产生的纰漏差错和不足之处，以便为今后的工作和研究提供借鉴。虽然我们尽了很大努力，但限于水平，各篇仍很难整齐划一。由于组稿和作者方面的困难和变化，一些计划之中的题目也未能成书。这些不周之处，敬请专家、学者和广大读者批评指正。

在丛书编印过程中，我们得到了文物、考古界的广泛支持。何东先生在出版经费上给予了热情帮助。在此，一并深表感谢。

2000 年 6 月于北京

目　录

插 图 目 录

前言

本书是一部对敦煌吐鲁番文献的发现与研究进行回顾与总结的著作。

敦煌吐鲁番文献的发现，迄今已有百年甚至超过百年。百年对于悠悠历史虽然不过瞬间，但对于敦煌吐鲁番文献的研究，却已走过一段漫长的里程。在此期间，无数中外学者对敦煌吐鲁番神牵梦萦，对敦煌吐鲁番文献意迷情钟。其中，不仅包含对大漠孤烟、长河落日的边塞风光的缠绵遐想，也包含对金戈铁马、殊俗重译的汉唐盛世的无限景仰。而尤为让学者动心的，是著名史家陈寅恪先生所说的一段话：

> 一时代之学术，必有其新材料与新问题。取用此材料，以研求问题，则为此时代学术之新潮流。治学之士，得预于此潮流者，谓之预流。其未得预者，谓之未入流。此古今学术史之通义，非彼闭门造车之徒，所能同喻者也。敦煌学者，今日世界学术之新潮流也[1]。

学者因此争相"预流"，献身敦煌吐鲁番文献研究者，可谓颇不乏人[2]。即如已经成名的中外作家，也不忘选取敦煌吐鲁番史事作为创作题材[3]。在此情况下，敦煌吐鲁番文献的研究，自然不分中外，名家辈出，成果充栋。于是，就有了国际性的敦煌吐鲁番学。不久，又有了旨在促进国际合作的中国敦煌吐鲁番学会。这对于敦煌吐鲁番文献研究的发展无疑值得庆幸。但对于本书的回顾与总结，却带来一定的难度。

　　我常常想：人生苦短，在浩瀚、艰难的学界，做出一点成绩，十分不容易。本书既称回顾与总结，自然应在有限的篇幅内，尽可能多地反映学者做的工作。但要做到这一点，也必须煞费苦心。按照本丛书的规定，以及我个人的设想，本书作为学术史著作，还须具备二项功能：一项是学术信息库功能；一项是学术工具书功能。据此，本书对于学者做的工作，也采取二种不同的处理方式：一种仅在正文中提到，不注成果名称。这属于学术信息库功能。一种不仅在正文中提到，而且出注详录成果名称。这属于学术工具书功能。需要强调的是，这样处理决无厚此薄彼之意。因为本书正文和注释特别提到的一些总结性论著，以及后附"参考文献"中的一些总结性著作，都已详录了有关成果的名称。譬如：关于归义军史的研究，中外成果很多，但本书注录成果却很少。这是因为，本书参考著作中的荣新江先生的《归义军史研究》，作为总结性著作，注录有关成果已极详备。又譬如：关于高昌史的研究，中外成果很多，但本书注录成果也很少。这也是因为，本书参考著作中的《高昌史稿》统治、交通二编，作为总结性著作，注录有关成果也极详备。当然，也有一些学者做的工作，本书可能并未充分反映。这应是因为：敦煌吐鲁番文献研究范围太广，而本书回顾的范围仍较局促；敦煌吐鲁番文献研究成果太多，而本书总结的成果仍较有限。但这是不可避免的。

　　此外，我还常常想：学者做的工作，虽然大都可圈可点，但受到各种条件的限制，要想达到尽善尽美，也十分不容易。尽管如此，若要简单评判是非得失，也是非常困难的。原因主要有二：首先还是因为本书篇幅毕竟有限。若是每件工作都要评判是非得失，就是将篇幅再增加十倍也恐怕不够。其次则是因为本书毕竟属于个人著作，代表的是个人观点。而作为个人，受到各种情况的影响，评判恐怕是较难公允的。当然，并不是说本书以此为由完全回避评判。实际上，在撰写过程中，对于很多工作，我都有一种评判的冲动。虽然由于种种原因大多不得不放弃，但忍不住进行评判的也有不少。譬如：在敦煌研究院举行的 2000 年敦煌学国际学术讨论会上，敦煌学老前辈饶宗颐先生进行主题演讲，批评近年出版的《敦煌残卷古文尚书校注》没有吸收前人特别是海外的成果。本书很有同感，因而在有关注文中也对此提出了批评。又譬如：《北史》记高昌"俗事天神"的"天神"，古今学者都认为是火祆教，实际早已成为定论。但近年由于种种原因，产生很多歧说。本书认为只要注意同书记火祆教发源地波斯也有"俗事火神、天神"语，一切歧说都可不攻自破，因而在有关正文中对此进行了评判。然而，尽管本书力求公允，但由于自己也是经学和火祆教研究群体之一员，这种评判还是难免打上个人的印记。这也说明评判确实需要慎重。本书对学者做的工作，介绍较多，评判较少，盖源于此。

最后，我想说明的是：本书从 1998 年初秋开始酝酿，到世纪将尽之夜终于完成，断断续续用了两年多时间。虽然爬梳非常用功，撰写也十分尽力，但疏漏和错误恐仍难免。责无旁贷，敬请鉴谅。

注 释

[1] 陈寅恪：《陈垣敦煌劫余录序》，原载《历史语言研究所集刊》1 本 2 分，

1930 年，收入《金明馆丛稿二编》第 236 页，上海古籍出版社，1980 年。

[2] 按：季羡林先生主编《敦煌学大辞典》，收近现代中外敦煌学成名人物已经超过 300 人，尚未成名者当然更数倍于此。加上中外吐鲁番学成名及尚未成名人物，可见献身敦煌吐鲁番文献研究者一定更多。

[3] 譬如：日本著名作家井上靖先生在小说《敦煌》（曾改编为电影）中对藏经洞的封闭发表了自己的看法；我国著名作家金庸先生在小说《白马啸西风》中对高昌的宝藏也有令人神往的描写。

一 敦煌吐鲁番的历史与文化

敦煌吐鲁番的历史与文化，与敦煌吐鲁番文献的关系极为密切。敦煌吐鲁番文献是敦煌吐鲁番的历史与文化的载体；敦煌吐鲁番的历史与文化是敦煌吐鲁番文献的深层内涵。因此，要想了解敦煌吐鲁番文献，就必须首先了解敦煌吐鲁番的历史与文化。

（一）敦煌的历史与文化

敦煌现为县级市，位于甘肃省西部偏南，河西走廊西端。这里东望绿洲点点，西眺黄沙漫漫，自古就是中国（中原）与西域的分野，也是中西交通的第一大枢纽。其历史的发展，文化的形成，具有与中原不同的特点。

1. 敦煌的历史

敦煌的历史，传说极为悠久。《尚书·舜典》记舜除"四凶"，流放四裔，其中"窜三苗于三危"。同书《禹贡》也说："三危既宅，三苗丕叙。"这个"三危"，一般认为即敦煌的三危山。与三苗一同流放的还有姜戎，也就是允戎、阴戎。《左传》襄公十四年（公元前 559 年）记范宣子对姜戎氏说："昔秦人迫逐乃祖吾离于瓜州。"昭公九年（公元前 533 年）记晋将率阴戎侵犯周之颍邑，周景王遣使责晋，追述当年流放事，也说："故允姓之奸，居于瓜州。"这个"瓜州"，一般认为亦属敦煌。据此，可以推测，春秋以前，敦煌不仅是中国的西鄙，也是传统流放罪犯的地方。

战国至西汉前期，敦煌地区主要为游牧民族居住。这些游牧民族，种类繁多，主要有塞种、月氏种、乌孙种。《广弘明集》卷七载梁荀济《请废佛法表》引《汉书·西域传》说："塞种本允姓之戎，世居敦煌，为月氏迫逐，遂往葱岭南奔。"这条资料，由于今本《汉书·西域传》未见，曾经引起广泛争论。但争论的焦点，在于塞种是否允戎。塞种原居敦煌，应该没有太大疑问。《汉书·西域上》大月氏国条说："本居敦煌、祁连间，至（匈奴）冒顿单于攻破月氏，而老上单于杀月氏［王］，以其头为饮器，月氏乃远去。"同书《西域下》乌孙国条说："乌孙本与大月氏共在敦煌间。"又说："本塞地也。大月氏西破走塞王。塞王南越悬度，大月氏居其地。后乌孙昆莫击破大月氏，大月氏徙西臣大夏，而乌孙昆莫居之。"此处"本塞地"，指今新疆乌鲁木齐以西、哈萨克巴尔喀什湖以东的伊犁河流域广大地区。塞、大月氏、乌孙先后由敦煌西迁，又先后占据该地区。大月氏西迁，中外学者一般定在公元前177至176年间。乌孙西迁，也一般定在公元前161年前后。在此之后，敦煌暂时成为匈奴昆邪王的领地。

昆邪王又作浑邪王。当时的河西走廊，今张掖以西属昆邪王，武威以东属休屠王，二王有如二道关卡，完全阻断了汉王朝与西域的交通。武帝继位，欲联合月氏，共抗匈奴，遂召募使者，出使西域。汉中人张骞以郎应募，于建元三年（公元前138年）出发，元朔三年（公元前126年）返回。此行历尽艰险，虽然未能联合月氏，共抗匈奴，但带给武帝一个全新的西域世界。特别值得一提的是，张骞在给武帝的报告中，第一次提到了敦煌。元狩二年（公元前121年）秋，匈奴内讧，昆邪王杀休屠王，将其众四万余人来降，河西空虚。武帝欲召乌孙返居昆邪故地，共拒匈奴，断其"右臂"。于是，张骞再次出使西域，于元鼎二年（公元前115年）返回。此行仍然无功，武帝遂先于昆邪故地置酒泉郡，又于休屠故地分置武威郡，并徙民以实之。元鼎六年（公元前111年），又分武威、酒泉，置张掖、敦煌二郡，亦徙民以实之。这就是著名的"河西四郡"[1]。其中，敦煌正式置郡，揭开了敦煌历史新的一页。

敦煌地处河西走廊西缘，最为贴近西域。西汉时期，先后置有敦煌、冥安、效谷、渊泉、广至、龙勒六县，相当今敦煌、安西二县和肃北蒙古族自治县的一部分（图一）。各县之下，均设乡、里。这种乡、里制度，一直沿用到唐五代时期。西汉六县：敦煌县据说即古瓜州地，以"生美瓜"著称；渊泉县是因"地多泉水"得名；效谷县是因任鱼泽尉的崔不意"教力田，以勤效得谷"得名。说明该地区自古就适宜农耕。龙勒县内有阳关和玉门关，控制中西交通的大动脉——丝绸之路。西汉牵制匈奴，经营西域，自然均以敦煌为主要后援基地。朝廷不仅在敦煌县的步广设中部都尉，广至县的昆仑障设宜禾都尉，还将亭障从酒泉列至玉门，从中原征发大批士兵来此戍守。太初三年（公元前102年），李广利再次讨伐大宛（今中亚费尔干纳），先后有六万正规军、十万头牛、三万匹马及一万左右驴和骆驼在敦煌聚集，粮草辎重不计其数，相当部分要靠敦煌供给，敦煌作为主要后援基地的作用得到充分体现。平帝时（公元1~5年），全郡共有11200户，38335口。虽然平均每户不足四口，每平方公里只有0.3人，但在短短百余年

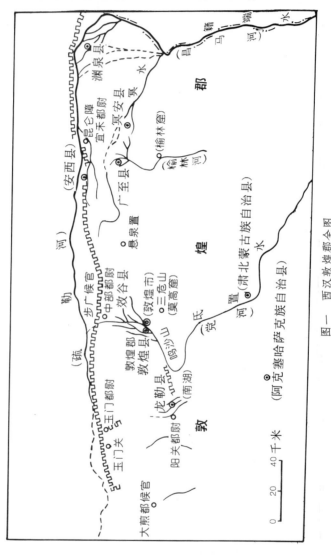

图一　西汉敦煌郡全图

间，由空无一人发展到如此规模，已算非常迅速的了。因此，关于"敦煌"一词的含义，自古就有"大盛"之说。如：《汉书·地理下》敦煌郡条颜师古注引东汉应劭曰："敦，大也；煌，盛也。"唐李吉甫《元和郡县图志》卷四〇陇右道下沙州条称："敦，大也；[煌，盛也]。以其开广西域，故以盛名。"[2]由此也可看出，"敦煌"的地位，经历汉唐，一直未变。

王莽辅政及建立新朝时期，曾先后改敦煌为文德、敦德。敦煌出土西汉末年简牍及王莽新简，屡见"文德"、"敦德"之称[3]。新莽灭亡，即复旧名。东汉之初，天下未定，窦融被推行河西五郡（原四郡加金城）大将军事，保境安民，号称"完富"，敦煌得以继续发展。不久，窦融率河西归附。东汉时期，敦煌郡仍辖六县，除渊泉改为拼泉外，其余未变。发生变化的是，安帝永初元年（公元107年）诏罢西域都护，不久置护西域副校尉暂驻敦煌后，牵制匈奴，经营西域，实际成为敦煌太守的任务。不仅如此，戊己校尉及新置西域长史后来也都由敦煌太守领导。《后汉书·西域传》记有敦煌太守多人，光武帝时的裴遵除外，安帝时的曹宗、张珰，顺帝时的张朗，桓帝时的马达、宋亮，大都主持过讨伐匈奴和平定西域的战争。清代中叶新疆巴里坤松树塘岭发现的顺帝永和二年（公元137年）八月《敦煌太守裴岑纪功碑》，记敦煌太守裴岑将郡兵三千人诛北匈奴呼衍王，是"除西域之灾，蠲四郡之害"，也反映了这种变化。此外，与这种变化相应，敦煌的大土地所有制在这一时期也得到长足的发展。东汉末年，全郡仅有748户，却有29170口，平均每户约39口。与西汉末年比较，户口总数虽然大减，而每户口数却大增。这种极不正常的现象，无疑是地主豪强兼并土地，隐占人口所导致。而敦煌的世家大族，亦由此产生。

据《三国志·魏书》阎温、仓慈二传记载：东汉末年，敦煌太守马艾卒官，由于"郡在西陲，以丧乱隔绝，旷无太守二十岁，大姓雄张，遂以为俗"。曹魏之初，尹奉为太守，"循故而已，无所匡革"。明帝太和（公元227～233年）中，仓慈为太守，始"抑挫权右，抚恤贫羸"。当时，"旧大族田地有余，而小民无立锥之土，慈皆随口割赋，稍稍使毕其本直"。此举不仅缓解了敦煌的社会矛盾，也促进了敦煌的健康发展。又据同书注引《魏略》记载：仓慈之后，王遵、赵基相继为太守，萧规曹随，缺乏建树。齐王嘉平（公元249～254年）中，皇甫隆为太守，才"教作耧犁，又教衍溉"，使农耕事半功倍，收成亦大为提高。由于有了这些改革，到了西晋武帝时，敦煌郡已辖十二县，有6300户，较东汉末年取得了很大的发展。惠帝元康五年（公元295年），分敦煌郡的宜禾、伊吾、冥安、深泉（即故渊泉）、广至等五县，与酒泉郡的沙头等县，另立晋昌郡。此举虽使敦煌的发展受到一定程度的限制，但对敦煌的特殊地位并未造成不利的影响。

十六国时期，敦煌先后接受前凉、前秦、后凉、段氏北凉、西凉、沮渠氏北凉六个割据政权的统治。前凉统治时期，中原板荡，群雄争战，敦煌远离动乱，不仅没有受到影响，反而得到很大发展。譬如：张骏因敦煌有鸣沙山，曾在其地置沙州；张祚大概因敦煌为重要国际商业都会，曾改其地为商州。据P.2005号《沙州图经》引《前凉录》记载：前凉刺史杨宣和太守阴澹，还曾在其地改造旧渠，开凿新渠。此后，经过前秦、后凉、段氏北凉的递嬗，到了西凉统治时期，又得到很大发展。西凉李暠由敦煌起兵，最初即以敦煌为国都，对敦煌曾进行较大改造。据前引《沙州图经》引《西凉录》记录：李暠起兵前，太守、刺史孟敏也曾在其地开凿新渠。李暠起兵成功，曾在其地创立泮宫，并招收高门学生 500 人；又曾兴建嘉纳、靖恭、谦德三堂，作为听政、议政及阅武的场所。此外，为了防范南羌、北虏，还曾在其地修筑塞城。S.113 号西凉建初十二年（公元 416 年）正月《敦煌郡敦煌县西宕乡高昌里户籍残卷》，所记全为兵、吏，也说明敦煌从事武备人员之多。

北魏太武帝灭沮渠氏北凉，统一北方。为了抗击强敌柔然，在敦煌屯驻重兵，并改郡为镇。敦煌研究院藏有一件《敦煌军官籍簿》，反映这一时期敦煌确实具有很强的军事色彩。明帝时，罢镇，改置瓜州。此后直到隋朝前期，分合沿革，不遑尽举。值得一提的是，S.613 号西魏大统十三年（公元 547 年）《瓜州效谷郡（?）籍帐》，反映当时在敦煌推行与中原相同的均田制度，对于了解这一时期敦煌的农业经济很有裨益。隋炀帝大业三年（公元 607 年），罢州，仍改为郡。此时的敦煌郡，虽然仅统敦煌、常乐、玉门三县，但有 7779 户，仍然得到一定程度的发展。大业十三年（公元 617 年），中原大乱，武威鹰扬府司马李轨先称大凉王，翌年又称皇帝，割据河西，敦煌在李轨的势力范围内，亦未受到战乱的太大影响。

唐高祖武德二年（公元 619 年），擒杀李轨，复置瓜州；三年（公元 620 年），瓜州刺史贺拔行威举兵反，瓜州又复陷落；五年（公元 622 年），瓜州土豪王幹斩贺拔行威，瓜州又复属唐。唐分瓜州常乐县另置瓜州，原瓜州改为西沙州。太宗贞观七年（公元 633 年），改西沙州为沙州。玄宗天宝元年（公元 742 年），又改沙州为敦煌郡。这百余年，被称为敦煌历史上的鼎盛期。贞观十四年（公元 640 年），唐灭高昌，开始经营西域。高宗显庆三年（公元 658 年），唐王朝正式将安西都护府迁到龟兹，敦煌又成为主要后援基地。同时，敦煌的境界，也扩张到丝绸南路的石城（今新疆若羌）、播仙（今新疆且末）二镇。当时，敦煌郡虽然仅辖敦煌、寿昌二县，但户口却甚多。《旧唐书·地理三》、《新唐书·地理四》均谓据开元二十八年户部帐，全郡共有 4265 户，16250 口。前引《元和郡县图志》记开元时有 6466 户，可能不太准确。但《通典·州郡四》记天宝时有 6395 户、32234 口，却可以相信。然而，好景不长。安史之乱爆发，河西劲旅前往中原赴难，吐蕃乘虚而入。肃宗乾元元年（公元 758 年），复为沙州（图二）。此后不久，德宗建中二年（公元 781 年）或贞元二年（公元 786 年），敦煌陷于吐蕃。

宣宗大中二年（公元 848 年），沙州大族张议潮乘吐蕃内乱，起兵夺取政权。五年（公元 851 年），唐在沙州设归义军，从此开始了著名的归义军时期。其中，张氏（张议潮、张淮深、张淮鼎、索勋、张承奉）归义军延续了六十年（公元 851～910 年），曹氏（曹仁贵［议金］、曹元德、曹元深、曹元忠、曹延恭、曹延禄、曹宗寿、曹贤顺）归义军延续了一百二十三年（公元 914～1036 年），加上其间张承奉建立金山国（又称敦煌国）五年（公元 910～914 年），这一时期长达一百八十余年。其间，归义军面对周边强大的少数民族政权，先是以攻为守，后是和亲修好，总之，保证了敦煌的安定，也促进了敦煌的发展。景祐三年（公元 1036 年），西夏占领沙州及其周围地区。此后，由于环境变化，丝路改道，敦煌的重要地位逐渐丧失，在传世文献中很少记载了。

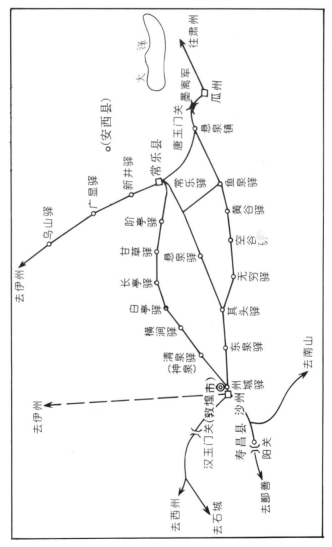

图二　唐瓜、沙二州交通驿站图

2. 敦煌的文化

敦煌的文化，丰富多采，源远流长，分门别类，主要有三：一为中华传统文化，一为西域异族文化，一为中西合璧的佛教文化。

中华传统文化主要来自中原移民，以及过往的中原商旅。三苗、姜戎姑且不论。汉武帝建郡之初，大规模的移民，不仅带来了中原的生产技术，也带来了中原的传统文化。而在此之后，移民未曾间断，使这种传统文化愈积愈厚。其中，中原世家大族的移民尤其引人注目。如：敦煌大族张氏，原为南阳（今属河南）世家大族，系西汉宣帝时避霍光妻显之乱迁来[4]；敦煌大族令狐氏，原为太原（今属山西）世家大族，系西汉孺子婴时避王莽之乱迁来[5]。当时的世家大族，不仅以世代官宦为标志，也以世代书香相标榜。也就是说，他们不仅垄断仕宦，也垄断文化。他们的移民，对敦煌传统文化的积累，理应作出更大的贡献。此外，还有一次大规模移民引人注目。即《晋书》卷八七《凉武昭王李玄盛传》所载："初，苻坚建元（公元365~385年）之末，徙江汉之人万余户于敦煌，中州之人有田畴不辟者，亦徙七千户。郭黁（公元397年）之寇武威，武威、张掖已东人西奔敦煌、晋昌者数千户。"这些移民，后来虽被李暠"皆徙之于酒泉，分南人五千户置会稽郡，中州人五千户置广夏郡，余万三千户分置武威、武兴、张掖三郡"，但他们绝大部分曾在敦煌滞留，其中不少大概最后仍在敦煌定居[6]，对敦煌传统文化的积累，也应作出较大的贡献。李暠由敦煌起兵，对敦煌曾有如下评价："此郡世笃忠厚，人物敦雅，天下全盛时，海内犹称之，况复今日，实是名邦。"陈寅恪认为隋唐制度三源，（北）魏、（北）齐作为三源之一，"其中亦有河西之一支派"[7]。而河西支派中，敦煌实为重镇，其传统文化之深厚，可以想见。

据传世文献及清张澍辑《续敦煌实录》（全五卷）记载：敦煌土著以精通传统文化，驰名海内，始于东汉的张奂与侯瑾。奂少游三辅，师事名儒朱宠，学《欧阳尚书》，曾将自己所作《尚书》章句上奏桓帝。晚年遭遇党锢，谪居弘农华阴（今属陕西），不问世事，教授生徒，有千人之多，著《尚书记难》三十余万言，另有铭、颂、书、教、诫述、志、对策、章表二十四篇。瑾少孤贫，好读书。及长，州郡、公车征召，均称疾不出，撰《矫世论》、《应宾难》以讥世，又撰《筝赋》、《述志诗》以明志。又仿《汉纪》记中兴以后行事，撰《汉皇德传》二十五卷（一作《汉皇德纪》三十卷），记光武至冲帝事。另有《侯瑾集》二卷。魏及西晋，名家辈出。周生烈著《论语注》、《左氏传注》，又有《周生子》十三卷（一作《周生烈子》五卷）、《周生子要论》一卷。张奂二子芝、昶，均善草书，芝名尤盛，号称"草圣"。芝姊之孙索靖，亦善草书，有《草书状》传世。而靖与氾衷、张甝、索纾、索永俱诣太学，驰名海内，号称"敦煌五龙"，亦为一时之选。十六国时期，人物之盛，更是空前绝后。当时，河西经学昌盛，凡属大师级人物，例在酒泉南山，开设讲席，培养弟子。而此南山讲席，几乎全为敦煌"儒宗"所占。如：前凉宋纤，明究经纬，隐于酒泉南山，弟子受业三千余人。纤曾著《论语注》。稍后又有郭瑀，精通经义，隐于酒泉南山，弟子受业千余人。瑀曾著《春秋墨说》、《孝经错纬》。瑀弟子刘昞，亦精通经义，隐于酒泉南山，弟子受业五百余人。昞曾著《周易注》。此外，还有很多经学名家。如：阚骃，博通经传，曾为王朗《易传》作注；张湛，出身世家，亦精通《易》学；索敞，曾为刘昞助教，因丧服零散，辑撰《丧服要记》。此三人，北凉灭亡，均仕北魏，为中华传统文化重返中原，作出了贡献。河西史学昌盛，敦煌亦执牛耳。如：前凉张谘，仕张轨，撰《凉记》八卷，多记轨事。又有索绥，仕张骏，撰《凉春秋》五十卷。大约北凉时代，索晖撰《凉书》，索纬撰《陇西人物志》。此外，阚骃曾撰《十三州志》十卷，刘昞曾撰《凉书》十卷、《敦煌实录》二十卷、《略记》八十四卷（一百三十篇）等。河西阴阳、占卜、历算昌盛，敦煌亦为渊薮。这与敦煌很早就有道教恐怕有关。相传早在汉代，就有名为议（蚁）君的道士被贬斥到敦煌。敦煌又曾出土魏晋之际天师道的木简符箓。因而，早年索靖即精通阴阳气运，并撰《五行三统正验论》，也就可以理解了。前凉索袭，更游思于阴阳之术，著天文、地理十余篇。又有索纮，明阴阳天文，善术数占候，时人占问吉凶，无不灵验。同时还有张植，随沙州刺史杨宣讨伐西域，行至流沙，天热无水，士卒渴死过半。植乃剪发肉袒，徒跣升坛，恸泣祈雨，据说"俄而云起西北，雨水成川"。北凉赵𣇼，善阴阳、历算，曾撰《阴阳历术》一卷、《甲寅元历》一卷、《甲寅元历序》一卷、《算经》一卷、《七曜历数算经》一卷。至于文学杂撰，人物亦夥，不赘举。北魏以后，直至唐代，后继亦不乏人。经学方面：张湛侄曾孙凤，传家业，著《五经异同评》十卷，为儒者所称。北周令狐熙，解音律，涉群书，尤明《三礼》。史学方面：北齐宋绘，曾仿裴松之注《三国志》例，为王隐《晋书》、何法盛《晋中兴书》作注，又撰《中朝多士传》十卷、《姓系谱录》五十篇。唐张太素，撰《敦煌张氏家传》二十卷。另外，据 P.2005 号《沙州图经》记载：唐敦煌城内，有州、县二学，其中均设先圣太师庙，春秋二时奠祭孔子、颜子。又有州、县二社稷坛，亦春秋二时奠祭。唐敦煌城外，还有灵图、神泉、开元、龙兴、冲虚等道观。由此可以看出，敦煌虽然地处边陲，但其文化主流，仍是中华传统文化。

西域异族文化主要来自西域移民，以及过往的西域商旅。塞、月氏、乌孙姑且不论。汉武帝建郡之初，虽然难以断定马上就有西域移民，但敦煌既为中西交通的重要枢纽，则随着西域商旅（包括使节）的大批过往，可以肯定，不仅能够经常观赏西域的奇珍异宝，也能够不断见识西域的异族文化[8]。东汉初期稍有变化。光武帝时，莎车称霸西域，诸国不堪忍受。建武二十一年（公元 45 年）冬，车师前部、鄯善、焉耆等十八国均遣子为质，请置都护。光武帝以中国初定，无暇顾及西域，还其质子。诸国恐慌，又请暂允质子滞留敦煌，以使莎车有所顾忌。光武帝勉强同意。虽然时间不长，但开了西域异族暂住敦煌之先例。当然，敦煌的交通枢纽作用，仍与西汉一样，并未因此稍有改变。《续汉书·郡国五》敦煌郡条注引《耆旧记》仍称："华、戎所交，一都会也。"到了曹魏，敦煌的交通枢纽作用，更加显得重要。如《魏略·西戎传》称："从敦煌玉门关入西域，前有二道，今有三道。"据下文解说，意思是：从敦煌通西域，两汉仅有南、北二道，现在却有南、中、新三道。三道总汇于敦煌，则敦煌对于来中国做生意的西域商旅而言，显然更为必经之地。《魏志·仓慈传》记仓慈为敦煌太守，说：

> 常日西域杂胡欲来贡献，而诸豪族多逆断绝；既与贸迁，欺诈侮易，多不得分明。胡常怨望，慈皆劳之。欲诣洛者，为封过所；欲从郡还者，官为平取，辄以府见物与

共交市，使吏民护送道路，由是民夷翕然称其德惠。数年卒官，吏民悲感如丧亲戚，图画其形，思其遗像。及西域诸胡闻慈死，悉共会聚于戊己校尉及［西域］长史治下发哀，或有以刀画面，以明血诚，又为立祠，遥共祠之。

由此可见，西域商旅与敦煌关系何等密切！西晋与曹魏情况一样。敦煌西北长城烽燧遗址出土公元 311 年稍后的粟特文信札，反映了某粟特商团，由敦煌进入中国，到酒泉、武威、金城及内地各重要城市经商的大致情况。此后，经过十六国、北朝的演变，到了隋炀帝准备经营西域，敦煌的交通枢纽作用，又一次受到重视。裴矩撰《西域图记》，特别指出："发自敦煌，至于西海，凡为三道"：北道从伊吾，中道从高昌，南道从鄯善。——"故知伊吾、高昌、鄯善，并西域之门户也。总凑敦煌，是其咽喉之地。"这种情况，至唐不改（图三）。唐代的敦煌，不仅正式出现了西域移民，还出现了这些移民信仰的火祆教、摩尼教和大秦景教。其中，中亚粟特的移民及其信仰的火祆教，特别引人注目。我们知道：敦煌郡遥领的丝绸南路的石城、播仙二镇，分别由粟特康、安二国移民出任首领。不仅如此，据 P.3559 号（背）唐天宝十载（公元 751 年）前后《差科簿》记载，位于敦煌城东的敦煌县从化乡，竟然也是由粟特（商人）等中亚移民组成的[9]。又，P.2005 号《沙州图经》有"祆神"条，指出："在州东一里，立舍画神主，总有廿龛，其院周回一百步。"这座祆神庙，即 P.5034 号《沙州地志》所记"一所祆舍"，P.2748、P.3870、P.3929、S.6167 号《敦煌古迹二十咏》所记"安城祆祠"，正在前述从化乡内，说明原为粟特移民所建，属于粟特移民信仰的宗教。但这种西域异族文化，到了归义军时期，开始与中华传统文化

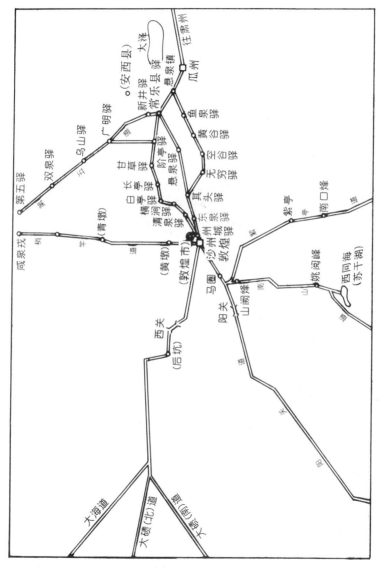

图三　唐五代敦煌交通道路图

融合。汉人普遍参加所谓"赛祆"活动，传统"驱傩"亦以"安城大祆"居队仗之首，祆教信仰已经渗入汉人的生活。这既是西域异族文化赖以存在的必然，又是中华传统文化善择众长的体现。

中西合璧的佛教文化主要来自中原、西域的僧侣。东汉明帝遣使求法是否过往敦煌姑且不论。汉魏之际，西域安世高、支谶、支谦等东来传教，中国朱士行等西行觅经，是否途经敦煌，也暂且不说。敦煌之有佛教，至迟可以追溯到号称"敦煌菩萨"的竺法护。竺法护原为世居敦煌的月氏移民。八岁出家，拜西域沙门竺高座为师。西晋初年，随师西游，潜心学习。不久，通晓西域三十六种语言，并携大量梵经回到敦煌。敦煌之有西域佛教，以此为滥觞。后来，法护由敦煌到长安，沿途传译。从武帝泰始二年（公元 266 年）到怀帝永嘉二年（公元 308 年），共译经论一百五十余部，成为一代译经高僧。法护弟子竺法乘，在法护圆寂后，由长安回到敦煌，建寺弘道。敦煌之有中原佛教，以此为初始。《高僧传·晋敦煌竺法乘传》称："使夫豺狼革心，戎狄知礼，大化西行，乘之力也。"也说明敦煌佛教光大，法乘实居首功。而在此之后，有关敦煌佛教的记载，也确实多了起来。西晋末年，有于道邃者，十六岁出家，拜高阳高僧于法兰为师。学业高明，内外该览，得到竺法护的赏识。后随师过江，又得到江南僧（支遁）俗（郗超、孙绰、谢庆绪等）的赞誉。东晋初年，有单道开者，诵经四十余万言，有种种异术。后从西平出发，经南安、邺城、临漳、许昌、建康、南海，入罗浮山隐居。同时又有竺昙猷者，也到江南，经剡之石城山，到始丰赤城山隐居坐禅。北凉时期，又有释道法和释法颖。道法早年弃家入道，专习禅业。后到成都，为兴乐、香积二寺寺主。法颖十三岁出家，住凉州公府寺，以精通律藏知名。后到建康，屡为都邑僧正、僧主。此外，据西凉建初元年（公元405年）写《十诵律》题记：是年十二月五日，由僧人法性、戒师宝惠、教师惠颖主持授戒仪式，比丘德祐、道辅、惠御等十二人同时在"敦煌城南受具足戒"，可见当时敦煌出家为僧者之多。另据敦煌出土六件北凉僧俗所造石塔，其上均刻《增一阿含经》，又可见当时敦煌在家信佛者之众。北朝、隋唐，情况相同。敦煌莫高窟出有大量这一时期的佛教写经，已可证明，无须赘述。有唐一代（含吐蕃），敦煌佛宇林立，不仅有大云、灵图、龙兴、开元等官刹，还有三界、净土、仙岩、大乘、崇教、永隆、灵修、报恩、莲台、永安、乾元、普光、安国、兴善、圣光、永寿、禅定、永康、奉唐、军将、金光明、天王堂、潘原堡等私寺。其中，僧尼有汉有戎，经论有华有梵，称敦煌具有中西合璧的佛教文化，自然再贴切不过。

3. 莫高窟的开凿及藏经洞的封闭

敦煌莫高窟，既是敦煌历史与文化的象征，又是敦煌文献的主要收藏地，它的开凿，自应为敦煌学的研究者所关心。但它究竟始凿于何时？虽然已有定论，却似乎还值得推敲。依次有三说：

一为西晋惠帝太安末年（公元303年）以前说。此说仅见唐咸通六年（公元865年）正月十五日撰成的《莫高窟记》，文为：

> 晋司空索靖，题壁号仙岩寺。自兹以后，镌造不绝，可有五百余龛（P.3720号《莫高窟记》。又，莫高窟156窟前室北壁晚唐墨书《莫高窟记》同）。

《晋书·索靖传》记靖卒于晋惠帝太安末年。据此，遂有太安末年以前说。但此说形成时间太晚，又属孤文单证，研究者大多不取。

一为东晋穆帝永和九年（公元 353 年）说。此说仅见 P.2691 号五代后汉乾祐二年（公元 949 年）撰成的《沙州城土境》，文为：

> 从永和八（九）年（353 年）癸丑岁凿立是（莫高）窟，至今大汉乾祐二年（949 年）己酉岁，算得伍百玖拾陆年。

但此说形成时间更晚，亦属孤文单证，研究者也大多不取。

一为前秦苻坚建元二年（公元 366 年）说。此说根据至少有三，如：

> （莫高窟）秦建元二年，沙门乐僔立（徐松《西域水道记》卷三引清乾隆癸卯岁 [公元 1783 年] 敦煌耆士所见当地出土残碑。又，蒋超伯《南溆楛语》记同）。

> 莫高窟者，厥初秦建元二年，有沙门乐僔，戒行清虚，执心恬静，尝仗锡林野，行止此山，忽见金光，状有千佛，遂架空凿险，造窟一龛（莫高窟 332 窟出土武周圣历元年 [公元 698 年]《李君莫高窟佛龛碑》。又，P.2551 号武周圣历元年 [公元 698 年]《李君莫高窟佛龛碑并序》同）。

> 秦建元中，有沙门乐僔，仗锡西游至此，遥礼其山，见金光如千佛状，遂架空镌岩，大造龛像（P.3720 号《莫高窟记》。又，莫高窟 156 窟前室北壁晚唐墨书《莫高窟记》"中"作"之世"，余同）。

此说则因形成时间较早，又非孤文单证，深为研究者所信奉，并已成为了定论。然而，研究者似乎没有注意，此说初出，就已受到学者的质疑。

最早提出质疑的，是著名学者张维。他在《陇右金石录》卷一前秦乐僔碑条中指出："是时凉尚未亡，乐僔何得碑题苻秦年号？是可疑也。"根据常识判断：前秦建元二年，正当前凉升平十年（公元366年）。其时，距前凉被前秦灭亡（公元376年），还有十年。前凉与前秦为敌国。敦煌在前凉西境，与前秦相隔遥远，确实断无奉用前秦年号之理。然而，尽管此说明显与理不符，但在较长一段时间内，张维之疑并未引起研究者的注意。揆其原因，或许是研究者认为：这位乐僔，有可能是从前秦来的云游沙门；他在敦煌开凿石窟，奉用前秦年号，似乎不足为怪。但这种想法，后来被夏鼐彻底否定。夏鼐首先根据敦煌大方盘城侧颓墙下出土西晋泰始十一年（公元275年）《乐生碑》有乐生人名、《北史》（按：实际为《魏书》）有敦煌镇将乐洛生、敦煌莫高窟供养人有晋昌郡太守乐庭瑰，指出："此皆乐姓而居敦煌者也。"即认为："乐"为敦煌姓氏，"乐僔"应为敦煌土著。接着肯定张维"所论甚是"。本可进而揭示问题实质。但最后的解释却是："余颇疑此碑即武周李怀让碑（即前揭《李君莫高窟佛龛碑》）之误传。李碑谓厥初秦建元二年，有沙门乐僔，造窟一龛。唐人追述前事，自可用苻秦纪年。若乐僔当年，恐不能如此也。颇疑乾隆时士人所见者即是李碑。至于以造龛误会为立碑，或由于读碑者之疏忽，或由于传语者之误会，皆属可能。"[10]意思是说：关于此说，仅前秦建元年号，乃唐人主观比附。至于乐僔凿窟时间，相当前秦建元二年，亦即公元366年，应无疑问。但唐人比附，当时年号甚多，为何不用前凉的年号，或者别的什么年号，而偏要用前凉敌国前秦的年号？显然，这种解释难以令人信服。特别是，近年敦煌出土前凉文献，实际屡见此“建元”年号。也就是说，前凉时期，敦煌确曾奉用此“建元”年号。显然，唐人比附之说不能成立。

按：近年敦煌出土前凉“建元”年号文献，大约有二件：一件为1982年敦煌县东约20公里的新店台出土的建元六年镇墓瓶文（82DXM20），一件为1985年敦煌县西约4公里的祁家湾出土的建元六年九月廿日斗瓶镇墓文（85DQM371∶5）。由于前凉政权并无“建元”年号，考古工作者大致也都认为：此“建元”应为前秦年号。但理由与前相同，即：前秦建元六年，正当前凉升平十四年（公元370年）。其时，距前凉被前秦灭亡（公元376年），也还有六年。前凉与前秦为敌国，也断无奉用前秦年号之理。然则，此“建元”年号，既不属前凉，又不属前秦，那么，究竟应是哪个政权的年号呢？这就需要了解前凉统治者与敦煌高门大族的政治倾向。

我们知道：前凉统治者与敦煌高门大族的政治倾向，既有一致，又有分歧。二者均为汉族，在尊崇晋室、不事异族方面，可以说完全一致。但西晋灭亡，东晋兴起，在应该奉用哪个政权的年号问题上，却出现了严重分歧。前凉开国之君张轨，官爵得至西晋，子孙继位，从感情出发，在西晋灭亡之后，均主张沿用西晋年号；而敦煌高门大族，考虑恢复晋室，需要核心，从理性出发，在东晋兴起之后，均主张改奉东晋年号。如《晋书·张轨附孙骏传》记载：

> （东晋）太宁元（二）年（公元324年），骏犹称（西晋）建兴十二年。……寻承（东晋）元帝崩问，骏大临三日。会有黄龙见于揟次之嘉泉，右长史（敦煌）氾祎言于

骏曰:"案建兴之年,是(西晋)少帝始起之号。帝以凶终,理应改易。(东晋)朝廷越在江南,音问隔绝,宜因龙改号,以章休征。"(骏)不从。

建兴为西晋愍帝(即少帝)年号,只有四年。在此之后,愍帝就被刘聪俘杀,西晋也就灭亡了。前凉张骏在愍帝被杀、西晋灭亡八年之后,仍然沿用建兴年号。氾祎作为敦煌高门大族的代表,提出此时应趁黄龙出现,改奉东晋年号,以顺应天命,却被张骏拒绝。由此可见,这种分歧很早就存在了。后来,前凉统治者坚持己见,将此建兴年号,一直沿用到四十九年。而在此期间,这种分歧也由敦煌高门大族扩大到整个前凉臣民。同书《张轨附玄孙玄靓传》记载:"有陇西人李俨,诛大姓彭姚,自立于陇右,奉中兴年号,百姓悦之。"《通鉴》系此事于东晋穆帝永和十一年(公元355年),也就是前凉张玄靓建兴四十三年。其中,"奉中兴年号"作"用江东年号",胡三省注特别指出:"用永和年号也。"迫于臣民的压力,前凉张玄靓终于在建兴四十九年(公元361年),改奉东晋穆帝升平年号;张天锡又在升平十五年(公元371年),改奉东晋简文帝咸安年号。而在此之前,前凉臣民私奉东晋年号,实际已有很长一段时间。陇西李俨私奉东晋穆帝永和十一年(公元355年)已见前述。根据1985年武威旱滩坡19号墓出土假凉都督某妻随身具物疏,发现前凉都城姑臧的臣民竟然也曾私奉东晋成帝咸康四年(公元338年)。如此,作为最早主张改奉东晋年号的敦煌高门大族,私奉东晋年号也就非常顺理成章了。我们知道:东晋康帝的年号也叫"建元"。虽然此"建元"年号只有二年,但由建康传到敦煌,交通不便,信息阻隔,有六年亦不值得奇怪。东晋的建元:二年为公元344年,六年为公元348

年。建元二年，当前凉张骏建兴三十二年。其时张骏正准备称
假凉王。建元六年，当前凉张重华建兴三十六年。其时张重华
已称假凉王。这种僭越举措，必然不被敦煌高门大族认同。也
许就是在这种情况下，敦煌高门大族决定私奉东晋建元年号。
至于莫高窟的开凿时间，也只能是东晋建元二年（公元 344
年），而绝非前秦建元二年（公元 366 年）[11]。

莫高窟自沙门乐僔于东晋建元二年首次开凿以来，经过北
凉、北魏、西魏、北周、隋、唐、五代、北宋、西夏、元代一
千多年的陆续修建，形成形制多样、内容丰富的巨大石窟群，
已编号的洞窟有 492 个，保存了 45000 多平方米壁画，3000
余身彩塑。其中今编第 16、17 二窟，是张氏归义军初期河西
都僧统洪䛒于 851～862 年开凿的。洪䛒俗姓吴。第 16 窟为覆
斗顶中心佛坛型窟，较大，又称吴和尚窟、吴僧统窟。第 17
窟较小，长、宽、高都不到 3 米，是在第 16 窟的甬道北壁上
开凿出来的，原是第 16 窟的耳室，后来成为洪䛒的影堂。这
个第 17 窟，就是后来著名的藏经洞。

大约从 10 世纪上半叶开始，该窟就成为三界寺的图书修
复中心。三界寺位于鸣沙山下、莫高窟前，是一个只有二十余
名僧及沙弥的小寺。该寺财力有限，收藏经书不全，又难以全
部雇人抄写，就从各寺、各学收集古旧经书进行修复，将这些
经过修复的经书充实本寺的库藏。而此项修复工作即在该窟进
行。这样，该窟及三界寺的书库里，就有了一大批来自不同
寺、学的等待修复和经过修复的经书。1006 年，信奉佛教的
于阗王国，被信奉伊斯兰教的黑韩王朝灭亡。消息传到敦煌，
佛教界一片惊慌。三界寺的僧众便将库藏所有经书、绢画等，
都搬到该窟藏了起来。而后将门封闭，并请来画工，在门壁上

画了一幅画，作为掩饰。此后，知情人大概远走避难，再也没有回过三界寺和莫高窟。而这个足以震惊世界的秘密，从此在这个藏经洞里静静地沉睡了将近九百年[12]。

（二）吐鲁番的历史与文化

吐鲁番现为地区，辖一市（吐鲁番）二县（鄯善、托克逊），位于新疆维吾尔自治区东北部，在库鲁克塔格北，天山东脉博格多山南。这里羌笛幽怨，胡笳呜咽，自古就是西域的一部分，由于正当丝绸北路，也是中西交通的著名枢纽。其历史的发展，文化的形成，不仅与中原不同，与敦煌也稍有区别。

1.吐鲁番的历史

吐鲁番的历史，从考古上说，似较敦煌更为悠久。这里曾发现多处新石器时代的细石器文化遗址，说明这里很早以前就有人类居住[13]。《史记·大宛列传》记载：张骞通西域前，这一带都是姑师国的国土。考古资料也显示：西周晚期至西汉早期，今天山东脉博格多山南北广大地区，都有姑师民族的遗存。其中，吐鲁番一带民族尤为复杂。塞、月氏、乌孙三大民族由敦煌向伊犁河流域迁徙，都曾经过吐鲁番。后来，匈奴控制西域，也曾以吐鲁番为进出西域的通道。因此，在吐鲁番，又都有塞、月氏、乌孙、匈奴等民族的遗存。这样，吐鲁番的历史，一开始就具有非常复杂的多民族色彩。

张骞通西域后，中西交通日益频繁。姑师、楼兰由于地当丝路，常常攻劫汉使，使者王恢受创尤甚。元封三年（公元前108年），武帝命从骠侯赵破奴及王恢率兵往击，破奴虏楼兰王，恢捕得姑师王。此役对楼兰影响似乎不大，姑师却因此分裂为八国。此八国，以天山为界：山北有七国，车师后国为领袖；山南仅一国，即车师前国。车师前国占领吐鲁番地区，建都交河城（即今吐鲁番市西约 10 公里的交河故城）。虽然国力较弱，但由于仍受匈奴控制，对汉经营西域不利，汉遂与匈奴爆发"五争车师"之役。此役从武帝天汉二年（公元前 99 年）开始，到宣帝元康二年（公元前 64 年）结束，断断续续进行了三十六年，互有胜负，并无结果。直到神爵二年（公元前 60 年）秋，匈奴发生内乱，其负责西方事务的日逐王降汉，车师前国才正式接受汉的控制。汉在与匈奴四争车师时，为在车师前国站稳脚跟，已命侍郎郑吉派吏卒在西部地区的交河城附近屯田。至此，汉扩大屯田规模，虽然屯田中心仍在交河城附近，但屯田区域已延伸到东部地区了。置屯田校尉，暂属西域都护。元帝初元元年（公元前 48 年），改置戊己校尉，隶属敦煌或凉州。包括敦煌在内的凉州所属各郡，均奉命派遣士卒到车师前国屯田。其中，敦煌县高昌里派遣的士卒，来到东部地区筑壁居住，为表示对故里的怀念，名之为高昌壁。至迟到平帝时（公元 1~5 年），由于屯田区域日益向东发展，戊己校尉将治所由交河壁迁到了高昌壁。从此，进入了吐鲁番历史上的"高昌壁"时期。

新王莽初期，戊己校尉仍治高昌壁。始建国五年（公元 13 年），焉耆反叛，西域大乱。天凤三年（公元 16 年），新军撤出西域，包括高昌在内，车师全境又被匈奴控制。东汉之初，西域诸国不堪匈奴压迫，遣使请求内属，光武帝不允。明帝继位，匈奴威胁河西，永平十六年（公元 73 年），明帝遣将北伐，夺取匈奴伊吾卢地，并置宜禾校尉屯田。至此，西域遂通。翌年（公元74年），初置戊己校尉二人：一人屯车师后国金蒲城，一人屯车师前国柳中城（今鄯善鲁克沁）。同时，又置西域副校尉一人，亦驻柳中城。柳中位于由车师向敦煌撤退的大海道道口。高昌处于前线，由屯军之壁变成了斥候之垒。从此，进入了吐鲁番历史上的"高昌垒"时期。此后，直到安帝延光三年（公元124年），西域经历了"三绝三通"，尽管戊己校尉早已改屯高昌，由于先后作为西域首长的副校尉、长史仍驻柳中，高昌作为保护柳中的斥候之垒的性质也一直未变。

东汉末年，中原大乱，交通隔绝，敦煌"旷无太守二十岁"，高昌"故属敦煌"，情况自应更加严重。直到魏文帝黄初三年（公元222年），高昌才又重归中央控制。魏及西晋，传世文献、出土文献记载高昌，均既不称壁，又不称垒。显然，这一时期的高昌，正处在由军事壁垒向行政郡县过渡的阶段。据记载：在此阶段，高昌由于迅速城市化，非军事的定居人口日益增加。这些非军事的定居人口，作为高昌土著，不仅具有以高昌为郡望的权利，还具有代表高昌参加凉州选举的资格。高昌虽未置郡，但已享受郡的待遇，说明此时的高昌，距离吐鲁番历史上的"高昌郡"时期确实不远了。

西晋灭亡（公元316年），中国分为南北：南方东晋偏安，北方十六国争雄。在所谓十六国时期，高昌首先隶属前凉。前凉建兴十二年，亦即东晋太宁二年（公元324年），张骏初继位，戊己校尉赵贞不服，起兵造反，西域长史李柏率军讨伐，反为所败。前凉建兴十五年、东晋咸和二年（公元327年）十月或十月前后，李柏奉张骏之命，再次率军讨伐，终于击擒赵贞。于是，改置高昌郡。当时，高昌郡下领高昌、田地二县，太守治高昌县，戊己校尉治田地县，实行政军分离的统治体制。从此，正式进入了吐鲁番历史上的"高昌郡"时期。此后，高昌又先后曾为前秦、后凉、段氏北凉、西凉、沮渠氏北凉、阚爽政权、沮渠氏北凉流亡政权七个割据政权的属郡。在沮渠氏北凉流亡政权统治高昌时期，具有五百多年历史的车师前国最终被灭亡，吐鲁番盆地实现了统一，高昌也由原来一郡二县发展到了三郡（高昌、田地、交河）八县（高昌、田地、交河、白艻、高宁、横截、酒泉、威神）。这一演变，为高昌建国奠定了基础。

承平十八年（公元460年），柔然灭沮渠氏北凉流亡政权，立当地大族阚伯周为高昌王，史称"高昌称王自此始"。从此，进入了吐鲁番历史上的"高昌国"时期。此后，在高昌这块土地上，先后存在阚氏、张氏、马氏、麹氏四个王国。阚氏王国一直奉用柔然的年号，接受柔然的控制。柔然太平三年（公元487年），高车副伏罗部阿伏至罗，背叛柔然，西迁到高昌西北建国。翌年，阿伏至罗灭阚氏王国，立敦煌移民张孟明为高昌王。张孟明改明年为建初元年（公元489年）。建初八年（公元496年），国人杀张孟明，立马儒为王，张氏王国灭亡，马氏王国兴起。马儒唯恐高车报复，遣使北魏，请求举国内徙。但此行动，遭到高昌旧人强烈反对。五年后（公元501年），国人又杀马儒，立其右长史金城移民麹嘉为王，马氏王国灭亡，麹氏王国成立。

麹氏王国传国时间最长。从公元501年麹嘉即位，到公元640年麹智盛降唐，凡传九世、十王，存在了一百四十年。这一百四十年间，高昌尽管在西域众多强大少数民族政权的虎视下，生存常常受到威胁，但因外交没有出现大的失误，各方面都还是得到长足的发展。国土面积，最大时，如《梁书·高昌传》所说："南接河南，东连敦煌，西次龟兹，北邻敕勒。""河南"指青海的吐谷浑。"南接河南"意谓国土南境到达罗布泊南，与青海的吐谷浑接壤。"西次龟兹"则意谓龟兹东北的焉耆亦成为高昌的领土。灭亡时，有三府（高昌令尹的抚军府、交河公的镇西府、田地公的平远府）、五郡（高昌、交河、田地、南平、横截）、二十二县（高昌、交河、田地、南平、横截、武城、白芳、永昌、威神、宁戎、高宁、酒泉、临川、安乐、龙泉、洿林、永安、盐城、无半、安昌、始昌、笃进）（图四）。凡 8046 户，37738 口。作为一个绿洲小国，仅仅一百四十年间，就能发展到如此程度，确实很不容易。

唐太宗贞观十四年（公元 640 年）八月八日，侯君集率军灭麴氏王国。九月九日后，唐在其地置西昌州，旋改为西州。从此，进入了吐鲁番历史上的"西州"时期。唐朝对西州进行了一系列与中原接轨的变革。如：大约九月上、中旬，改麴氏王国五郡为高昌（原属高昌郡）、柳中（原属田地郡）、交河（原属交河郡）、蒲昌（原属横截郡）、天山（原属南平郡）五县。又根据原麴氏王国县城，设置乡里、城坊，并实施严格的邻保制度。同时，令居民填报手实，并据此制定计帐、户籍，推行均田制、租庸调制。又设置前庭、岸头、天山、蒲昌四个折冲府，统属中央右领军卫（后改称右玉钤卫）。与此相配套，还设置了众多馆驿、镇戍、烽铺。九月二十一日，又置安西都护府。最初，西州治高昌县，安西都护府治交河县，实行所谓政军分离的统治体制。但不久就发生了变化。第一任西州刺史是谢叔方，时间甚短。第一任安西都护是唐高祖的驸马乔师望。接着，由于安西都护府乃唐朝控制西域的专门机构，西州作为主要后援基地，需要军政合一统一领导，开始实行安西都

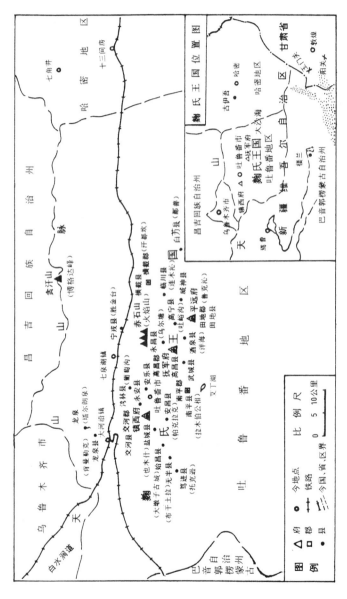

图四　麹氏王国三府五郡二十二县图

护例兼西州刺史的统治体制。第二任安西都护兼西州刺史是开国功臣郭孝恪，第三任安西都护兼西州刺史是唐高祖第三女平阳公主的长子谯国公柴哲威，第四任安西都护兼西州刺史是末代高昌王麴智盛之弟麴智湛。从这四任安西都护兼西州刺史的身份看，唐中央政府对西域事务堪称极为重视[14]。显庆三年（公元658年），为了进一步强化对西域的控制，安西都护府始迁龟兹。西州另置西州都督府，长官为都督。后来，随着西域形势的不断动荡，安西四镇的时弃时置，安西都护府的治所虽然常在西州、龟兹二地徘徊，但西州作为主要后援基地，却维持一百多年不变。不仅如此，稳定中还颇有发展。玄宗开元（公元713～741年）中户口最盛。《元和郡县图志》卷四〇陇右道下西州条称开元中有11647户。同条记西州有二十四乡，根据唐代"百户为里，五里为乡"推算，西州更有12000户。天宝元年（公元742年）改西州为交河郡后，户口略微减少。《旧唐书·地理三》西州中都督府条记天宝（公元742～756年）中有9016户，49476口。《新唐书·地理三》西州交河郡条同。但与麴氏王国末年比较，仍有较大幅度增加。直到安史之乱爆发，西州的发展才基本停滞。当时，中原形势紧张，肃宗在灵武组织平乱，将河西、陇右甚至安西、北庭的劲旅全都调回抗战，导致西北边防空虚，吐蕃趁机占领河西、陇右，安西、北庭与唐中央政府的交通严重受阻。安史之乱刚刚平定，藩镇之乱又随之而起。唐中央政府无暇顾及西北边防，安西、北庭处境更加困难。德宗贞元五年（公元789年）冬，吐蕃联合葛逻禄、白服突厥等部三十万兵马，围攻北庭都护府城。北庭节度使杨袭古原本联合回鹘共同抵抗，但因回鹘背信，众寡不敌，北庭沦陷。杨袭古率二千余人退守西州。贞元八年（公元792

年)，由于杨袭古被回鹘宰相谋杀，西州亦被吐蕃占领。

但吐蕃占领西州时间不长。大约两年后，也就是唐贞元十年（公元 794 年），建都于鄂尔浑河上游斡儿朵八里（今哈喇巴尔哈逊）的回鹘汗国酋长骨咄禄率兵南下，驱除吐蕃，占领北庭、西州乃至龟兹一带之地。回鹘仍称西州为 Qočo，也就是高昌的音译。从此，进入了吐鲁番历史上的"回鹘高昌"时期[15]。翌年（公元 795 年），唐封骨咄禄为怀信可汗。由于鄂尔浑回鹘汗国与唐关系较好，高昌在一段时间内，仍然奉行唐贞元年号。怀信可汗对高昌非常重视。据吐鲁番出土古突厥文写本记载，公元 803 年，怀信可汗还曾亲自来到高昌，邀请这里的摩尼教大师去国内传教。唐朝册封的保义可汗在位时期（公元 808～821 年），鄂尔浑回鹘汗国势力较为强盛，高昌也因相对安定而得到一定程度的发展。但不久，崇德（公元 821～825年在位）、昭礼（公元 825～832 年在位）二可汗先后当政，势力已不如前。到彰信可汗在位期间（公元 832～839年），由于疾病流行，灾祸频生，部族流亡离散，该汗国更为衰落。彰信可汗遭到沙陀部酋长朱邪赤心的围攻，走投无路，自杀身亡。翌年（公元 840 年），北方黠戛斯人趁火打劫，攻下回鹘都城，杀死新任可汗，鄂尔浑回鹘汗国至此灭亡。

鄂尔浑回鹘汗国灭亡之后，部族全部四散逃亡。其中，人数较少的一支，不知由何人率领，逃到河西走廊，后来发展壮大，占据甘州，称为甘州回鹘；人数较多的一支，由庞特勤率领，共十五个部落，逃到焉耆，称为焉耆回鹘。庞特勤后来派兵经略包括北庭在内的东部天山地区，并将该地区辟为新的牧场。但高昌一带仍被吐蕃占领。公元 866 年，北庭的回鹘首领仆固俊大破吐蕃，占领高昌，并在此建立王国。从此，进入了

吐鲁番历史上的"高昌回鹘"（又称"西州回鹘"）时期。该回
鹘王国将高昌作为首府，将北庭作为夏都。自建国之日起，就
努力与周边各政权及民族保持往来，并开辟道路尽力与中原王
朝维持交通。北宋王延德于太平兴国六年（公元981年）出使
回鹘，翌年四月到达高昌，其狮子王正在北庭避暑，王舅阿多
于越监国。据王延德《西州程记》（又称《使高昌记》）记载，
当时的高昌繁荣富庶，人民衣食不愁，又有各种文化娱乐，如
同生活在极乐世界。可见在高昌回鹘时期，高昌仍在发展进
步。公元1124年，辽国宗室耶律大石率残部西迁，经高昌回
鹘到达中亚，先后击溃花剌子模、喀喇汗王朝的军队，在巴拉
沙衮（即虎思斡尔朵）建立西辽帝国。高昌回鹘成为西辽帝国
的附庸。八十年后，蒙古成吉思汗统一本族各部，建立大蒙古
汗国。高昌回鹘的亦都护（高昌王称号）巴而术阿儿忒的斤得
到消息，杀死西辽派驻高昌的官员，亲自向成吉思汗朝觐以表
忠心。成吉思汗大喜，将巴而术阿儿忒的斤认作第五子。高昌
回鹘成为蒙古的附庸，被称作"畏兀儿王国"。畏兀儿由于依
附蒙古，在成吉思汗征服中亚、西亚的战争中，没有受到太大
侵扰。成吉思汗死后，四个亲子争权，畏兀儿卷入其中，始受
到打击。亦都护高昌王火赤哈儿的斤由于支持成吉思汗第四子
拖雷之子忽必烈，受到成吉思汗第三子窝阔台系的海都和第二
子察合台系的笃哇的两路进攻。公元1270年前后，笃哇攻占
别失八里（北庭），火赤哈儿的斤退守火州（高昌）。公元
1275年，笃哇、海都等又围攻高昌城。五年后（公元1280
年），高昌城沦陷，火赤哈儿的斤撤退到哈密。公元1283年前
后，海都又进攻哈密，火赤哈儿的斤战死。幼子纽林的斤率领
残部退至河西走廊。忽必烈将武威西北的永昌封给纽林的斤，

用以安置流亡的畏兀儿臣民。高昌回鹘王国，亦即畏兀儿王国，至此灭亡。

此后，直到清朝进疆初期，吐鲁番都在不同部落、不同系属的蒙古族统治之下。公元 1756 年，清朝始让维吾尔族大阿訇额敏和卓世领其地。从此，吐鲁番成为维吾尔族的家园。

2. 吐鲁番的文化

吐鲁番自古隶属西域，历史与敦煌不尽相同，文化与敦煌自然亦有差异。大体而言，中华传统文化虽然长期占有主导地位，但西域异族文化势力亦甚强大，中西合璧的佛教文化也自具特色。

中华传统文化主要来自河西及中原的移民，当然也包括过往的河西及中原的商旅。对此，传世文献和出土文献都有一些记载。但如《魏书·高昌传》载北魏孝明帝于熙平（公元516～518 年）初下诏所云："彼之甿庶，是汉魏遗黎，自晋氏不纲，因难播越，成家立国，世积已久。"却似有逻辑问题。大概该诏本意是想说：高昌甿庶，既有汉魏遗黎，又有十六国时期难民。关于汉魏遗黎，同传又引"或云"，称："昔汉武遣兵西讨，师旅顿弊其中，尤困者因住焉。"但此说不可信。所谓汉魏遗黎，应指汉魏时期屯戍将士的后裔。唐姜行本于贞观十四年（公元 640 年）讨伐高昌，撰《纪功碑》，有云："高昌国者，乃是两汉屯田之壁，遗兵之所居，麴文泰即其苗裔也。"除末句"麴文泰"云云与史违悖外，其余经学者研究，大致均与史实符合。至于十六国时期难民，例证更多。譬如原籍南阳的张氏，吐鲁番出土《张怀寂墓志》云："襄避霍乱，西宅敦煌。余裔迁波，奄居蒲渚，遂为高昌人也。"又《张礼臣墓志》云："属苻坚肆虐，挺扰五凉，避乱西奔，奄居右地。"我们知道：张氏系于西汉晚期避霍光之乱由南阳迁敦煌，又于前凉灭亡后避苻坚之祸由敦煌迁高昌。此外，原籍太原的令狐氏，系于西汉末年避王莽之乱由太原迁敦煌，大约又于公元 442 年由敦煌迁高昌[16]；原籍南阳的阴氏，系于东汉末年由南阳迁武威，前凉中期由武威迁敦煌，大约又于公元 442 年由敦煌迁高昌[17]。因而《文馆词林》卷六六四载唐太宗《贞观年中巡抚高昌诏》统称为："高昌之地，虽居塞表，编户之甿，咸出中国。"高昌甿庶，既然主要为河西及中原移民，那么高昌文化，也应主要为中华传统文化。

但必须指出：高昌的中华传统文化，时代不同，表现水平亦不同。如有的研究者注意到出土文书中的书法：高昌郡时期大多书写工整，笔势遒丽；高昌国时期水平大为下降，麴氏王国后期更拙劣不堪；唐西州时期民间虽然优劣不一，但官府水平却显著提高。这种判断并无太大不妥。但解释为：高昌郡时期水平较高，大概受到曾任戊己校尉长史的著名书法家索靖的影响；高昌国时期水平下降，应与昭武九姓胡人大量迁入并初习汉字有关；唐西州时期又有所提高，应是受到内地派去官吏的影响[18]。则似乎未中肯綮。实际情况应是：高昌郡与唐西州时期，该地与河西及中原连为一体，书法不断受到河西及中原高水平的熏陶，水平较高非常自然。而高昌国时期，该地与河西及中原完全分裂，书法长期得不到河西及中原母体的滋润，水平下降也很容易理解。在此情况下，高昌的汉族移民政权，如果希望保持中华传统文化的主导地位，就必须加强与内地的交通，多方面引进中华传统文化的经籍。譬如：到麴氏王国创业主麴嘉统治时期（公元 502～525 年），高昌与河西及中原分裂，如果从阚爽时期（公元 435～442 年）算起，已有七十年。《魏书·高昌传》记载：麴嘉曾向北魏"遣使奉表，自以边遐，不习典诰，求借五经、诸史，并请国子助教刘燮以为博士，肃宗许之。"吐鲁番出土北魏以前的白文及注本《尚书》、《毛诗》（图五）、《礼记》、《论语》、《孝经》，以及《汉书》、《三国志》、《晋阳秋》，大多都是这次引进的。此后，麴嘉之子麴坚在位，不仅向北魏遣使朝贡，还向梁朝遣使献方物。以至

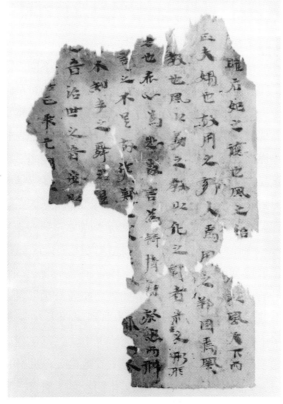

图五　东晋写本《毛诗关雎序》
残卷（66TAM59∶4 /1）

研究者认为:《隋书·高昌传》所记麹坚"于坐室画鲁哀公问政于孔子之像",原出北魏都城洛阳的国子学[19];出土文献所见"儒林参军"官号和《论语郑氏注》古籍,也都是从梁朝移植和引进的[20]。吐鲁番还出土了众多不同时期的文史典籍及蒙书,如潘岳书札、木玄虚《海赋》、刘向《谏营昌陵疏》、《谥法》、《典言》、《春秋后语》、《急就章》、《千字文》、《开蒙要训》等。有关道教的文物、文献也出土了不少。这些都说明,高昌不论与河西及中原连为一体,还是与河西及中原完全分裂,在这个地区,只要居民主要为汉族,中华传统文化都无疑占有主导地位。即使经过回鹘民族数百年的统治,在这个地区,中华传统文化也仍占有一定地位。近年,吐鲁番曾出土一件元代"杭州泰和楼大街某行铺招帖"[21],引起学术界广泛的兴趣。其实,早年,吐鲁番就曾出土三件时代大致相当的"杭州信实徐铺招贴"(Ch.1064、1103、1875号)[22]。联系距吐鲁番不远的黑水城曾出土南宋"杭州晏家"印的《妙法莲华经》"观世音菩萨普门品"(TK167号)。我们推测:宋元时期,我国西北地区,包括吐鲁番在内,与中原都一直保持密切的交通,中华传统文化在该地区仍然有着广泛的影响。

西域异族文化主要来自车师土著及西域移民,当然也包括过往的西域商旅。虽然根据传世文献,我们知道:太平真君十一年(公元450年),具有五百多年历史的车师前国,终于被沮渠氏北凉流亡政权灭亡;到了张氏王国统治时期(公元488～496年),剩余的"前部胡人",也"悉为高车所徙,入于焉者"。但根据出土文献,我们知道,直到唐西州时期,这里还有很多车师族的车姓人居住。此外,这里也一直是中西交通的重要枢纽。据两《汉书·西域传》总序记载,两汉时期中西交通主要有二道，北道均以车师前国为起点。到了隋代，裴矩撰《西域图记》，记中西交通凡有三道，中道以高昌为起点，并称高昌为"西域之门户"。这种情况，至唐不改。因而从高昌时期开始，这里就有了大量的西域移民。其中，不仅有南方天竺的竺氏和竹氏，北方高车的翟氏、鲜卑的秃发氏、突厥的阿史那氏，塔里木周边鄯善的鄯氏、焉耆的龙氏、龟兹的白氏和帛氏，还有中亚地区月氏的支氏、石国的石氏，以及粟特昭武九姓的康、安、曹、史、米、何、穆等氏。唐西州时期，与敦煌县有由粟特等中亚移民组成的从化乡情况相同，高昌县也有由粟特等中亚移民组成的崇化乡。不仅流行中亚传来的火祆教，也流行中亚传来的摩尼教和大秦景教。吐蕃、回鹘、蒙古相继统治时期，这里的异族文化色彩，无庸置疑更为浓厚。此外，吐鲁番出土不同时期的文献中，汉文文献除外，梵、佉卢、粟特、突厥、于阗、龟兹、焉耆、波斯、叙利亚、吐蕃、回鹘、西夏、蒙古等民族文字文献，数量也很可观。这也说明，西域的异族文化，在该地区确实有着强大势力。

中西合璧的佛教文化虽然主要来自中原、西域的僧侣，但也不能忽视车师佛教所起的作用。高昌之有佛教，至迟亦可追溯到号称"敦煌菩萨"的竺法护。因为吐鲁番出土最早的一件佛教写经，就是西晋元康六年（公元296年）三月十八日竺法护译写的《诸佛要集经》（图六）。此后，高昌佛教逐渐兴盛。十六国时期，沮渠氏北凉创业主沮渠蒙逊笃信佛教，高昌佛教达到了第一个兴盛高峰。高昌本地的高僧，为世所知者，就有：法绪，精通禅要，后隐于蜀中山谷。法众，曾在高昌为沮渠蒙逊译出《大方等檀特陀罗尼经》一部四卷。道普、法盛，均曾周游西域各国，著有游记。法盛还译有《菩萨投身饿虎起

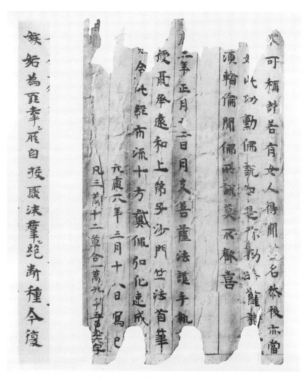

图六 西晋竺法护译写《诸佛要集经》
残卷（大谷旧藏）

塔因缘经》一卷。凉州高僧法进的弟子法朗、僧遵，也都是高
昌人。法朗后到龟兹传教，受到颇高礼遇；僧遵善《十诵律》，
能诵《法华》、《胜鬘》、《金刚》、《般若》等经。此外，高昌作
为中西交通枢纽，还成为高僧西游和佛教东传的一个重要的中
转站。如：法显西游，同行的智严、慧简、慧嵬等曾到高昌募
集行资。昙无竭西游，也曾经过高昌郡。沮渠蒙逊从弟沮渠安
阳侯游学西域，归经高昌，在此求得《观音》、《弥勒》二观经

各一卷。智猛从天竺带回的梵本《大涅槃经》，昙无谶从西域带回的梵本《菩萨受戒经》，据说都是昙无谶在高昌译出的。昙学、威德等西游，在于阗获得胡本《贤愚经》，据说后来也是在高昌译出的。根据有关记载：当时的高昌，所以有专门的译场，是因为在这里，佛教大乘、小乘并立，佛教经典汉本、梵本并重。而这种局面的形成，与车师有很大的关系。我们知道：当时的佛教及其经典，中原多为大乘及汉本，西域多为小乘及梵本。高昌心系中原，车师地属西域，可以作为中原和西域两种佛教文化的代表[23]。高昌情况已见上述。前秦时期，车师王入朝，其国师鸠摩罗跋提等随行，曾献胡本《大品》及《阿毗昙心》、《四阿含暮抄》等小乘经典。高昌、车师并存时期，两种佛教文化已相互渗透；车师灭亡和高昌一统之后，两种佛教文化则彼此融合。而高昌的佛教，不仅大乘已然为世所知，小乘也从此名闻遐迩了。如：智林，善小乘《杂心》等经，宋明帝时曾到建康，申"二谛"、"三宗"之义，颇有影响。慧嵩，善小乘《毗昙》等经，世称"毗昙孔子"。麹氏王国时期，随使入朝，宣传小乘，名震山东。而其时，高昌佛教也已达到第二个兴盛高峰。麹氏诸王，均为佛教忠实信徒。吐鲁番出土麹氏王国时期文献，与佛教有关者占有相当大的分量。当时，麹氏王国都城附近，寺院就有近 150 个之多；僧尼亦有数千，几占麹氏王国总人口的 1/4。中原高僧道判西游，西域高僧达摩笈多东来，都曾在高昌逗留。唐僧玄奘西天取经，暂驻高昌，张帐说法，更为佛门盛事。玄奘还收有高昌人玄觉等为弟子，为高昌佛教的发展起到了促进作用。唐西州时期，该地区的佛教进入了一个新的发展阶段。吐鲁番出土西州时期文献，与佛教有关者虽然分量并不太大，但不仅仍有不少佛教写经，还有中原传来的《广弘明集》、《大唐西域记》等佛教典籍。同时，本地僧人也进入中原佛界，担当弘法重任。如彼岸、智岸，自幼就在长安钻研佛学，后来曾随王玄廓出使中天竺，不幸遇疾卒。此外，本地庶民的净土信仰，仍然停留在广义阶段，与同时的中原及敦煌均不同步，也显示出自己独有的特色[24]。到了回鹘及蒙古统治高昌时期，该地区的佛教才逐渐衰微。但即便如此，也还具有一定影响。乾德三年（公元965年），高昌回鹘可汗曾遣僧人法渊向北宋贡献佛牙。王延德《西州程记》记该地区仍有"佛寺五十余区，皆唐朝所赐额"。高昌尼舍蓝蓝，在元大都妙善寺修行，备受礼遇。这些都说明，中西合璧的佛教文化，在高昌是有很强的生命力的。

3. 吐鲁番的古代墓葬与城窟遗址

吐鲁番地区的古代遗址，不仅是吐鲁番历史与文化的象征，也是吐鲁番文献的主要埋藏地，一直受到吐鲁番学研究者的重视。1988年，自治区曾经组织三个小队，对吐鲁番地区所属一市（吐鲁番）二县（鄯善、托克逊）分别进行文物普查，使研究者对该地区的古代遗址分布情况增加了一些了解[25]。该地区的古代遗址，不仅年代悠久，而且数量众多。这里只能结合吐鲁番文献，将晋至元时期的墓葬与城窟遗址摘要介绍如下[26]。

墓葬遗址主要有阿斯塔那、哈拉和卓、交河（雅尔湖）、吐峪沟等。阿斯塔那古墓葬和哈拉和卓古墓葬相邻，位于吐鲁番市东南约40公里，在高昌故城北面，哈拉和卓村（三堡）北、阿斯塔那村（二堡）东，占地面积东西5公里，南北2公里，主要为晋至唐时期高昌城居民的公共埋葬地。这里的晋至唐古墓不计其数，由于干燥，所谓吐鲁番文献，特别是纸质文献，大都在这里出土，因而被称为吐鲁番的地下博物馆。交河古墓葬位于吐鲁番市西约10公里，交河故城西面雅尔乃孜沟的北、西、南三面，占地面积超过10平方公里，也主要为晋至唐时期交河城居民的公共埋葬地。这里的晋至唐古墓不计其数，由于较为潮湿，出土文献以砖质为主，可以称为吐鲁番的地下墓砖博物馆。吐峪沟古墓葬位于鄯善县西面偏南约40公里，在吐峪沟的路北及南口西岸，凡有多处，占地面积合计也甚可观。这里古称丁谷，不仅有居民，还有佛教的"窟寺"和火祆教的"天"（祠），故主要为南北朝至回鹘高昌时期当地居民及佛教徒和火祆教徒的公共埋葬地。

城市遗址主要有高昌、交河及安乐等。高昌故城位于吐鲁番市东南约50公里。该城两汉原为军事壁垒，魏晋粗具城市规模，十六国的前凉作为高昌郡治，北魏中期成为高昌国都，唐灭高昌仍为西州治所，回鹘统治时期仍为都城，称为亦都护城，元朝统治时期毁于战火。根据遗址显示：该城可分外城、内城、宫城三部分。外城略作正方形，周长超过5公里，墙基厚约12米，残高10米左右，均用土夯成。内城在外城的中间，仅存西、南两面城垣；正中偏北有一城堡，当地人称为"可汗堡"，认为就是回鹘高昌王的王宫。但真正的宫城，在内城的北面，为长方形，内有十分规整的宫殿残基。交河故城位于吐鲁番市西约10公里，雅尔乃孜沟的干河床中的土崖上。该城西汉至北魏前期为车师前国都城，高昌国时期为交河郡治，唐灭高昌曾为安西都护府治所，回鹘统治时期逐渐衰落，元朝统治时期毁于战火。《汉书·西域下》称："河水分流绕城下，故号交河。"现在的遗址，正在一条分流的河水中央。遗址所在的土崖，南北长约1850米，中间最宽处约300米。遗址在土崖的中部和南部，南北长约 1000 米。没有外城、内城之分，城内区划亦无规则，一条长约 350 米、宽约 10 米的大道贯通南北。大道北端最引人注目的是一座长约 88 米、宽约 59 米的宏大的寺院遗址。此外，还有各种作坊、军营、民居等建筑遗址。安乐故城位于吐鲁番市东约 2 公里的苏公塔的东侧，原名英沙古城，经考证为安乐故城[27]。该城麹氏王国时期正式置县，唐灭高昌降为乡里，明朝成为吐鲁番王的治所，也就是现在吐鲁番市的前身。遗址原在一条干河床的岸崖上，形状不规则，东西残长 200 余米；城墙基本平毁，残存部分也仅高 2 至 3 米。附近原有佛塔遗址。但现在都已成为砖瓦厂工地。

石窟遗址主要有吐峪沟、伯孜克里克及胜金口等。吐峪沟石窟位于高昌故城东北大约 8 公里的火焰山吐峪沟谷内。该窟即中古时期的丁谷窟寺，大约始凿于前凉设置高昌郡时期，直至回鹘高昌后期仍在续凿。P.2009 号《西州图经》记唐代的丁谷窟寺，称："其依山构，揆巘疏阶。雁塔飞空，虹梁饮汉。岩峦纷纠，丛薄阡眠。既切烟云，亦亏星月。上则危峰迢递，下则轻流潺湲。实仙居之胜地，谅栖灵之秘城。见有名额，僧徒居焉。"可见当时景况。但现存 46 个洞窟，绝大部分均已塌毁。伯孜克里克石窟位于胜金口（见下）北火焰山木头沟谷内。该窟即中古时期的宁戎窟寺，大约始凿于公元 5 世纪的麹氏王国时期，直至公元 14 世纪的元朝仍在续凿。前引 P.2009 号《西州图经》记唐代的宁戎窟寺，仍称："峭巘三成，临危而结极；曾峦四绝，架回而开轩。既庇之以崇岩，亦猥之以清濑。云蒸霞郁，草木蒙笼。见有僧祇，久著名额。"也可见当时景况。但现存 83 个洞窟，绝大部分均被破坏。尽管如此，仍保存下来不少珍贵壁画，如关于密教、摩尼教的壁画，以及全国石窟壁画中惟一的一幅地狱变等，都有极高的学术研究价值[28]。胜金口石窟位于阿斯塔那村（二堡）北约5公里的火焰山南口。该窟始凿时间不详，至迟在回鹘高昌时期已经存在。从现存9个洞窟、10多个寺院遗址看，当年也曾有过辉煌时期。只可惜，现在也是毁坏严重，无复旧日景观了。

此外，吐鲁番还有很多规模较小的古代墓葬与城窟遗址，以及一些民居、寺院、烽燧遗址。这些遗址大都埋藏着极为丰富的文献资料，等待着研究者去发掘利用。可以预料，这些文献资料一旦出土，也会震惊整个世界。

综上所述，可以清楚知道：敦煌和吐鲁番，虽然今天一属甘肃，一属新疆，相距较为遥远，但在中古时期，有相似的历史，相似的文化，关系极为近密。这种相似的历史，相似的文化，极为近密的关系，也正是现在敦煌、吐鲁番能够并称，敦煌文献、吐鲁番文献能够并重的主要原因。

注　释

[1] 关于"河西四郡"及其中敦煌郡的设置时间，史籍记载不一，学术界亦无统一意见。此处从林幹之说。见《匈奴历史年表》第29～30页，中华书局，1984年。

[2] "敦煌"一词，由于在西汉置郡以前就已出现，现在普遍认为，应为早年居于当地的少数民族对本地区所取名字的音译。但因原名是出于塞、月氏、乌孙等语，还是出于匈奴语，迄无定论，对其确切含义不甚清楚。此处照录传统意见，以备一说。

[3] 参阅饶宗颐、李均明：《新莽简辑证》第169～170页，新文丰出版公司，1995年。

[4] 吐鲁番出土武周《张怀寂墓志》云："襄避霍乱，西宅敦煌。"据 P.2625 号

《敦煌名族志》记载：其时"有司隶校尉张襄者"，因"奏霍光妻显毒煞许后"，惧事泄，先"以地节元年（公元前 69 年），自清河绎幕举家西奔天水"，及病卒，子某"来适此（敦煌）郡，家于北府，俗号北府张"。霍光妻显毒杀许皇后事，《汉书》卷六八《霍光传》记载较详，可参阅。

[5] 《新唐书·宰相世系表五下》令狐氏条云："世居太原。秦有太原守五马亭侯范。十四世孙汉建威将军迈，与翟义起兵讨王莽，兵败死之。三子：伯友、文公、称，皆奔敦煌。伯友入龟兹，文公入疏勒，称为故吏所匿，遂居效谷。"翟义讨王莽，在居摄二年（公元 7 年）。详细情况，可参阅《汉书》卷八四《翟方进附子义传》

[6] 如唐敦煌翟氏有浔阳、上蔡二望，浔阳（今江西九江）属江汉，上蔡（今属河南）属中州。参阅饶宗颐主编，姜伯勤、项楚、荣新江合著：《敦煌邈真赞校录并研究》第 32～35 页，新文丰出版公司，1994 年。

[7] 陈寅恪：《隋唐制度渊源略论稿》第 2 页，上海古籍出版社，1982 年。

[8] 近年敦煌悬泉置出土西汉简牍，多中西使节（包括商旅）过往资料。所见西域国名和地名，竟有数十之多，如：楼兰、婼羌、且末、小宛、精绝、扜弥、渠勒、于阗、莎车、疏勒、尉头、温宿、姑墨、罽宾、车师、焉耆、龟兹、乌垒、渠犁、危须、狐胡、卑陆、皮山、蒲犁、乌孙、大宛、康居、大月氏等。见：甘肃省文物考古研究所：《敦煌悬泉汉简内容概述》、《敦煌悬泉汉简释文选》，《文物》2000 年第 5 期。

[9] 池田温：《8 世纪中叶における敦煌のソグド人聚落》，《ユーラシア文化研究》第 1 号，1965 年。

[10] 夏鼐：《〈陇右金石志〉补正》，《向达先生纪念论文集》，新疆人民出版社，1986 年。

[11] 王素：《敦煌出土前凉文献所见"建元"年号的归属》，《敦煌吐鲁番研究》第 2 卷，1997 年；《敦煌莫高窟创建时间补说》，《敦煌文献论集》，辽宁人民出版社，2001 年。

[12] 关于藏经洞的性质及其封闭的原因和时间，学界存在"废弃"、"封存"及"避难封存"等多说，说法不同，时间亦异，但大致都主张在公元 11 世纪初。此处主要从荣新江之说。见《敦煌藏经洞的性质及其封闭原因》，《敦煌吐鲁番研究》第 2 卷，1997 年。

[13] 参阅吴震：《新疆东部的几处新石器时代遗址》，《考古》1964 年第 7 期。

[14] 李方：《唐西州长官编年考证——西州官吏考证（一）》，《敦煌吐鲁番研究》第 1 卷，1996 年。

[15] 荣新江认为：贞元十一年（公元 795 年）前，西州曾一度重回唐手。贞元
十九年（公元 803 年）后，西州才最终被回鹘占领。见《摩尼教在高昌的
初传》，《吐鲁番新出摩尼教文献研究》，文物出版社，2000 年。

[16] 王素：《高昌令狐氏的由来——吐鲁番文书札记（一）》，《学林漫录》第 9
集，1984 年。

[17] 王素：《高昌阴氏的由来——读〈高昌主客长史阴尚宿造寺碑〉札记》，《中
国文物报》1989 年 5 月 26 日第 3 版。

[18] 马雍：《吐鲁番出土高昌郡时期文书概述》，原载《文物》1986 年第 4 期，
收入《西域史地文丛考》，文物出版社，1990 年。

[19] 小田义久：《吐鲁番出土随葬衣物疏の一考察》，《龙谷史坛》第 108 号，
1997 年。

[20] 王素：《麹氏高昌职官“儒林参军”考略》，《文物》1986 年第 4 期；《唐写
本〈论语郑氏注〉校读札记》，《唐写本论语郑氏注及其研究》，文物出版
社，1991 年。

[21] 陈国灿：《吐鲁番出土元代杭州“裹贴纸”浅析》，《武汉大学学报》1995 年
第 5 期。

[22] 荣新江：《德国“吐鲁番收集品”中的汉文典籍与文书》，《华学》第 3 辑，
1998 年。

[23] 陈世良：《从车师佛教到高昌佛教》，《吐鲁番学研究专辑》，1990 年。

[24] 王素：《吐鲁番出土〈功德疏〉所见西州庶民的净土信仰》，《唐研究》第 1
卷，1995 年。

[25] 自治区文物普查办公室、吐鲁番地区文物普查队：《吐鲁番地区文物普查资
料汇编》，《新疆文物》1988 年第 3 期。

[26] 吐鲁番还有众多明清墓葬与城窟遗址。德国国家图书馆所藏吐鲁番收集品
中有一件明永乐年间历书，日本龙谷大学图书馆所藏吐鲁番文书中有一件
清祺祥年间当票（大谷 3216 号），吐鲁番地区博物馆也藏有一件清代“番
城福聚当”的当票，应为此类遗址出土。但由于吐鲁番出土明清文献极少，
而本书篇幅又十分有限，此类遗址这里暂不介绍。

[27] 李征：《安乐城考》，《中国史研究》1986 年第 1 期。

[28] 王素：《人生如幻，修行为真》（伯孜克里克石窟游记），《清福集——北长
街二十七号》，如闻出版社，1997 年。

二　敦煌吐鲁番文献的发现与盗掘

敦煌吐鲁番文献的发现虽含偶然成分，敦煌吐鲁番文献的盗掘却有必然因素。自哥伦布 1492 年发现新大陆，西方列强探险寻宝之风大盛，黄沙覆盖的中亚就被列为重要目标[1]。日本 1868 年明治维新后，也加入探险寻宝行列。1890 年，英军中尉鲍威尔（H.Bower），在新疆库车买到部分出土古梵文经典，写信向英属印度加尔各答孟加拉亚洲学会总干事霍恩雷（Hoernie Colleetion）通报消息，不仅成为敦煌学的起源[2]，也成为吐鲁番学的滥觞。此后，东、西方列强纷纷派出探险队和考察队，来到敦煌吐鲁番大肆盗掘，珍贵的文献不断流散，整个世界为之震惊。我国学术界知道较晚，虽然亡羊补牢，所得却很有限。直到现代考古学传入，才有了较大收获。

（一）敦煌文献的发现与盗掠

敦煌文献的发现与盗掠，是我国学术史上最为难堪的一页。甚至有人感叹："敦煌者，吾国学术之伤心史也。"然而，尽管难堪和伤心，也不能不承认，敦煌学能够较早成为一门国际显学，与敦煌文献的这种遭遇有着密切的关系。

1. 敦煌文献的发现

敦煌文献的发现，虽然可以追溯到清道光七年（公元

1827 年）以前敦煌塔的倒塌[3]，但藏经洞的开启，却只能从清光绪二十六年（公元 1900 年）算起。藏经洞的开启，不仅含有偶然成分，还带有戏剧色彩。开启藏经洞，发现敦煌文献的人，就是因此成名的王道士。

王道士（公元 1849～1931 年）（图七），本名圆箓，一作

图七　王道士

元录，又作圆禄，湖北麻城人。早年家贫，外出觅食。光绪
（公元 1875～1908 年）初，入肃州（今甘肃酒泉）巡防营为兵
勇。不久离军，受戒为道士，取号为法真。先游新疆，光绪二
十三年（公元 1897 年）前后到达敦煌莫高窟。初在南区北段，
清理沙石，供奉香火，收受布施，传道募化。稍有积蓄，乃于
第 16 窟东侧建太清宫道观（即今"下寺"）。不久又雇当地贫
士杨某为文案，冬春间抄写道经卖钱，夏秋间于第 16 窟甬道
内替香客写醮章收取布施。初夏的一天，杨某工作之余，靠着
甬道北壁抽烟。他将引火的芨芨草无意中插进墙缝，发现长长
的芨芨草竟然插不到底。他感到奇怪，忙用烟锅头敲了敲，觉
得里面像是空的，就向王道士作了汇报。王道士不动声色，等
到夜深人静，与杨某一起破壁探察，终于发现了这个后来被姜
亮夫称为"整个人类的历史都在敦煌"[4]的藏经洞（第 17 窟）
（图八）。王道士面对 5 万件左右十六国到北宋时期的汉文、胡
语写本以及绢画、石碑等文献资料，顿时目瞪口呆。这一天，
据 1944 年发现的王道士自撰的《催募经草丹（单）》记载，为
农历光绪二十六年五月二十六日[5]，也就是公历 1900 年 6 月
22 日清晨。

王道士发现了藏经洞，虽然自己文化水平很低，无法判明
这些写本、绢画等的珍贵学术价值，但他知道，这些东西至少
也是一些值钱的古董。于是，他选取部分完整的写本、精美的
绢画，分赠敦煌县的官绅，以及安肃道道台兼兵备使廷栋等
人。此为藏经洞文献流出之始。但这些写本、绢画，并未受到
这些人的重视。敦煌县的官绅见写本、绢画多与佛教有关，认
为此类物品流传出来，实属造孽有罪，吩咐王道士尽快收回，
仍存窟内。廷栋为满人，更认为写本书法还不及自己，无足为

图八　藏经洞（第17窟）

重。最早发现藏经洞文献学术价值的，是清末著名金石学家叶昌炽。

叶昌炽（公元1849～1917年），字鞠裳，号缘督，江苏苏州人。早年肄业于苏州正谊书院。生平主要以辑校佚籍、搜录碑石为业。光绪二十八年（公元1902年）三月，出任甘肃学政。当时，他正在修订《语石》一书。为了完善该书，他不仅亲自收集陇右、河西的古代碑石拓片，还委托同时出任敦煌县令的汪宗翰代为关注西部边疆的古代文献资料情况。汪宗翰，字栗安，湖北通山人。光绪十六年（公元 1890 年）进士。光绪二十八至三十年（公元 1904 年）前后任敦煌县令。他不负所托，利用职权获得一些藏经洞的写本和绢画精品，并于光绪二十九年十一月及三十年四月和八月，先后派人送给了叶昌炽。其中，有《杨公碑》、《索公（勋）纪德碑》、《李太宾造像碑》、《李氏再修功德记碑》、《大中五年洪誓碑》拓片，还有《大般涅槃经》写本及《水陆道场图》绢画。叶昌炽还从汪宗翰及敦煌文士王宗海处，得到《水月观音像》、《地藏菩萨像》绢画及梵文《开益经》、《大般若经》写本等。叶昌炽对这些写本和绢画都作了记录，并对其书法及内容作了考订。他认识到这些文献资料的学术价值，便建议甘肃藩台将此宝物运省妥藏。但由于需要五六千两白银作为运费，而有关官员昏庸无学，又时值庚子赔款负担沉重，既舍不得钱又确实无钱，甘肃藩台没有采纳叶昌炽的建议。光绪三十年三月，藩台命汪宗翰运县封存。而汪宗翰不负责任，仅稍作调查，便令王道士就地保管。此举终于铸成大错。随着汪宗翰（光绪三十一年）、叶昌炽（光绪三十二年）的相继卸任，敦煌县和甘肃省的官员对藏经洞之事逐渐淡忘，敦煌文献的劫难也就开始了。

2. 敦煌文献的盗掠

在外国探险家和各类学者进入藏经洞之前，敦煌文献实际已在我国西北地区广为流传。据说：嘉峪关税务司比国人某（即比利时人 Paul Splingaeit）将归国，到肃州兵备道道台满人廷栋处辞行，廷栋将王道士所赠数卷写本转赠之。此比国人某行经新疆，又到将军满人长庚及道台潘某处辞行，谈及藏经洞事，并将廷栋所赠写本分赠长庚与潘道台[6]。而在此之前，敦煌莫高窟也已屡次被外国专家学者光顾。第一个光顾莫高窟的是匈牙利地质学家拉乔斯·洛克齐。他于 1879 年作为"塞钦伊（伯爵）考察队"的成员，到甘肃作地质调查，就曾到过敦煌，并游览了莫高窟。稍后，俄国探险家、动植物学家科兹洛夫、罗博罗夫斯基、普尔热瓦尔斯基等，于 1879～1880 年赴西藏考察，也经过敦煌，走访了莫高窟。第一个到敦煌收罗敦煌文献的据说是俄国地质学家奥勃鲁切夫。他于 1905 年到黑城盗掘古物，听说藏经洞之事，急忙赶到敦煌，用六包日用品骗换了二包古写本[7]。第一个进入藏经洞盗掠敦煌文献的公认是英国考古学家斯坦因。在此之后，法国汉学家伯希和，日本僧侣橘瑞超、吉川小一郎，俄国佛学家奥登堡等，也都到过这里，对敦煌文献进行盗掠。其间，清政府虽然得知消息，也抢运了一些，但作为劫余之物，价值大打折扣。

斯坦因（A. Stein）（图九），原为匈牙利人，后入英国籍。曾在英属印度政府供职。虽然不懂汉语，但由于精通考古，曾四次到我国新疆、甘肃、内蒙古等地盗掘文物文献。1902 年，在德国汉堡召开的"国际东方学者会议"上，他从同乡好友拉乔斯·洛克齐那里得知，莫高窟有大量精美的壁画和雕塑，便对敦煌十分神往。1906 年，他沿丝绸南路北上，开始第二次中亚探险，即将敦煌列为重点。进入新疆后，经英国驻疏勒（今新疆喀什）代表马继业介绍，认识了通英文的蒋孝琬。蒋孝琬，字资生，湖南湘阴人。光绪前期去新疆，在县、州衙门任师爷。光绪十五年（公元 1889 年）后，一直在新疆莎车衙门任职。斯坦因聘蒋为助手，一同北上。1907 年 3 月 21 日，

图九　斯坦因

斯坦因等经楼兰到达敦煌。在这里，斯坦因从一位乌鲁木齐商
人处获悉藏经洞的事，便马上赶到了莫高窟。但很不凑巧，藏
经洞新装了门锁，王道士又化缘未归。斯坦因为了不耽误时
间，决定折回敦煌，一边发掘长城烽燧遗址，一边等待王道士
归来。5 月 21 日，斯坦因再次来到莫高窟时，王道士已经回
来了。斯坦因通过蒋师爷告诉王道士，自己不但想看看藏经洞
的宝藏，还想捐赠一笔钱修理洞观，以此换取一些写本。但王
道士考虑藩台衙门曾有封存命令，又担心会引起老百姓的不
满，没有马上答应。斯坦因很有耐心，在莫高窟支起帐篷，住
了下来，一边考察石窟，拍摄照片，一边寻找机会，做王道士
的工作。一天夜里，王道士终于拿出一件写经，借给斯坦因观
赏。斯坦因见这卷写经是玄奘署名翻译的一部佛典，就自称是

从印度来的佛教信徒，对玄奘非常崇拜，这次能够见到玄奘带回并翻译的佛典，完全是出于玄奘的安排，目的是让他将这些印度已经失传的经典送回原来的地方。王道士愚昧无知，听信了这番胡言乱语。很快，斯坦因就得以跟着王道士，走进堆满写本的藏经洞。此后，为了不被别人注意，每天夜里，都由王道士进洞，取出几捆写本，拿到斯坦因的帐篷里，让斯坦因和蒋师爷阅检。由于数量太大，时间紧张，斯坦因来不及一一编目，便专挑好的写本和各类绘画。最后，斯坦因以四块马蹄银（重 200 两），骗买了二十四箱各类文献，五箱纸画、绢画及丝织品等。后来，斯坦因根据此次中亚探险的收获，出版了著名的五卷本《西域考古记（塞林提亚）——在中亚和中国西陲考察的详细报告》[8]。尽管王道士吃了大亏，但他对于此次交易似乎仍很满意，以至 1914 年 3 月，斯坦因第三次中亚探险途经敦煌，王道士又将私藏的 570 余件敦煌文献送给了斯坦因。因而，斯坦因不仅是第一个进入藏经洞盗掠敦煌文献的人，也是盗掠敦煌文献数量最多的人。关于斯坦因的情况，下文谈到吐鲁番文献时还将涉及，此不赘述。

伯希和（P. Pelliot）（图一〇），曾在越南河内法国远东学院供职。精通汉语和汉学。由于有此专长，1905 年，法国组织中亚考察队，被任命为队长。1906 年 6 月 15 日，伯希和率领考察队，从巴黎向中亚进发。1907 年 10 月，到达乌鲁木齐。其时，由于斯坦因与王道士有一个绝对严守秘密的约定，斯坦因从藏经洞盗掠大量敦煌文献的消息尚未传出，伯希和是从清朝将军长庚那里得知藏经洞发现古代写本之事的。1908 年 2 月 25 日，伯希和率领考察队赶到敦煌莫高窟，一边对洞窟进行考察，一边与王道士交涉。王道士对伯希和能用流利的

汉语与自己交谈颇有好感。此外，
王道士从交谈中获悉，伯希和完全
不知自己与斯坦因进行交易之事，
对这些洋人坚守信诺感到放心。很
快，王道士就将伯希和引进了藏经
洞，并允许伯希和在洞内进行阅
检。伯希和看到琳琅满目的各类文
献兴奋不已，下决心要把它们全部
翻阅一遍。他给自己定了三条选择
标准：一为有纪年者，二为藏外佛
教文献，三为少数民族文字材料。

图一〇　伯希和

然后以一天 1000 件的速度，在昏暗的烛光下翻阅了三个星期。
最后，以 500 两白银，骗买了 6000 余件各类文献及佛画。由
于伯希和是专家，他盗掠的敦煌文献大多是精品。因而，伯希
和不仅是第一个在藏经洞内盗掠敦煌文献的人，也是盗掠敦煌
文献精品最多的人[9]。

　　同年 5 月 30 日，伯希和结束了在敦煌的工作，派人将盗
掠的敦煌文献运往巴黎，自己则悄悄经北京回到河内法国远东
学院。一年后，也就是 1909 年 7 月，伯希和受法国国立图书
馆的委托，从河内出发，到中国购买汉籍，再次来到北京。其
时，敦煌文献的绝大部分都已安全运抵巴黎，入藏法国国立图
书馆。伯希和无所顾忌，将随身携带的一些精品，如《尚书释
文》、《沙州图经》、《敦煌碑赞合集》、《慧超往五天竺传》等，
在北京公开展示，吸引了众多中国学者参观。罗振玉、蒋斧、
王仁俊、董康、宝熙、柯劭忞、江瀚、徐枋、吴寅臣等中国学
者，为这些国宝落入外人之手大为震惊。他们上书清朝学部，

请求马上采取措施，抢救劫余的敦煌文献。清政府这才电令驻守兰州的陕甘总督及甘肃布政使何彦昇，责成敦煌县清点藏经洞文献，不许卖给外人，尽快押运来京，交京师图书馆（今国家图书馆）收藏。但王道士似乎早有预感，在官府清点之前，已将一些他认为较为珍贵的写本藏了起来。而清点和押运的官吏也很不负责，疏漏和遗失数量不少。尤有甚者，到了京师之后，押运官傅宝书、武相臣等并未将这些珍贵文献马上移交学部，而是将装满写本的大车拉进了何彦昇之子邺威（震彝）的宅院。何氏伙同亲友李盛铎、刘廷琛、方尔谦等，将其中精品分别据为己有，又将长卷一裂为二以充其数[10]。以至最后入藏京师图书馆时，这批敦煌文献只剩不到9000件（号）。

王道士私藏的敦煌文献，一部分有570余件，如前所说，于1914年3月送给了斯坦因；一部分总数至少也有700件左右，则于1911～1912年间卖给了橘瑞超、吉川小一郎。橘瑞超、吉川小一郎是日本西本愿寺第22代宗主大谷光瑞的大谷探险队的成员（僧侣），关于他们的情况，下文谈到吐鲁番文献时还将涉及。

奥登堡（S.Oldenburg），先后任俄国科学院研究员、通讯院士、院士。专攻印度学和科学发展史。1914～1915年间，俄国组织第二次东突厥斯坦考察队，奥登堡被任命为队长，专程赴敦煌考察。其时，尽管藏经洞早已空空如也，王道士也将私藏的敦煌文献卖送光光，但奥登堡收获仍丰。据说，奥登堡等除了从当地居民手中收购到200余件较完整的写本外，还对藏经洞进行了挖地三尺的发掘；获得了大量文书断片，总数达到18000件。因而，奥登堡虽然是最后一个进入藏经洞盗掠敦煌文献的人，但不是盗掠敦煌文献数量最少的人[11]。关于奥登堡的情况，下文谈到吐鲁番文献时也将涉及。

3. 敦煌文献的新收获

按照现在通行的看法，所谓敦煌文献，分狭义、广义二类。狭义的敦煌文献，专指藏经洞文献，而所谓藏经洞文献，是有一定数量的。一般认为，藏经洞文献约有5万件左右。这5万件左右的藏经洞文献，经过多番盗掠，可以说早已毫无孑遗。尤其在1915年奥登堡离开敦煌之后，人们不曾想到，在莫高窟还能找到劫余的藏经洞文献。然而，将近三十年后，在莫高窟竟然又发现了藏经洞文献。这就是所谓土地庙遗书。

1944年8月30日，敦煌艺术研究所修建宿舍，在莫高窟中寺后园土地庙残塑像体内发现一批写本[12]。该所所长常书鸿主持检验，工作刚刚告一段落，即向上级报告其事。这份报告，即《国立敦煌艺术研究所于民国三十三年八月三十日发现藏经初步检验报告》，全文如下：

> 本所因修建职员宿舍，于八月三十日上午十一时，在后园土地祠（该庙为清末中寺主持王喇嘛所修）残塑中发现六朝残经多卷，当经鸿召集全体职员，并邀请现正在千佛洞工作之西北考察团考古组向达、夏鼐、阎文儒三先生参加检验，详细记录。共计得六朝残经杂文等六十六种，碎片三十二块。其中有题记年号者，计北魏兴安三年五月十日谭胜写《弥勒经》、北魏太和十一年五月十五日写《佛说灌顶章句拔除过罪生死得度经》及北魏和平二年十一月六日唐丰国写《孝经》残页三种，此外尚有六朝职官名册残页，均甚名贵。现经匆促编造初次查验目录。该项残纸现妥存本所。此次发现，实为史坦因、伯希和等盗窃藏经后敦煌之创闻。本所成立于盗窃俱空之际，有此意外

收获，致使震动世界之"敦煌学"又增加若干研究资料，亦中国文化之幸也。

常书鸿谨志于莫高窟　三十三年九月一日

参加检验本所职员：常书鸿、张琳英、刘荣曾、李浴、陈延儒、苏莹辉、邵芳、陈芝秀、董希文、辛普德

监验人：向达、夏鼐、阎文儒

记录：苏莹辉、李浴、刘荣曾[13]

但关于这批土地庙遗书的来源，学者的见解不全相同。监验人向达（方回）最早判定是"王道士藏于佛像腹中者"；阎文儒也认为："这像是王道士……石室中的卷子。"[14]检验人之一的李浴也认为："这些也是王道士所发现的石室藏品。"[15]而李正宇、池田温先后都认为：土地庙遗书与藏经洞文献实际并无关系[16]。近年，施萍婷经过研究，郑重指出：土地庙遗书可与藏经洞文献缀合，应原为藏经洞出品[17]。如果土地庙遗书确实可与藏经洞文献缀合，则似乎可以断定：土地庙遗书应该原为藏经洞文献的一部分。但这批遗书为何藏于清末所塑佛像体内，则直到目前，也还没有令人满意的解答。

狭义的敦煌文献，在土地庙遗书发现后，可能就真的再也难得有新的收获了。但广义的敦煌文献，也就是包括莫高窟在内，整个敦煌地区出土的文献，却常有新的收获。敦煌莫高窟历年发现的数量众多的供养人题记姑且不说，敦煌各地历年出土的数量巨大的汉晋简牍也暂且不论。作为广义的敦煌文献，至少还有如下新的收获：①1907年在敦煌长城烽燧遗址发现8件西晋粟特文书信；②1931年前后在敦煌某寺发现1件东晋写本《三国志·吴书·步骘传》残卷；③1944年在敦煌大方盘城发现1方西晋乐生碑；④1965年在敦煌莫高窟第125～126、

130 等窟发现北魏广阳王发愿文和康那造五色幡文等文献；⑤
1929～1981 年在敦煌三危山、岷州庙、元代土塔发现 4 件梁
及北凉石塔铭文；⑥1944～1987 年在敦煌佛爷庙、新店台、
祁家湾等地晋至十六国时期墓葬发现大量斗瓶镇墓文等文献；
⑦1990～1992 年在敦煌汉效谷县悬泉置遗址发现汉晋时期 3
件帛书和 5 件纸文书；⑧1988～1994 年在敦煌莫高窟北区发
现一些用汉、藏、西夏、回鹘、蒙古、叙利亚等文字书写和印
刷的文书、告身、佛经、《圣经》等。这种广义的敦煌文献，
由于价值不在狭义的敦煌文献之下，而潜在的数量更加难以估
算，也越来越受到研究者的关注。相信随着考古学的发展进
步，这种广义的敦煌文献，会不断有新的收获。

（二）吐鲁番文献的发现与盗掘

吐鲁番文献的发现与盗掘，也是我国学术史上十分难堪的
一页。但吐鲁番文献与敦煌文献不同：敦煌文献主要藏于地上
石窟，盗掠较易；吐鲁番文献主要埋于地下遗址，盗掘较难。
因此，吐鲁番文献尽管也屡经盗掘，但其主要部分却仍为我国
所有。而吐鲁番学能够最终成为一门国际显学，也与吐鲁番文
献的这种遭遇有着密切的关系。

1. 吐鲁番文献的发现

吐鲁番文献的发现，与敦煌文献的发现不同，偶然成分很
少，必然因素较多。这是因为，吐鲁番地区降水量少，气候干
燥，墓葬和城窟遗址埋藏的文献，大多保存完好，发现只是时
间问题。但吐鲁番地下宝库究竟是何时开启，吐鲁番文献究竟
是何时发现，学者却见解不一。主要有二说：

　　一为传统观点。即谓始于 1898 年俄国克列门兹到吐鲁番的考察和盗掘。按：克列门兹（D. A. Klementz），曾任沙俄考古学会会长。1898 年，他到吐鲁番考察，曾在多处遗址和墓葬盗掘，获得不少汉文、梵文及其他少数民族文字（即所谓胡语）书写的古代文书及石刻。1899 年 10 月 14 日，在罗马举行第十二届"国际东方学者会议"。会上，俄国突厥学家拉德洛夫介绍了克列门兹在吐鲁番的盗掘活动及所获文书，引起了西方学者的注意。一些学者吁请俄国政府及有关机构支持克列门兹的工作。拉德洛夫趁机向大会倡议，建立一个国际协会以促进这项工作。他的提案被通过。1902 年，在汉堡举行第十三届"国际东方学者会议"，该国际协会被正式定名为"中亚远东历史学、考古学、语言学、民族学国际学会"，总部设在俄国彼得堡，其中央委员会被定名为"俄国委员会"。1903 年 2 月，该委员会被沙皇批准，并得到政府资助。而实际上，由于拉德洛夫的介绍，在此之前，不仅俄国，其他东、西方列强，也都已将盗掘的注意力集中到了吐鲁番[18]。可以说，克列门兹的发现，对于后来吐鲁番文献的盗掘，起到了至关重要的推波助澜的作用。

　　一为近年见解。即谓始于 1882 年《凉王大且渠安周造寺功德碑》的发现。传统观点认为：该碑是在 1902～1903 年间，由德国格伦威德尔（A. Grünwedel）率领的普鲁士第一次吐鲁番探险队，于高昌故城的一所废弃寺院（即德人所编 M 寺遗址）里发现，并运回柏林的[19]。但新近出版的柯昌泗著作，谓该碑实际是"光绪壬午"出土于火州故城[20]，也就是 1882 年出土于高昌故城。荣新江认为："柯昌泗没有说明此说的根据，但他的老师罗振玉、父亲柯劭忞、弟弟柯昌济都是金石学家，说当有本。"又认为：实际情况应是，"1902 年冬，格伦威德尔领导的德国第一次吐鲁番探险队在胜金口进行发掘时，听到石碑的消息，从当地挖宝人手中买下，运回柏林。"[21]这种看法，值得肯定。王仁俊曾经指出：该碑为"新疆喀喇和卓城（即高昌故城）出土，光绪二十九年（公元 1903 年）后为德意志国运至柏林国家博物馆。"[22]似乎也认为该碑的出土与德人获得并运回柏林是两件不同的事。可以肯定，最早发现吐鲁番文献的人，只能是当地土著。

关于当地土著发现吐鲁番文献，新疆地方史志早有记载。如《新疆图志·金石一》北魏金刚经残碑条称："碑出吐鲁番城北一百二十里木头沟，光绪二十四年（公元 1898 年）土人掘地得之。"则此金刚经残碑的发现，与前述俄国克列门兹到吐鲁番考察和盗掘，属于同一年。同书《金石二》唐张怀寂墓志铭条又称："宣统二年（公元 1910 年）十月，巡检张清在吐鲁番之三堡掘取古迹得之。"《新疆访古录》卷一麴氏所抄三国志韦曜华覈残传条亦称："宣统元年（公元 1909 年），鄯善农人掘地得之土峪沟。"著名的《高昌麴斌芝造寺碑》也是 1911 年 5 月在三堡被当地农民发现的。此外，《新疆访古录》卷一六朝写经残卷条又称："残经多出吐鲁番东乡三堡及鄯善之土峪沟，中更东、西人士掘者数矣。"似乎也想说明，由于吐鲁番文献被当地土著发现，"东（日本）、西（俄、德、英等国）人士"才到这里盗掘。总之，吐鲁番文献的发现权，属于当地土著没有疑问。而从此，吐鲁番文献的劫难也就开始了。

2．吐鲁番文献的盗掘

吐鲁番文献的盗掘，规模有大小之别。规模较大者，始于前述俄国考察队，然后是德国、日本、英国的考察队和探险队。规模较小者，除了本地土著外，还有来自内地各类人士，其中包括画家和记者。

俄国考察队最早到吐鲁番盗掘。主要有三次：第一次在1898年，即由俄国科学院派遣，前述克列门兹（D.A.Klementz）率领。他们考察高昌故城，发掘阿斯塔那墓葬，测绘伯孜克里克千佛洞，获得了一些汉文文书和几件梵文、回鹘文印本佛典，还发现了不少带有中亚婆罗谜文和回鹘文题记的壁画。后来，出版了一部《1898年圣彼得堡俄国科学院吐鲁番考察报告》[23]。第二次在1906～1907年，由俄国皇家地理学会派遣，科卡诺夫斯基（A.I.Kokhanovsky）率领。他们虽然没有从事发掘，但在考察古代遗址时，收集了一些出土文献，其中，包括9件汉文文书、1件梵文写本、2件藏文写本和印本、1件蒙古文印本、3件回鹘文写本、2件汉文和回鹘文双语文书，以及几件粟特文摩尼教文书。第三次在1909～1910年，由俄国委员会派遣，奥登堡（S. F. Oldenburg）（图一一）率领。他们考察和部分发掘了胜金口、阿斯塔那、高昌故城、交河故城、伯孜克里克等众多墓葬和遗址，获得很多梵文和回鹘文写本，成果较前二次更为丰富[24]。

德国考察队稍后到吐鲁番盗掘。共有三次：第一次在1902～1903年，由柏林民俗学博物馆委托，印度艺术史专家格伦威德尔（A. Grünwedel）率领。他们在胜金口、木头沟及高昌故城进行了多次发掘，获得了44箱古代艺术品和出土文献。出土文献包括汉文、梵文、藏文、突厥文、回鹘文、蒙古文写本和印本。后来，出版了一部《1902～1903年亦都护城及周边地区考古工作报告》[25]。第二次在1904～1905年，由德国皇家派遣，东方考古专家勒柯克（A. von Le Goq）率

图一一 奥登堡

领。他们除了重返前次发掘的遗址，还到达吐峪沟、伯孜克里克，一面考察，一面发掘，获得了 200 箱古代艺术品和出土文献。据说出土文献包括 24 种文字拼写的 17 种语言的文书。后来，发表了一篇名为《普鲁士皇家第一次新疆吐鲁番考察队的缘起、行程及收获》的简报[26]。第三次在 1906～1907 年，仍由德国皇家派遣，格伦威德尔、勒柯克率领。他们由库车、焉耆进入吐鲁番，沿途考察和发掘，也获得了 200 余箱古代艺术品和出土文献。后来，出版了一部《新疆古代佛教圣地——1906～1907 年在库车、焉耆和吐鲁番绿洲的考古工作》[27]，以及一部《新疆古希腊化遗迹考察记——德国第二、三次吐鲁番考察报告》[28]。此外，还有一次，在 1913～1914 年，仍由勒柯克率领。但此次虽然也到过吐鲁番，真正的重点却在库车。此次共盗掘文物、文献三批，第一批 103 箱，第二批 138 箱，第三批 159 箱，吐鲁番文献不多。

日本探险队也到吐鲁番盗掘。共有三次：第一次在 1903～1904 年，由西本愿寺大谷光瑞委托，渡边哲信、堀贤雄率领。他们发掘阿斯塔那和哈拉和卓墓葬，获得了一些出土文献。第二次在 1908～1909 年，仍由大谷光瑞派遣，橘瑞超（图一二）、野村荣三郎率领。他们除了重返前次发掘的墓葬，还到达木头沟、吐峪沟、交河故城、伯孜克里克等遗址，进行广泛调查和发掘，获得了大量出土文献。第三次在 1912～1913 年，仍由大谷光瑞派遣，吉川小一郎、橘瑞超率领。他们发掘不少墓葬，获得了大量出土文献。但这三次探险，由于成员多是年轻僧侣，缺乏基本的考古学知识，都没有整理出报告，只发表了一些游记[29]。

英国探险队最后到吐鲁番盗掘。虽然仅一次，但准备很充分，收获也不少。这就是 1913～1915 年斯坦因（A. Stein）的第三次中亚探险。斯坦因在此前的第二次中亚探险时，已于 1907 年到过吐鲁番，作过一些调查。随后第三次中亚探险，他沿丝绸南路北进，经和田、尼雅、楼兰、敦煌、居延，于 1914～1915 年，再次来到吐鲁番，在阿斯塔那墓葬、丫头沟、吐峪沟、木头沟、高昌故城、交河故城等遗址，进行了一系列搜索和盗掘。其中，仅在阿斯塔那就盗掘了 34 座墓葬。斯坦因的此次吐鲁番探险，获得不少出土文献，绝大部分也都出自阿斯塔那墓葬。后来，出版了一部著名的四卷本的《亚洲腹地——在中亚、甘肃和东部伊朗考察的详细报告》[30]。

本地土著的盗掘，基本上从未停止。以上俄、德、日、英

图一二　橘瑞超

等国考察队和探险队，到达吐鲁番后，都曾从当地土著手中收购过不少盗掘的出土文献。后来，我国考古学家黄文弼到吐鲁番从事科学发掘，也曾从当地土著手中收购过一些盗掘的出土文献。此外，1946～1947 年间，内地画家韩乐然到吐鲁番写生，在伯孜克里克石窟临摹壁画，闲暇之时，也曾去阿斯塔那盗掘过一些墓葬，获得了一些文书和墓志[31]。继韩乐然之后，内地记者李帆群也曾到吐鲁番盗掘，获得一些文书、墓志和文物[32]。

3. 吐鲁番文献的科学发掘

我国对吐鲁番进行科学考古，始于二三十年代的黄文弼（图一三）。黄文弼随瑞典斯文赫定（Sven Hedin）率领的中瑞西北科学考察团，于 1928 年和 1930 年二次到吐鲁番，以交河地区为中心，发掘了众多墓葬，获得了大批墓砖。此外，还从当地土著手中购得一些文书。不久即发表了简报[33]，十多年后又出版了正式的报告（即《吐鲁番考古记》），加上近年出版的考察日记[34]，黄文弼的这二次科学考古工作，可以说圆满地画上了句号[35]。

在黄文弼吐鲁番考古之后，新疆开始自行培养专业考古工作者。50 年代中期到 70 年代中期，由于建设需要，对吐鲁番古代墓葬和遗址进行了多次清理和发掘，收获颇丰。主要有：①1956 年对交河故城、寺院及雅尔湖古墓进行发掘，获得几方墓砖[36]。②1965 年对安乐故城遗址进行清理，获得一些古籍、佛经及少数民族文字写本[37]。③1959～1975 年对阿斯塔那、哈拉和卓及乌尔塘、交河故城等古代墓葬和遗址进行十三次大规模清理和发掘，共清理和发掘近 500 座墓葬和 1 处遗址，其中 205 座墓葬出土了文书，1 座墓葬出土了木简，还出土了大量墓砖和墓志[38]。

1975 年以后，又进行过多次清理和发掘，也颇有收获。计有：①

图一三 黄文弼

1976 年对采坎 5 座古墓进行清理, 获得 1 方墓砖[39]。②同年对阿拉沟东口古堡进行发掘, 获得 20 多件文书 (简报尚未发表)。③1979 年对阿斯塔那二座墓葬进行发掘, 获得一些文书 (包括帛书)[40]。④1980~1981 年对伯孜克里克千佛洞进行清理, 获得 800 多件古籍、佛经及少数民族文字写本[41]。⑤1981 年对吐峪沟千佛洞进行清理, 获得几件文书和古籍写本[42]。⑥1984 年对哈拉和卓村东唐北庭副都护高耀墓进行发掘, 获得 1 合墓志[43]。⑦1986 年对阿斯塔那 8 座墓葬进行发掘, 获得较多文书和墓志[44]。⑧1994~1996 年中日合作对交河故城沟西墓地进行发掘, 获得一些墓砖和墓志[45]。

此外, 50 年代中期之后, 还有一些零星收获。如: ①1953 年冬中国科学院考古研究所组织西北文物考察队在吐鲁番获得 5 件元代回鹘文契约文书 (原出高昌故城)[46]。②1955 年春, 当地农民在高昌故城北犁地, 发现一个黑色方盒, 内有 10 枚古波斯萨珊王朝银币[47]。③1959 年 11 月, 在胜金口东约 2 公里处的古代佛寺遗址, 曾发现 2 枚 "开元通宝", 若干汉文、梵文、回鹘文、吐火罗文写的经典残片, 回鹘文的木板题字, 以及梵文的木头、墙壁题字[48]。④1960 年 11 月在雅尔湖石窟发现突厥文题记[49]。⑤1968 年, 在交河故城某遗址的废墟中, 发现 1 件唐写本《孝经》残卷[50]。⑥1984 年 2 月, 在阿斯塔那古墓封土中, 发现 1 枚正反两面都有墨书的 "桃人木牌"[51]。

综上所述, 可以清楚了解: 敦煌文献和吐鲁番文献, 虽然属于两个不同的概念, 但其盗掠和盗掘的过程, 却十分相似。英国的斯坦因, 俄国的奥登堡, 日本的橘瑞超、吉川小一郎等, 不仅盗掠敦煌文献, 也盗掘吐鲁番文献, 反映这两种文献确实具有相同的魅力。这大概也是敦煌、吐鲁番能够并称，敦煌文献、吐鲁番文献能够并重的一个原因。

注　释

[1] 法国斯特拉斯堡国立大学图书馆藏有一件 17 世纪后半叶荷兰制作的中亚地图，已经标有沙州（敦煌）、吐鲁番、罗布泊等地名。参阅布尔努瓦：《沙州、地图和鬼魅》（摘要），《敦煌研究》1988 年第 2 期。

[2] 参阅太宰不二丸著，尚林、周润身译：《鲍［威］尔的信——敦煌学起源》，《新疆文物》1990 年第 3 期。

[3] 敦煌塔倒塌后，曾从中发现唐写本《般若波罗蜜多心经》注本等文献。该注本现藏日本天理图书馆，后附大量跋文，最早的跋文为临川李宗瀚（公元 1769～1831 年）于"道光丁亥"（公元 1827 年）所写。参阅神田喜一郎：《新らたに発见せられた般若心经の注本》，《ビグリア》第 5 号，1955 年。又，王三庆：《〈般若波罗蜜多心经〉注本价值试论》，《敦煌学》第 19 辑，1992 年。

[4] 姜亮夫：《敦煌学概论》第 36 页，云南人民出版社，1999 年。

[5] 按：此为通说。斯坦因、伯希和、叶昌炽等及郭璘于 1906 年撰文并书丹的《重修千佛洞三层楼功德碑记》所记时间大致相同。但也有一些不同记载。如赵明玉、方至福等于 1931 年立的《太清宫大方丈道会司王师法真（圆禄）墓志》记为光绪二十五年（公元 1899 年）、敦煌县政府档案记为光绪二十七年（公元 1901 年）、《甘肃通志》记为光绪二十九年（公元 1903 年）等。今人谢稚柳又记为"光绪二十六年岁庚子四月二十七日事"（出处见下）。此处不取。

[6] 谢稚柳：《敦煌艺术叙录》第 4 页，上海古籍出版社，1996 年重版。另参谢生保、赵崇民：《第一个得到藏经洞文书的外国人》，《敦煌研究》2001 年第 1 期。

[7] 见奥勃鲁切夫著、吕肖君等译：《中亚细亚的荒漠》，商务印书馆，1963 年。但据俄罗斯敦煌学家孟列夫说，奥勃鲁切夫不仅是一个地质学家，还是一个作家，上述情节都是他杜撰和虚构的。见刘进宝：《苏联列宁格勒藏敦煌写本简况——与缅什科夫（孟列夫）先生一席谈》，杨森：《孟列夫参观访问莫高窟》，均载《中国敦煌吐鲁番学会研究通讯》1990 年第 1 期。

[8] A. Stein: Serindia, Detailed report of explorations in Central Asia and Wester-most China, 5 vols., Oxford, 1921.

[9] 按：伯希和兴趣广泛，并未将此次盗掠敦煌文献整理出专门的报告。但他在此次考察中，曾写了大量的笔记。参阅伯希和著，耿昇、唐健宾译：《伯希和敦煌石窟笔记》，甘肃人民出版社，1993 年。

[10] 此为传统说法。据荣新江研究，实际情况是：其时，李盛铎、刘廷琛等均在学部任职，他们盗取敦煌文献，是在这批文献运到学部之后。见《李盛铎藏敦煌写卷的真与伪》，《鸣沙集》，新文丰出版公司，1999 年。

[11] 按：奥登堡也未将此次盗掠敦煌文献整理出专门的报告。关于详情，参阅：斯卡奇科夫：《1914～1915 年俄国西域（新疆）考察团记》，孟列夫：《1914～1915 年俄国西域（新疆）考察团资料研究》，均载《中华文史论丛》第 50 辑，1992 年。

[12] 苏莹辉最早撰文披露土地庙遗书。见《国立敦煌艺术研究所新发现北魏写经颠末记》，《西北日报》1944 年 12 月 1 日。同氏又有土地庙遗书简目及简介，载《西北文化》第 23、25 期，1945 年。

[13] 苏莹辉：《敦煌学概要》第 259～260 页，国立编译馆中华丛书编审委员会，1981 年增订版。

[14] 方回：《国立敦煌艺术研究所发见六朝残经》，《图书季刊》新 5 卷 4 期，第 107 页，1944 年；阎文儒：《莫高窟与敦煌》，《敦煌》第 33 页，学习书店，1951 年。

[15] 李浴：《一段重要而难忘的经历——敦煌艺术研究所二年》，《敦煌研究》1994 年第 2 期。

[16] 李正宇：《土地庙遗书的发现、特点和入藏年代》，《敦煌研究》1985 年第 3 期；池田温：《1944 年莫高窟土地庙塑像中发现文献管见》，《敦煌文薮》上，新文丰出版公司，1999 年。

[17] 施萍婷：《敦煌研究院藏土地庙写本源自藏经洞》，《敦煌研究》1999 年第 2 期。

[18] 姜伯勤：《沙皇俄国对敦煌及新疆文书的劫夺》，《中山大学学报》1980 年第 3 期。

[19] 池田温：《高昌三碑略考》，《三上次男博士喜寿记念论文集 历史编》第 102 页，平凡社，1985 年。

[20] 柯昌泗：《语石异同评》第 98 页，中华书局，1994 年。

[21] 荣新江：《〈且渠安周碑〉与大凉政权》，《燕京学报》新 5 期，1998 年。

［22］王仁俊：《敦煌石室真迹录》录坿第 3 页，艺文印书馆，1974 年。

［23］D. A. Klementz：Nachrichten über die von der Kaiserlichen Akademie der Wissenschaften zu St. Petersburg in Jahre 1898 ausgerüstete Expedition nach Turfan, St. Petersburg, 1899.

［24］按：俄国第二、三次盗掘吐鲁番文献，也未整理出专门的报告。第二次只发表了一份收集品简明目录，第三次也只发表了一份内容不详的考察简报。故更为详细的情况不得而知。

［25］A. Grünwedel：Bericht über archäologische Arbeiten in Idikutschari und Umgebung im Winter 1902～1903, München, 1906.

［26］A. von Le Coq：A short account of the origin, journey, and results of the first Royal Preussian（Second German）expedition to Turfan in Chinese Turkistan, Journal of the Royal Asiatic Society, 1909, pp. 299～322.

［27］A. Grünwedel：Altbuddhistische kultstätten in Chinesisch Turk－istan, bericht über archäologische Arbeiten von 1906 bis 1907 Kuca, Qarasahr und in der oase Turfan, Berlin, 1912.

［28］A. Von Le Coq：Auf Hellas Spuren in Ostturkistan：Berichte und Abenteuer der Ⅱ. und Ⅲ. deutschen Turfan Expeditionem, Leipzig, 1926. 英译为：A. Barwell：A. von Le Coq：Buried Treasures of Chinese Turkestan：An account of the activities and adventures of the second and third German Turfan expeditions, London, 1928. 中译为：郑宝善：《新疆之文化宝库》，南京蒙藏委员会，1934 年，又收入《中国西北文献丛书》，兰州古籍书店，1989 年。

［29］如：堀贤雄：《西域旅行日记》，白水社，1978 年。橘瑞超：《中亚探险》，博文馆，1912 年；中央公论社，1989 年；柳洪亮有同名中译本，新疆人民出版社，1994 年。上原芳太郎编：《新西域记》（内有吉川小一郎《支那纪行》等），有光社，1937 年。等等。

［30］A. Stein：Innermost Asia, Detailed report of explorations in Central Asia, Kan－su and Eastern Iran, 4 vols., Oxford, 1928.

［31］陈国灿、侯灿、李征：《韩乐然与新疆文物艺术考古》，《文物天地》1989 年第 6 期。

［32］李帆群：《高昌古墓发掘经过》，《新疆日报》1947 年 5 月 8 日、9 日，又《京沪周刊》第 14、15 期，1948 年 4 月 11、18 日。

［33］黄文弼：《高昌·第一分本》，西北科学考察团丛刊之二·考古学第 1 辑，北平中国学术团体协会西北科学考察团理事会，1931 年。

[34] 黄文弼著、黄烈整理：《黄文弼蒙新考察日记》，文物出版社，1990 年。

[35] 关于黄文弼的考古情况，还可参阅黄烈撰、白须净真译注：《黄文弼传略》，《龙谷史坛》第 92 号，1988 年。

[36] 新疆首届考古专业人员训练班：《交河故城、寺院及雅尔湖古墓发掘简报》，《新疆文物》1989 年第 4 期。

[37] 李遇春：《吐鲁番出土〈三国志·魏书〉和佛经时代的初步研究》，《敦煌学辑刊》1989 年第 1 期。

[38] 新疆维吾尔自治区博物馆：《（1959 年）新疆吐鲁番阿斯塔那北区墓葬发掘简报》，《文物》1960 年第 6 期；《（1963～1965 年）吐鲁番县阿斯塔那—哈拉和卓古墓葬发掘简报》，《文物》1973 年第 10 期。新疆社会科学院考古研究所：《吐鲁番阿斯塔那古墓区 65TAM39 墓》，《考古与文物》1983 年第 4 期。吐鲁番地区文管所：《（1966 年）吐鲁番阿斯塔那古墓群 360 号墓出土文书》，《考古》1991 年第 1 期。新疆维吾尔自治区博物馆：《（1966～1969 年）吐鲁番县阿斯塔那—哈拉和卓古墓葬清理简报》，《文物》1972 年第 1 期；《（1967 年）吐鲁番阿斯塔那 363 号墓发掘简报》，《文物》1972 年第 2 期。新疆维吾尔自治区博物馆、西北大学历史系考古专业：《1973 年吐鲁番阿斯塔那古墓群发掘简报》，《文物》1975 年第 7 期。新疆博物馆考古队：《（1975 年）吐鲁番哈拉和卓古墓群发掘简报》，《文物》1978 年第 6 期。

[39] 新疆吐鲁番地区文管所：《（1976 年）新疆吐鲁番采坎古墓群清理简报》，《新疆文物》1990 年第 3 期。

[40] 新疆吐鲁番地区文管所：《（1979 年）吐鲁番出土十六国时期的文书——吐鲁番阿斯塔那 382 号墓清理简报》，《文物》1983 年第 1 期；吐鲁番地区文物保管所：《（1979 年）吐鲁番北凉武宣王沮渠蒙逊夫人彭氏墓》，《文物》1994 年第 9 期。

[41] 吐鲁番地区文物管理所：《（1980 年）柏孜克里克千佛洞遗址清理简记》，《文物》1985 年第 8 期。

[42] 柳洪亮：《新出吐鲁番文书及其研究》第 122～125 页，新疆人民出版社，1997 年。

[43] 吐鲁番地区文管所：《（1984 年）唐北庭副都护高耀墓发掘简报》，《新疆社会科学》1985 年第 4 期。

[44] 吐鲁番地区文管所：《1986 年新疆吐鲁番阿斯塔那古墓群发掘简报》，《考古》1992 年第 2 期。

[45] 新疆文物考古研究所：《（1994 年和 1995 年）吐鲁番交河故城沟西墓地发掘

简报》(2篇),《新疆文物》1996年第4期;同前:《1996年新疆吐鲁番交河故城沟西墓地汉晋墓葬发掘简报》,又《新疆吐鲁番交河故城沟西墓地麴氏高昌—唐西州时期墓葬1996年发掘简报》,均载《考古》1997年第9期。

[46] 3.捷尼舍夫、冯家昇:《回鹘文斌通(善斌)卖身契三种　附控诉主人书》,《考古学报》1958年第2期。

[47]《新疆吐鲁番发现古代银币》,《考古通讯》1957年第3期。又,夏鼐:《中国最近发现的波斯萨珊朝银币》,《考古学报》1957年第2期。

[48] 沙比提·阿合买提撰、吴震译:《吐鲁番胜金口附近佛庙遗址出土的文物》,《文物》1960年第5期。

[49] 冯家昇:《1960年吐鲁番新发现的古突厥文》,《文史》第3辑,1963年。

[50] 柳洪亮:《新出吐鲁番文书及其研究》第116~120、382~385页,新疆人民出版社,1997年。

[51] 柳洪亮:《吐鲁番阿斯塔那古坟群新发现的"桃人木牌"》,《考古与文物》1986年第1期。

三 敦煌吐鲁番文献的流散与收藏

敦煌吐鲁番文献的流散虽曾失去控制，但其收藏却大多有迹可寻。然而，这两种文献的形制差别不大。加以狭义的敦煌文献公认最早为 S.797 号西凉建初元年（公元 405 年）十二月五日写经题记，最晚为 Φ.32A 号大宋咸平五年（公元 1002年）五月十五日施入记；广义的吐鲁番文献公认最早为66TAM53：9 西晋泰始九年（公元 273 年）二月九日买棺约，最晚为大谷 3216 号清祺祥（公元 1862 年）年间的当票。其时代的主体部分基本重合，内容实际上也非常接近。另外，敦煌文献中含有吐鲁番文献，吐鲁番文献中也含有敦煌文献。二者如何区分？尽管已经做了很多工作，但仍是一个十分棘手的问题。

（一）敦煌文献的流散与收藏

敦煌文献的流散与收藏，一直是学术界非常关心的问题。但由于事关隐秘，很长一段时间难究其详。直到近年，随着敦煌学的发展，以及学者的不懈追踪，才水落石出，大致清楚。

1. 敦煌文献的流散

敦煌文献的流散，与敦煌文献的盗掠关系密切。因而，敦煌文献的流散，我国除外，无疑主要为英、法、日、俄四国。

流散到这些国家的敦煌文献，在有关博物馆、图书馆和研究机构里，基本处于"定居"状态，并得到较好的保护，可以暂且不谈。这里先介绍私家藏品的流散情况。

何彦昇旧藏：

何彦昇（公元？～1910 年），江苏江阴人。清末任甘肃布政使。宣统元年（公元 1909 年），劫余的敦煌文献解送至京。其子鬯威（震彝）伙同其妇翁李盛铎及李氏同乡刘廷琛、友人方尔谦等，各取佳者数百卷。何氏所得，似以写经为主，也有敦煌歌曲、杂写及四部典籍一类世俗文书。生前秘不示人，仅知曾将一些写经赠叶恭绰等达官贵人。死后，部分转归李盛铎所有；部分售出，罗振玉及合肥孔氏获得若干。而孔氏所得，后亦转归李盛铎。李氏所得部分，后又售出，入藏日本藤井有邻馆。此外，上海图书馆亦有何氏旧藏。何氏藏品一般钤有"何彦昇家藏唐人秘笈"印。

李盛铎旧藏：

李盛铎（公元 1858～1937 年），字椒微，号木斋，江西德化（今九江）人。清光绪十五年（公元 1889 年）榜眼。曾出使日本，任驻比利时钦差大臣，获英国剑桥、牛津二大学名誉博士学位。官至山西巡抚。袁世凯时官至参议院议长。1920年后退隐。精通目录、版本等学，藏书甚丰，所得敦煌文献亦最有价值，多为佛经之外的四部典籍、景教文献、公私文书，数量质量均堪称私藏敦煌文献第一家。但很少示人。仅罗振玉曾刊其《唐律疏议·杂律下》于《敦煌石室碎金》中。日本羽田亨因人之介，于 1928 年至天津李氏寓所，见到所藏《志玄安乐经》、《道德经注》、《汉书》、《唐律》等。李氏晚年因涉官司，藏品始由子女分次售出。1935 年 12 月 15 日及 21 日《中央时事周报》刊有《德化李氏出售敦煌写本目录》。此目底本现存北京大学图书馆善本部，名为《李木斋氏鉴藏敦煌写本目录》。此目著录写本 432 号，李氏旧藏精品均在其中，以八万日元售诸日本，一直下落不明。直至最近，才知这批写本售到日本后，曾经羽田亨鉴定并研究，京都大学羽田记念馆藏羽田氏收集的敦煌吐鲁番文献照片中，至少有 27 件属于李氏旧藏，原件的去向也渐渐明朗[1]。而 1936 年《学觚》1 卷 7 期所载《德化李氏出售敦煌写本目录》著录写经 37 号，及《敦煌遗书总目索引》散录五《李木斋旧藏敦煌名迹目录》第一部分著录写经等 13 号，则仍不知下落。同书散录六《李木斋旧藏敦煌名迹目录》第二部分著录写经等 44 号，多归上海图书馆。又，叶恭绰曾介绍中央图书馆从李盛铎之女处购得 200 余卷，据说在台北。李氏藏品多钤"敦煌石室秘籍"、"李盛铎印"、"两晋六朝隋唐五代妙墨之轩"、"木斋审定"、"木斋真赏"、"麐嘉馆印"、"德化李氏凡将阁珍藏"等印。

刘廷琛旧藏：

刘廷琛（公元 1868～1932 年），字幼云，号潜楼，亦江西德化人。清光绪二十年（公元 1894 年）进士。曾奉命东渡日本，考察学政。三十三年（公元 1907 年）任京师大学堂总监督、学部副大臣。敦煌文献解送入京，刘氏参与劫取百余卷，多精品，并秘不示人。后隐居青岛。傅增湘在青岛时，曾屡向他借所藏《刘子》而不可得。死后，青岛黄公渚曾将其藏卷目录寄示在日本的董康，董氏择其精品，著录于《书舶庸谭》卷九，也就是《敦煌遗书总目索引》散录七《刘幼云藏敦煌卷子目录》。该目录著录写经等 20 号。其后，刘氏藏品部分归其亲戚张子厚，而多数归伪华北政府某官员。其中，除 10 余件被送人外，另 80 件于 1953 年没收归公，经文化部社会文化事业管理局于 1954 年拨交北京图书馆收藏，编为新 0622～0701 号。

方尔谦旧藏：

方尔谦（公元 1871～1936 年），字地山，又字无隅，别号大方，江苏江都人。敦煌文献解送入京，方氏参与劫取 300 余卷，多为唐人写经，以《妙法莲华经》最多。不久，方氏即割裂残经出售，部分为罗振玉所得。

罗振玉旧藏：

罗振玉（公元 1866～1940 年），字式如，又字叔蕴、叔言，号雪堂、永丰乡人，晚号松翁、贞松老人，浙江上虞人。著名学者、收藏家、出版家。对于流散的敦煌文献悉心收购，故藏品包括何彦昇、方尔谦等旧藏。罗氏藏品及罗氏所得海外藏卷照片，大多收入《敦煌石室遗书》（1909 年）、《石室秘宝》（1910 年）、《佚籍丛残初编》（1911 年）、《鸣沙石室佚书》（1913 年）、《鸣沙石室佚书续编》（1917 年）、《鸣沙石室古籍丛残》（1917 年）、《敦煌零拾》（1924 年）、《敦煌石室遗书三种》（1924 年）、《敦煌石室碎金》（1925 年）、《贞松堂藏西陲秘籍丛残》（1939 年）及其子罗福苌《沙州文录补遗》（1924 年）等书中。《敦煌遗书总目索引》散录八《罗振玉藏敦煌卷子目录》著录写经及四部典籍、公私文书等 32 号。该目录系据《贞松堂藏西陲秘籍丛残》编成。而据该书，罗氏藏品实际可分 36 或 37 类，共 52 件。罗氏死后，藏品散出，中国历史博物馆所得最多，国家图书馆、北京大学图书馆、上海图书馆、辽宁省档案馆、日本东京国立博物馆均有其旧藏。罗氏藏品钤有"雪堂"、"罗叔言"、"罗振玉印"、"上虞罗氏"、"松翁鉴藏"、"抱残翁壬戌岁所得敦煌古籍"等印。

端方旧藏：

端方（公元 1861～1911 年），姓托忒克氏，字午桥，号陶斋，满洲正白旗人。清光绪八年（公元 1882 年）举人。著名收藏家。三十二年（公元 1906 年）任两江总督。宣统元年（公元 1909 年），伯希和自河内携所获部分敦煌写本精品前往北京，途中曾在南京逗留，会见端方，并告以敦煌发现写本情况。端方因请寄赠照片。后伯希和果如其请。同年，端方转任直隶总督，将所得敦煌古籍照片交罗振玉、刘师培等研究发表。因而其藏品中不乏敦煌写本精品。《沙州文录补遗》曾刊所藏北宋《敦煌灵修寺尼戒净画观音菩萨像记》。所藏《妙法莲华经》曾舍之焦山寺，现归上海博物馆；《金刚般若波罗蜜经》为德国人购走，现归德国巴伐利亚州立博物馆。以至日本国华社曾派泷精一专程来华调查端方藏品。

张广建旧藏：

张广建（公元 1867～？ 年），字勋伯，安徽合肥人。1914～1920 年在甘肃省任职，历任民政长、都督、巡按使、将军、督军、省长、巡抚等，利用职权，攫取敦煌写经数百卷。1924年秋，他曾拿出部分晋至唐写经在“江西赈灾书画古物展览会”上展出。其后藏品散出，据说大半归西充白坚夫（公元1883～？ 年）所有；部分又于 1929 年前流入日本，为三井文库购藏。其藏卷多钤“勋伯”、“张广建印”、“张勋锡藏”等印。

吴士鉴旧藏：

吴士鉴（公元 1868～1933 年），字绚斋，号含嘉，别号式溪居士，浙江钱塘（今杭州）人。清光绪十八年（公元 1892年）进士。著名学者、收藏家。最早曾从友人安西州牧郤阳侯真甫处获得敦煌写卷 3 件，后来又续有购藏。曾著《敦煌唐写本经典释文校语》。但不久均散出，部分入藏上海博物馆、上海图书馆和辽宁省博物馆。藏品多钤"绚斋长物"、"吴士鉴珍藏敦煌莫高窟石室北朝唐人写经卷子"等印。

傅增湘旧藏：

傅增湘（公元 1872～1950 年），字沅叔，别号书潜，晚号藏园老人、藏园居士，四川江安人。清光绪二十年（公元 1894 年）进士。民国时曾任故宫博物院图书馆馆长。著名学者、藏书家。《敦煌遗书总目索引》散录九《傅增湘藏敦煌卷子目录》著录北魏至唐（包括武周）写经等 8 号。其中，唐贞观三年五月敦煌教授令狐衰传写《鹖冠子》残卷，后来辗转入藏齐齐哈尔市图书馆，研究者一般指为赝品。

许承尧旧藏：

许承尧（公元 1874～1964 年），字际唐，号疑庵，晚号苣叟，安徽歙县人。民国初年，曾任甘凉道（今张掖）尹，从皋兰等地收购敦煌唐人写经约 200 余件。晚年久居上海。藏品大约在此时分次售出，叶恭绰、龚钊等购得 70～80 卷。现分藏国家图书馆、北京大学图书馆、上海图书馆、上海博物馆、天津市艺术博物馆、台北中央图书馆、日本天理图书馆。藏品多钤"疑庵"、"歙许苣父游陇所得"等印。

陈闿旧藏：

陈闿（公元 1882～？年），字季侃，浙江诸暨人。清举人。1917 年任甘肃兰山道尹，1920 年暂代甘肃省长，翌年免职。在任期间，广泛购求敦煌写本，约得 300～400 件。后来散出，部分入藏上海博物馆、上海图书馆、国家图书馆、杭州灵隐寺等处。藏品多重装并加题识，钤有"陈闿偶得"、"陈闿度陇见得"等印。

叶恭绰旧藏：

叶恭绰（公元 1881～1968 年），字裕甫，号遐庵，广东番禺人。著名学者、收藏家。所藏敦煌写本约有 200～300 件，有得自何邲威所赠者，有陆续购买者。1949 年以前大多散出。

张维旧藏：

张维（公元 1889～1950 年），字维之，号鹤汀，甘肃临洮人。清宣统元年拔贡。民国时期一直在甘肃政府任职，参与创办兰州大学、西北图书馆、敦煌艺术研究所。著名学者、收藏家。藏有部分敦煌写本。后来散出，部分为上海图书馆、敦煌研究院收藏。藏品多钤"乐天知命"、"张维鹤汀"等印。

袁克文旧藏：

袁克文（公元 1890～1931 年），字豹岑，号寒云，河南项城人。袁世凯次子。收藏家。藏有部分敦煌写本。后亦散出，为上海图书馆、上海博物馆、台北中央图书馆收藏。藏品多钤"洹上寒云"、"寒云秘笈珍藏之印"等印。

周叔弢旧藏：

周叔弢（公元 1891～1984 年），名暹，以字行，安徽东至（清称建德，民国称秋浦、至德）人。著名藏书家。所藏敦煌写本共 256 卷，1979 年全部捐献给天津市艺术博物馆。

张大千旧藏：

张大千（公元 1899～1983 年），原名正权，后改名爰，小名季，又名季爰，号大千居士，四川内江人。著名画家。1941年赴敦煌临摹壁画，在当地曾购得一些回鹘文、西夏文残卷。自称又在莫高窟前沙中掘得《张君义勋告》等唐代文献。50年代在香港出售，大多为日本天理图书馆购藏，少数由中国文化部门收购，拨归敦煌研究院收藏。

冯国瑞旧藏：

冯国瑞（公元 1901～1961 年），字仲翔，甘肃天水人。著名学者。藏有少数敦煌写本。死后，有九件写本捐献入公，归国家图书馆收藏，中有范宁《春秋谷梁传集解》等儒家经传。

任子宜旧藏：

任子宜（公元 1901～1972 年），甘肃敦煌人。为当地名士。藏有敦煌写本若干，多珍本秘籍。1943 年向达赴敦煌考察，在任氏处得见唐写本《大般若经》，后唐长兴五年（公元 934 年）三界寺道真书《三界寺藏内经论目录》，册子装禅籍（包括《南宗定是非论》、《坛语》、《六祖坛经》、《注般若心经》等）等藏经洞文献；又有元代写本《龙种上尊王佛印法经》及装裱成册的残片若干；汉文外，还有回鹘文、西夏文文献，以及刻本、版画等，但并非全为藏经洞出品。后归敦煌研究院、敦煌市博物馆收藏。

周炳南旧藏：

周炳南（生卒年不详），字静山，甘肃狄道（今临洮）人。民国时期在肃州、敦煌任军职。藏有敦煌写经若干，装裱成两册，题为"敦煌石室遗墨"；又藏有《天宝年间奴婢买卖市券》、《元延祐三年奴婢买卖红契》等公私文书。后均归敦煌研究院收藏。

这是目前已知的我国的一些重要私家藏品的流散情况[2]。外国也有不少私家藏品。如《敦煌遗书总目索引》散录一三《日本诸私家所藏敦煌写经目录》著录日本已知的私家所藏写经 184 号；同书散录一四《日本未详所藏者敦煌写经目录》著录日本未详的私家所藏写经 105 号。但由于有的很早自建了博物馆，有的很早捐献给了博物馆、图书馆，留待下文谈博物馆、图书馆的收藏时再作介绍。

2. 敦煌文献的收藏

敦煌文献的收藏，也与敦煌文献的盗掠关系密切。因而，敦煌文献的收藏，我国除外，也无疑主要为英、法、日、俄四国。当然，其他国家也有少量收藏。现将目前掌握的情况介绍如下。

国家图书馆：

原名京师图书馆、北京图书馆。馆址在北京市。最初入藏不到 9000 件（号）。当时曾挑选其中较完好的 8000 余件，按《千字文》顺序编号。1912 年，完成《敦煌石室经卷总目》。后来，陈垣仿《金石录》体例分类编成的《敦煌劫余录》（中央研究院历史语言研究所专刊第四种，1931 年出版），原北图写经组编成的《敦煌石室写经详目》（1935 年成书），以及为出版需要编成的《北京图书馆藏敦煌遗书简目》（收入《敦煌遗书总目索引》及同书《新编》），大致都是根据该目。该目按《千字文》顺序，每字 100 号，编至第 90 个字，即位字 79 号，其中除去天、玄、火三字原空，一般均统计为 8679 号。但实际上，还有 32 个号原空[3]，仅编有 8647 号。1935 年，又完成《敦煌石室写经详目续编》。该编仍按《千字文》顺序，每字 100 号，从让字续编，至朝字 92 号，其中除去吊、民、伐、罪四字原空，凡著录 1192 号。据说亦为甘肃解京部分，但以前未曾公布。甘肃解京的敦煌文献，经过前述二次整理，尚余两箱碎片，1990 年被重新发现，整理约有近 4000 号。此外，1949 年前后，该馆曾派人到西北搜购敦煌文献，加上社会各界人士捐赠的敦煌文献，又增加 1800 余件。1949 年以后，文化部又将全国各地文博部门散藏敦煌文献调到该馆集中保管，其中包括原存放在旅顺博物馆的大谷探险队的 600 余件，以及一些私家旧藏。因此，该馆现存敦煌文献达到 16000 号左右。由于前述《详目》及《续编》等，均因日军侵华，原北图南迁，而深藏不见，直到 1990 年才被重新发现，后来屡有续编目录之举。如原北图善本部曾编《敦煌劫余录续编》（1981 年成书），日本中田笃郎曾编《北京图书馆藏敦煌遗书总目录》（朋友书店，1989 年出版）等。近年，该馆开始编撰《中国图书馆藏敦煌遗书总目录》和《中国国家图书馆藏敦煌遗书》（全约 100 册，将由江苏古籍出版社出版），预料不久即可与读者见面（图一四）。

敦煌研究院：

原名国立敦煌艺术研究所、敦煌文物研究所。院址分设于

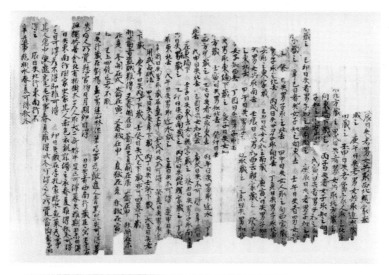

图一四　归义军时期写本阴阳占卜书（国图 D14684 号）

甘肃省兰州市和敦煌市莫高窟。藏品包括土地庙遗书，以及张大千、任子宜、周炳南、日本青山杉雨等旧藏，还包括 1949 年以后的一些零散征集，将近 800 件。其中，367 件汉文写本，曾经进行编目；青山杉雨的旧藏（共 8 件、11 种，亦为汉文写本），也曾得到整理[4]。此外，还有不少藏文、回鹘文写本。全部藏品与甘肃省博物馆等单位藏品均收入《甘肃藏敦煌文献》[5]。

敦煌市博物馆：

原名敦煌县文化馆、敦煌县博物馆。馆址在甘肃省敦煌市。藏品来源有二：一为 1949 年以后陆续从民间征集，一为 1953 年前后敦煌县政府陆续移交给县文化馆者。共有卷轴式写本 315 卷，其中，汉文 78 卷，曾经进行编目[6]。蔺国栋旧藏《天宝地志》、《星图》、《占云气书》和任子宜旧藏《六祖坛经》、《坛语》、《南宗定是非论》等具有重要学术价值的写本均被收入。藏文 237 卷，藏文贝叶本写经 8482 页，也曾得到整理[7]。

甘肃省博物馆：

原名科学教育馆、国立甘肃科学教育馆、西北人民科学馆。馆址在甘肃省兰州市。藏品主要为 1949 年以后陆续收集，共 137 件，曾经进行编目[8]。但其中前凉升平十二年、咸安三年写经，研究者一般指为赝品。该馆还藏有敦煌、武威、居延等地历年出土汉简数万枚。

甘肃省图书馆：

原名甘肃公立图书馆、甘肃省立图书馆、甘肃省立兰州图书馆、西北人民图书馆。馆址在甘肃省兰州市。藏品主要亦为陆续收集，包括藏文、汉文等文献，目录迄今没有公布。

西北师范大学：

原名西北师范学院。院址在甘肃省兰州市。收藏单位主要有二：一为历史系文物室。藏品为 50 年代初该系从兰州收购，共 22 件，其中，汉文 19 件，藏文 3 件[9]。一为敦煌学研究所。藏品为 1984 年从民间收购，共 2 件，均为写经[10]。

故宫博物院：

院址在北京市。藏品为历年征集和收购，多为写经，也有归义军时期酒帐等一类文书，数量不详。其中某件有黄巢起义记事，研究者疑为赝品。

中国历史博物馆：

原名国立历史博物馆、北平历史博物馆、北京历史博物馆。馆址在北京市。藏品为历年征集和收购，包括罗振玉、周肇祥等旧藏，以及地方参展、借藏者（如上海市文物保管委员会旧藏《河西支度营田使文书》），数量不少。

北京大学图书馆：

原名京师大学堂藏书楼。馆址在北京市北京大学内。藏品大部分为 50 年代向达任馆长期间购入。原有 205 号，后又增加 7 号，共 212 号，均曾进行编目[11]。多数是佛经，少数是道经，还有戒牒、道场施物疏、诸文要集、唱道文、历书、变文及藏文、于阗文、回鹘文、汉文与回鹘文夹写的残本。藏品全部收入《北京大学藏敦煌文献》（包括吐鲁番文献）[12]。

上海博物馆：

馆址在上海市。藏品主要得自上海市文物保管委员会的捐赠和历年的收购，包括陈閶、许承尧、袁克文、吴士鉴等旧藏，因而品位较高，尤多书法佳作。连同吐鲁番藏品，原有约 180 件，1960 年移交上海图书馆约 100 件，仅存 80 件。部分收入《敦煌吐鲁番文物》，全部收入《上海博物馆藏敦煌吐鲁番文献》[13]。

上海图书馆：

馆址在上海市。藏品早年得自上海市文物保管委员会和上海博物馆，后来又续有收购，目前约有近 200 件，包括康有为、李盛铎、何彦昇、罗振玉、许承尧、袁克文、叶恭绰、吴士鉴、张维、陈闿等旧藏，内容以佛经为主，也有一些道经、变文和世俗文书。曾经进行编目[14]，并全部收入《上海图书馆藏敦煌吐鲁番文献》[15]。

天津市艺术博物馆：

馆址在天津市。藏品来源有二：一为历年征集收购，一为 1979 年周叔弢捐赠（256 卷）。共有 300 余件。大多为汉文佛典，也有一些藏文写本、汉文世俗文书。部分周叔弢旧藏曾经进行编目[16]。全部收入《天津艺术博物馆藏敦煌文献》[17]。

天津市历史博物馆：

馆址在天津市。藏品 25 号，其中 7 号有题记，4 号背面亦有文字，部分钤有李盛铎等藏印。大部分曾经张珩、谢稚柳、刘九庵等鉴定。价值较高的有翟奉达题记的《大目犍连变文》和昙旷撰《大乘百法明门论开宗义记》等。

天津文物公司：

公司地址在天津市。藏品均为写经，全部收入《天津文物公司藏敦煌写经》[18]。

重庆市博物馆：

馆址在重庆市。藏品主要来源于 50 年代初西南文教部拨交，也有收藏家捐赠及收购，共 20 余件，包括杨增新、李居义等旧藏。多为唐宋汉文写经，也有藏文写经，大部分没有公布。

辽宁省博物馆：

原名东北博物馆。馆址在辽宁省沈阳市。藏品主要为历年征集收购，约有百余件，包括吴士鉴等旧藏。内容多为汉文佛典，间有回鹘文写本，大部分没有公布。

旅顺博物馆：

原名关东都督府满蒙物产馆、关东都督府博物馆、关东厅博物馆、旅顺东方文化博物馆。馆址在辽宁省旅顺市。藏品主要为日本橘瑞超、吉川小一郎所获敦煌汉文和藏文写本639件。1926年，叶恭绰曾撰《旅顺关东厅博物馆所存敦煌出土之佛教经典》（即《敦煌遗书总目索引》散录二《旅顺博物馆所存敦煌之佛教经典》），著录123件。1951年，中国政府接收该馆时，已有9件散失，1件辗转入藏日本天理图书馆。散失佛典中，有至今仍为研究者苦苦寻觅的《六祖坛经》。1954年，文化部将现存佛典中的620件转到北京图书馆收藏，该馆仅留9件以作展览之用[19]。

南京博物院：

原名中央博物院筹备处。院址在江苏省南京市。藏品多数为1942年在敦煌收购。此外来源有三：一为前中央博物院筹备处的留存，一为50年代华东文化部、苏南区文管会、苏州市文管会等单位的拨交，一为历年征集收购。约有数十件。多为佛典，但也有《老子道德经》、《春秋后语》以及回鹘文写本。

台北中央图书馆：

系由前南京中央图书馆迁台改建。馆址在台湾省台北市。藏品主要为抗战时期及战后由北平、上海等地收购。共144

号、156 件，包括张继、许承尧、袁克文等旧藏，曾经进行编目[20]。其中，除 1 件为日本古写经、4 件为吐蕃文佛经写本外，均为六朝至五代汉文写本。而汉文写本中，除 3 件为道经外，均为佛教经典及文书；又，有题记的 26 件，其中有年代者 7 件。全部收入《国立中央图书馆藏敦煌卷子》[21]。

英国图书馆（The British Library）：

又译大英图书馆、不列颠图书馆。馆址在英国伦敦。1972年，将英国博物馆（参阅下文"附 1"）所藏斯坦因文献转到该馆东方写本与印本图书部。1991 年，又将印度事务部图书馆（参阅下文"附 2"）与该馆东方写本与印本图书部合并，改名为东方与印度事务收集品部，隶属该馆参考部。斯坦因三次中亚探险所获考古资料：第一次编为 Or. 8211/1～3326号，第二次编为 Or. 8210/S. 1～13677 号和 Or. 8210/P. 1～20 号，第三次编为 Or. 8212/1～1946 号。其中，第二次编号：S.（Stein number）1～13677 号为斯坦因写本编号，P.（Printed books）1～20 号为印本编号。除混入少数新疆和田和吐鲁番等地文献外，基本均为敦煌文献，也均曾进行编目[22]。其汉文非佛经部分，全部收入《英藏敦煌文献》[23]（图一五）。

附 1：英国博物馆（The British Museum）：

又译大英博物馆、不列颠博物馆。馆址在英国伦敦。斯坦因三次中亚探险所获考古资料原分二类：一类如绢画、纸画、丝织品、钱币等材料的精品，入藏该馆东方古物部；一类如汉文、粟特文、突厥文、回鹘文、西夏文等写本的主体部分，入藏该馆东方印本与写本图书部。后者中的汉文写本，翟理斯（L. Giles）曾编《英国博物馆藏敦煌汉文写本注记目录》[24]。后者于 1972 年转归英国图书馆东方写本与印本图书部。

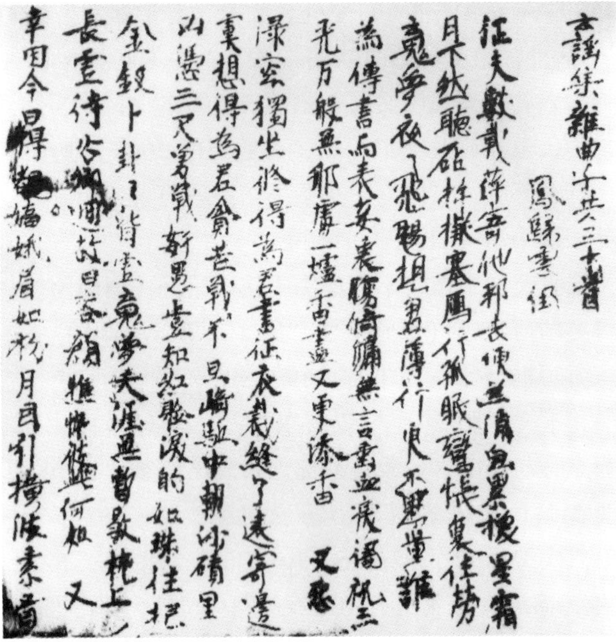

图一五　唐写本《云谣集杂曲子》（S.1441vh 号）

附 2：印度事务部图书馆（India Office Library）：

曾隶属英联邦印度事务部、英联邦对外关系部。斯坦因三次中亚探险所获文献资料，凡与印度有关的，如梵文、佉卢文、于阗文、藏文、吐火罗文等写本，主要归该馆收藏。据不完全统计，包括敦煌写本在内的西域出土文献有：汉文写本136 号，蒙文 9 件，藏文 3500 号，藏文木简 2250 号，梵文数千卷，龟兹文残片 300 号，于阗文数百卷。其中，仅藏文文献编有正式目录，即瓦雷·普散（Vallée Poussin）所编《印度事务部图书馆藏敦煌出土藏文写本目录》[25]。1991 年，该馆与英国图书馆东方写本与印本图书部合并为东方与印度事务收集品部。

新德里国立博物馆（National Museum，New Delhi）：

馆址在印度新德里。斯坦因三次中亚探险的经费：第一次由英国负担，第二次和第三次均由英、印分担。故所获古代文物资料，按规定：第一次原则上均归英国所有，第二次和第三次则由英、印均分。其中，文献部分归英国所有，印度只留少量样本；绘画及其他文物则归印度所有，英国只留少量样本。这些文献、文物，原藏中亚古物博物馆（参阅下文"附录"），1958 年转藏该馆。这些藏品，估计有 11000 件左右。但除公开展出外，似乎从未进行系统整理，故其全貌尚不为外界所知。

附录：中亚古物博物馆（Central Asian Antiquities Museum）：

原为印度考古局下属最重要的博物馆之一。馆址在印度新德里。斯坦因第二次和第三次中亚探险所获部分文献、文物，最初藏于该馆。1958 年，该馆撤销，藏品转归新德里博物馆。

法国国立图书馆（Bibliothéque Nationale）：

又译法国国家图书馆。馆址在法国巴黎。伯希和中亚探险队所获敦煌文献资料，全部藏于该馆东方写本部。属于藏经洞出品，计有：汉文约有 3600 号左右，藏文约有 3200 号，回鹘文 388 号，粟特文 78 号，于阗文 66 号，以及少量梵文、龟兹文、西夏文等写本。其中，汉文写本简称 P. 或 P.ch，编为 2001～4099、4500～5043、5523～6038 号。前面和中间的缺号，是预先留给藏文和其他民族文字资料的。即使上列汉文写本编号中，也有不少缺号，据说这是后来归并造成的[26]。汉文写本的最早、最完整的目录，是王重民编撰的《伯希和劫经录》[27]。法国谢和耐（J. Gernet）、吴其昱（Wu Chiyu）、苏远鸣（M. Soymié）等利用包括伯希和本人在内等前人成果，编的《敦煌汉文写本目录》，共 6 卷，每卷 500 号，但目前仅出版了 4 卷（即第 1、3~5 卷），尚未最后完成[28]。藏文则有拉露（M. Lalou）编的《国立图书馆所藏敦煌藏文写本注记目录》（收录 2216 号）和王尧主编的《法藏敦煌藏文文献解题目录》[29]。其他民族文字资料则尚未编目。此外，属于莫高窟北区洞窟出品，还有：西夏文 200 余件，回鹘文近 400 件。藏品全部收入《法藏敦煌西域文献》[30]（图一六）。

俄罗斯科学院东方研究所圣彼得堡分所（St. Petersburg Branch of the Institute of Oriental Studies，Russian Academy of Science）：

前身为亚洲博物馆、苏联科学院东方研究所、亚洲民族研

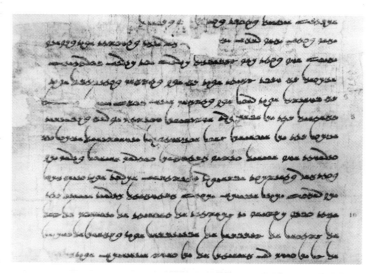

图一六　粟特文《善恶因果经》（P.sogdien.4 号）

究所列宁格勒分所、东方研究所列宁格勒分所。所址在俄国圣彼得堡。奥登堡考察队在敦煌所获文献资料，全部藏于该所，编号已逾 18000 号，以汉文为主，也有胡语（梵文、藏文、西夏文等），但并非全为敦煌出品。其中，汉文部分，孟列夫（L.N.Men'sikov）等利用弗路格（K.K.Flug）等前人成果，曾编《苏联科学院亚洲民族研究所藏敦煌汉文写本注记目录》（收录 2954 号）[31]。藏文部分，萨维茨基（L.S.Savitsky）曾编《苏联科学院东方学研究所收藏的敦煌藏文写本注记目录》（收录 214 件）[32]。藏品全部收入《俄藏敦煌文献》[33]。

巴伐利亚州立图书馆（Bayerische Staatabibliothek）：

馆址在德国慕尼黑。藏品为 3 件汉文写本：1 件为唐人写《金刚经》，系端方旧藏；1 件为唐人写《法华经》，系张颐旧藏，有方若题记；1 件为唐人写《大般若经》，应该也系中国某人旧藏。

瑞典人种学博物馆（The Ethnographical Museum of Sweden）：

馆址在瑞典斯德哥尔摩。藏品主要为斯文赫定（Sven Anders Hedin）中亚探险所获文物，以及他率领的中瑞西北科学考察团成员所获部分文物和文书。其中，与敦煌有关的，是考古学者贝格曼（Folke Bergman）在张掖地区获得的 41 件回鹘文佛典。这批回鹘文佛典，据日本百济康义考证，原出敦煌莫高窟第 464 窟，系元代回鹘文写本；同类写本在法国国立图书馆、集美博物馆、日本藤井有邻馆、羽田亨记念馆、中国甘肃省博物馆均有收藏。百济康义还编有《瑞典人种学博物馆所藏回鹘文写本草目》，附有全部图版，但一直没有出版[34]。

丹麦皇家图书馆（The Royal Library of Copenhagen）：

馆址在丹麦哥本哈根。藏品为丹麦商人索仁森（A.B.Sφrensen）于 1915 年初由上海到敦煌旅游时购买，共有 14 卷，编为 16 号，有号称孤本的《华严经论》和著名的《太玄真一本际经》。1954 年，德国汉学家福克司（W. Fuchs）曾编过一个草目。80 年代初，该馆馆员彼得森（Jens O. Petersen）曾撰《哥本哈根皇家图书馆藏敦煌写本》（The Dunhuang Manuscripts in the Royal Library of Copenhagen）一文，编制了较详细的目录[35]。1988 年，彼得森将前文补充修订，正式在《哥本哈根东亚研究 25 周年纪念论文集》发表[36]。

哈佛大学赛克勒博物馆（Arthur M. Sackler Museum, Harvard University）：

馆址在美国坎布里奇，属于哈佛大学艺术博物馆之一。藏品原属哈佛大学福格艺术博物馆（The Harvard University Fogg Art Museum），后转入该馆。多为艺术品。写本仅有 2 件，为华尔纳（Langdon Warner）于 20 年代在敦煌购买的《妙法莲华经》和《大般若波罗蜜多经》[37]。

普林斯顿大学盖斯特图书馆（Gest Library, Prinseton University）：

馆址在美国普林斯顿。藏品共有 83 件，包括汉文佛典、古籍、世俗文书，胡语（粟特文、回鹘文、西夏文）文献，以及纸画、绢画等残片[38]。年代最早的为香港张虹寄传庵旧藏吴建衡二年（公元 270 年）索纮写《太上玄元道德经》[39]。但并非全为敦煌出品。

龙谷大学图书馆：

即大宫图书馆。馆址在日本京都。藏品来源主要有三：一为京都西本愿寺门主大谷光照移交保管，二为大谷探险队出于研究需要捐赠，三为大谷探险队成员橘瑞超个人捐赠。此外，还有从其他途径购买。总数有近 70 件，曾经进行编目[40]。

书道博物馆：

馆址在日本东京。为中村不折（公元 1868～1943 年）创办，藏品数量居日本私家之首。主要得自何孝聪、孔宪廷、龚煦春等旧藏，以及在中国旅行的日本人的收集和收购。但并未全部公开。日本编印《大正新修大藏经》，曾收入了一些佛典。中村不折《禹域出土墨宝书法源流考》（公元 1927 年）、《书菀》6 卷 9 号和 7 卷 2 号（公元 1942～1943 年），曾介绍过一些书法和写经精品。属于古籍的《南华真经》（2 种）、《春秋左氏传》（3 种）、《论语郑氏注》（2 种），以及《道德经》、《抱朴子》、《搜神记》等残卷，大多也曾正式发表[41]。然而，这些仅是其中很少一部分。相信还有很多有价值的东西尚不为我们所知。

有邻馆：

馆址在日本京都。为藤井善助（公元 1860～1934 年）创办，故又称藤井有邻馆。藏品主要为陆续收购，包括李盛铎、何彦昇等旧藏。内容有佛经、公私文书、文学作品、胡语写经等多种，但并非全部出自敦煌，而且还混有赝品，数量也似乎不太稳定。譬如：学者于 1954 年 8 月首见《何彦昇秋辇中丞藏敦煌石室唐人秘笈六十六种》，检勘仅得 58 种[42]。而此何彦昇旧藏，学者于 1990 年 9 月再见，又改名为《新疆布政使何彦昇旧藏敦煌石室唐人秘笈五十九种》，而检勘却有 60 种，其中 20 件左右出于敦煌，约 40 件出于吐鲁番[43]。推测后来还有变动。因为 1990 年 11 月出版的东京古典会编《古典籍下见展观大入札会目录》，透露了该馆又在出卖部分敦煌写经和文书的情况。

三井文库：

库址在日本东京。藏品来自三井家（包括北三井、南三井、新町三井）的捐赠。其中，写经主要从北三井家接收，约100余件，多为张广建旧藏。《敦煌遗书总目索引》散录一三《日本诸私家所藏敦煌写经目录》著录三井源右门卫所藏写经110号（散0940～1049号），即指这批写经。1943年，岩井大慧等曾编《敦煌出土古写经目录》（北三井家所藏和新町三井家所藏），著录77件，但不全，亦未出版。近年始对其全部112件写经正式进行编目[44]。

京都国立博物馆：

馆址在日本京都。藏品主要为所谓"守屋孝藏（公元1876～1953年）收集品"，包括72件写经，均曾进行编目和整理。但因大多据称为李盛铎旧藏，真伪问题曾经引起争论（参阅下文）。

大谷大学图书馆：

馆址在日本京都。藏品为写经，共38件，其中：34件是东本愿寺前法主句佛上人捐赠，3件是句佛上人之弟、晚年任大谷大学校长的大谷莹诚的秃庵文库旧藏，1件是原大谷大学教授舟桥水哉的三舟文库旧藏。但有赝品。《敦煌遗书总目索引》散录一〇《日本大谷大学图书馆所藏敦煌遗书目录》著录北魏至唐写经34号[45]。

天理图书馆：

馆址在日本奈良天理市。为天理大学附属图书馆。藏品来源复杂，包括清道光七年（公元1827年）敦煌塔倒塌后的发现、1941年张大千在临摹壁画的洞窟积沙中挖出人头上的黏附、旅顺博物馆大谷文书散佚的部分、日本中村不折的旧藏，以及 1957 年初从香港商人处购入的张大千的收集品。种类有《论语》残片，《诗经》（2 种）、《开蒙要训》、《社司转帖》、《张君义公验》（3 件）、《本草》等残卷，还有汉文及藏文、回鹘文、西夏文等佛教、道教经典[46]。

此外，国内公私收藏还有不少。如浙江省博物馆和图书馆藏有 200 余件，已收入《浙藏敦煌文献》（浙江教育出版社，2000 年出版）。日本公私收藏也还有不少。如法隆寺（《付法藏因缘传》)、宁乐美术馆（古籍 3 件）、唐招提寺（30 件左右）、国立国会图书馆（古写本 46 件）、东京国立博物馆（北魏写经及《刘子》残卷）、大东急记念文库（写经 14 件）、九州大学文学部（写经及造窟计料文书 5 件）、东京大学东洋文化研究所（写经 11 件）及药师寺、五岛美术馆、武田科学振兴财团等处，也都有一定数量的藏品。限于篇幅，不赘举。

3. 敦煌文献的真伪问题

敦煌藏经洞开启之初，王道士将写本、绢画分赠地方官绅，敦煌文献就已具有了商业价值。而消息传出之后，特别是英、法、日、俄等国进行盗掠之后，敦煌文献的身价更加上涨。为了牟利，不法古董商开始聘请高手制作赝品。于是，敦煌文献开始出现真伪问题。但必须指出：英、法、日、俄等国所藏的原始盗掠文献，我国国家图书馆所藏的原始劫余文献，是不存在真伪问题的。存在真伪问题的，主要是私家收藏的文献，以及公家从私家收购的文献。其中包括：

守屋孝藏收集品：

按：守屋氏早年毕业于东京帝国大学，然后在京都从事律师工作，喜好收集中、日古代写本。藏品包括 72 件敦煌写经，后均捐给京都国立博物馆。1961 年，时任京都国立博物馆馆长的塚本善隆，邀请有关研究人员，对这批藏品进行了整理，并将成果正式出版[47]。但由于这批藏品超过半数都有纪年或题记，还钤有李盛铎的"麐嘉馆印"、"木斋审定"、"木斋真赏"、"德化李氏凡将阁珍藏"等藏书印，引起学者的怀疑。著名敦煌写本鉴定专家藤枝晃曾经根据印章，结合纸质和书法，认为：这批藏品的绝大部分是赝品[48]。稍后，藤枝晃又曾进一步表示：这批藏品中，仅唐上元二年（公元 675 年）所写《妙法莲华经》是真品，其他均为赝品。池田温《中国古代写本识语集录》著录其中有纪年或题记者共 38 件，在 28 件下注有"疑"字，仅 10 件认为可信。惟荣新江见解不同。他认为：敦煌写本的真伪鉴别是十分复杂的问题，不能一概而论，而是应将题记、收藏印、写本本身等因素分别考虑。有的三者全是真的；有的写经是真，题记、印章是假；有的印章是真，写经是假；有的三者全是伪造。又举例云：这批藏品中，《大智度论》背面有粟特文摩尼教经典，粟特文已为死文字，该写本不可能为今人所伪造；《贤护菩萨所问经》钤有"瓜沙州大经印"，《大般若波罗蜜多经》钤有"报恩寺藏经"和"三界寺藏经"等印，与其他敦煌写本所钤同样印文没有两样，也很难说是伪造。然而，尽管所说极为有理，但由于争论并不限于守屋孝藏收集品，已经涉及到对李盛铎旧藏的综合评价等问题，学术界意见尚未统一。

李盛铎旧藏：

按：关于李盛铎旧藏，前文已有介绍。李盛铎为著名收藏家，所藏敦煌文献多为精品，学术界均无异议。但由于李盛铎因藏品来路不正，仅供自己研究，平生极少示人；晚年因涉官司，始由子女将藏品分次售出，又多下落不明，故其藏品蒙上一层神秘色彩。李盛铎卒后，大量钤有其藏书印的敦煌文献，在北京、天津等地古董市场上出现，遂有李氏本人及其子女、外甥（陈益安）伪造敦煌文献说。其最著名的例证有：

①佚名草书《论语注》。敦煌文献所见《论语》写本，只有《论语白文》、郑玄《论语注》、何晏《论语集解》及《皇侃〈论语疏〉讲经提纲》等数种。《李木斋氏鉴藏敦煌写本目录》有"《论语》三纸"，无人得见，情况不详。据周珏良回忆：1941年，天津曾经出现了一批颇像从敦煌出来的草书帖、书籍、文书等等，往往还有李木斋的收藏印。其父周叔弢用大价钱买了近十种，后来仔细研究，才知属于赝品，便一把火烧了[49]。原文在"书籍"后括注"如《论语》"三字。据此可知：这批天津伪造李盛铎藏品中，已有《论语》写本。后来，陈邦怀从天津云山阁古玩店获得一件佚名《论语注》照片，据介绍：该佚名《论语注》有三个特点：一是草书抄写，二是注文单行，三是两章之间以〇为区别。此外，"押角有'德化李氏凡将阁珍藏'及'木斋真赏'印章二方"[50]。但我根据其三个特点，与敦煌文献所见各种经典写本均完全不同，怀疑该佚名《论语注》也是一件赝品[51]。后来，罗继祖也撰文支持我的见解[52]。至此，这件佚名草书《论语注》属于赝品似无疑问。

②开元景教文献二种。敦煌文献所见景教经典写本，有《尊经》、《一神论》、《序听迷诗所经》、《大秦景教三威蒙度赞》等数种。《李木斋氏鉴藏敦煌写本目录》有《志玄安乐经》和《大秦景教宣元本经》，即1919年9月20日王国维致罗振玉函提到的李氏所藏"景教经二种"[53]。前一种羽田亨曾经见过，

并全部做了释文；后一种陈垣曾经见过，也将前 10 行做了释文。但 1943 年，日本小岛靖自称从李盛铎遗爱品中发现二种景教经典写本：A 为开元八年写《大秦景教大圣通真归法赞》，B 为开元五年写《大秦景教宣元至本经》。此开元景教文献二种，其上不仅钤有李盛铎常用的"麐嘉馆印"、"木斋审定"、"木斋真赏"等藏书印，还有李盛铎本人亲笔写的三行"题记"。此开元景教文献二种，后经景教研究专家佐伯好郎整理研究，定名为"小岛文书"，正式刊布，学术界为之震动。但此开元景教文献二种，与李盛铎旧藏景教文献二种，并不相同。学者虽然对此表示怀疑，却苦无确凿证据。直到近年，林悟殊、荣新江才根据题记的书法、藏书印的款式、景教的信仰、唐代基督教的历史等，断定此开元景教文献二种属于赝品[54]。至此，此开元景教文献二种属于赝品亦无疑问。

然而，是否可以据此推测所谓李盛铎旧藏都是赝品呢？对此，荣新江看法不同。他一方面重申前述针对守屋孝藏收集品的辨伪见解，一方面根据恽如莘《书林掌故续编》所云："传闻李盛铎（死后，他）的印记都流落在北平旧书店中，店主凡遇旧本，便钤上他的印记，以增高价。"认为：真正的李盛铎旧藏精品，整批卖到日本后，似未分散，亦未公布。散藏的所谓李氏旧藏，如中国的北京大学图书馆、上海图书馆、上海博物馆的藏品，日本的藤井有邻馆、大谷大学图书馆、天理图书馆、京都国立博物馆的藏品，不过多钤李氏印鉴而已，并非都是李氏旧藏。而这些印鉴，不论是真印还是伪印，多为书商所钤，与李盛铎本人并无关系。实际情况应是：李盛铎旧藏不乏精品已广为人知，李盛铎死后，书商为了牟利，或购买李氏藏印，或仿刻李氏藏印，钤在真卷或伪卷上，借李氏之名以求高价[55]。据此，则上述藏品，可以说真印真卷、伪印伪卷、真印伪卷、伪印真卷，什么情况都可能有，具体卷子还须具体分析，不能将钤有李氏印鉴的卷子都说成是赝品。

日本公私零散藏品：

日本虽为收藏敦煌文献的大国，但所藏敦煌文献大多购自中国，真伪情况复杂，难以简单论定。敦煌写本鉴定专家藤枝晃曾明确认为：日本所藏敦煌写本，90％以上都是赝品[56]。此语一出，曾令不少私人收藏家大为恐慌。但事实似乎并非完全如此。一些明显的赝品，如日本关西古美术商所藏西晋泰始九年（公元273年）张华写《大般涅槃经》题记、西晋元康八年（公元298年）索𬺰写《三国志·蜀书·诸葛亮传》题记，可以不谈。很多藏卷尚待继续鉴定，是不能一概而论的。

（二）吐鲁番文献的流散与收藏

吐鲁番文献的流散与收藏，也一直是学术界非常关心的问题。但由于与其他文献难以区分，很长一段时间难究其详。直到近年，随着吐鲁番学的发展，以及学者的专心访求，才排沙简金，基本了解[57]。

1. 吐鲁番文献的流散

吐鲁番文献的流散，与吐鲁番文献的盗掘关系密切。因而，吐鲁番文献的流散，我国除外，无疑主要为俄、德、日、英四国。出于与前述敦煌文献同样的原因，这里仍先介绍私家藏品的流散情况。

文立山旧藏：

文立山（生卒年不详），清末任吐鲁番厅同知。光绪二十七年（公元 1901 年），在交河故城内盗掘，获得一些文献资料，其中有唐开元十年（公元 722 年）写《妙法莲华经》残卷，据说书法逼近二王，但下落不明。

曾炳熿旧藏：

曾炳熿（生卒年不详），字晓棠。清末任吐鲁番厅同知。在任职期间，曾组织发掘，获得写经残卷甚夥，其中且有颇为珍贵的阚爽政权建平年间文献。此外，光绪三十四年（公元 1908 年），木头沟百姓掘得北魏《金刚经》残碑，曾炳熿藏于厅署。哈拉和卓百姓掘得铜印二颗：一为圆形，径三寸，中刻佛像，四周皆为少数民族文字；一为方形，长寸余，上刻一"云"字，亦为曾炳熿所得。但其藏品大多下落不明。

陈阜钧旧藏：

陈阜钧（生卒年不详），字镕皆，湖南湘乡人。清末为吐鲁番厅同知曾炳熿幕僚。在任职期间，曾获得一些写经残卷。著名的沮渠氏北凉流亡政权承平十五年（公元 457 年）大凉王大且渠安周供养《佛说菩萨藏经》残卷，即为陈阜钧旧藏，后赠王树枏，现归日本书道博物馆。其他藏品下落不明。

刘谟旧藏：

刘谟（生卒年不详），字宝臣。清末任鄯善县令。在任职期间，获得不少写经残卷。著名的梁大同元年（公元 535 年）散骑常侍淳于某写《佛说金刚般若波罗蜜经》残卷，即为刘谟旧藏，现归日本书道博物馆。著名的武周久视元年（公元 700 年）氾德达供养《弥勒上生经》残卷，亦为刘谟旧藏，后赠王树枏，现亦归日本书道博物馆。其他藏品下落不明。

张清旧藏：

张清（生卒年不详），清末任吐鲁番巡检。宣统二年（公元 1910 年）十月，在哈拉和卓盗掘，获得著名的武周长寿三年（公元 694 年）《张怀寂墓志》。此志后由吐鲁番厅同知王秉章辇归迪化（今乌鲁木齐）。黄文弼 1928 年见到，已嵌砌在当地浙江会馆墙壁上。而张清有意盗掘，所获当不止此。但其藏品亦多下落不明。

王树枬旧藏：

王树枬（公元 1851～1936 年），字晋卿，号陶庐老人，又号绵山老牧，河北新城人。著名学者、收藏家。光绪十二年（公元 1886 年）进士。三十二年（公元 1906 年）三月任新疆布政使。宣统二年（公元 1910 年）九月卸任，但仍留迪化（今乌鲁木齐），兼《新疆图志》总纂。三年（公元 1911 年）六月开缺调京。在任职期间，通过各种途径，获得大量吐鲁番文献。如藏品中：前述武周久视 元年（公元 700 年）氾德达供养《弥勒上生经》残卷，为鄯善县令刘谟所赠。前述沮渠氏北凉流亡政权承平十五年（公元 457 年）大凉王大且渠安周供养《佛说菩萨藏经》残卷，为吐鲁番厅同知曾炳熿幕僚陈阜钧所赠。属于收购者亦有不少。此外，其子禹敷曾在吐鲁番获得木门一扇，上画门神，执刀而立，五彩斑斓，为唐代文物，后来大概由于不便搬运，存于迪化城内潘峻坡铺中。此外，调京后，其子禹敷因在哈密工作，仍收集到不少吐鲁番文献。据说直到 1918 年，禹敷由哈密回京，还携有二方吐鲁番出土朱书墓砖：一为唐贞观元年（公元 627 年）王氏墓砖，一为唐大中二年（公元 848 年）王氏墓砖。但途中堕碎，十分可惜[58]。王氏藏品后皆散出，中国历史博物馆、上海博物馆、日本书道博物馆、东京国立博物馆均有收藏。其藏品多钤"晋卿"、"新城王氏"、"树枬之印"、"陶庐珍藏"等印。

梁玉书旧藏：

梁玉书（生卒年不详），字素文，奉天（今辽宁沈阳）人。清末任新疆监理财政官。在任职期间，通过各种途径，获得大量吐鲁番写经及文书。如著名的蠕蠕（实为阚氏王国）永康五年（公元 470 年）比丘德愿写《妙法莲华经》残卷，即为梁玉书旧藏。藏品还有三国写本《左传》和唐写本《庄子》、《论语》等。梁氏藏品后在北平出售。吴宝炜获得少部分，后归中国历史博物馆。白某获得大部分，后均转售日本。国家图书馆、首都博物馆、北京大学图书馆和日本的有邻馆、静嘉堂文库、书道博物馆、天理图书馆及京都临川书店等，均有收藏。其藏品多自签"玉书"、"素文"名字。

张晋山旧藏：

张晋山（生卒年不详），甘肃皋兰人。清末任新疆迪化厅同知。民国元年（公元 1912 年）六月，调署吐鲁番厅事。在任职迪化厅同知期间，已在有意收集吐鲁番文献，并获得二方吐鲁番出土朱书墓砖。调署吐鲁番厅事后，所获更多。《陇右金石录》卷一载酒泉祁连元藏有一方麹氏王国延昌廿六年（公元 586 年）民部主簿周贤文妻范氏朱书墓砖，有可能为张晋山旧藏。另有写经若干件（后附段永恩跋），散藏永登县博物馆[59]。

段永恩旧藏：

段永恩（公元？～1944 年？），字季承，甘肃武威人。曾参加光绪丁未（公元 1907 年）会考。不久，即到新疆候补知县。在此期间，参加编修《新疆图志》（1911 年成书），并任分纂。后历任新疆莎车等县知县。著有《养拙斋诗草》。在新疆期间，曾为王树枏、梁素文、张晋山等旧藏广写题跋。自己也藏有吐鲁番出土唐人写经等文献。后亦散出。中国历史博物馆藏有部分写经和文书残片。日本京都临川书店《洋古书总和目录》（公元 1990 年）No. 866 轴端签题"唐人写经卷子"，下小字书"出吐鲁番，季承珍藏，十四号"（后附王树枏跋）。可见段氏藏品至少也有十多件。

孙方舟旧藏：

孙方舟（生卒年不详），字磻湘。清末任新疆叶尔羌知县。曾在吐鲁番获得一方麴氏王国延寿十七年（公元 640 年）朱书医者墓砖。应该还有其他藏品，但情况不详。

苟全终旧藏：

苟全终（生卒年不详），鄯善人。似以贩卖吐鲁番文献为业。《新疆访古录》卷二记此人家藏"唐吏部尚书牒北庭都护府升补书记之文一纸，尚书印方寸余，朱色鲜明，索价一千余金"。其他情况不详。

何彦昇旧藏：

何彦昇，前文已有介绍。先任甘肃布政使。据《新疆图志·职官六》巡抚条记载：宣统二年（公元 1910 年）七月，补授新疆巡抚；十月，行至永昌县，病故。则何彦昇并未到达新疆。但何氏旧藏中，颇多吐鲁番文献，仅散藏日本藤井有邻馆者就有 40 件之多，其中包括著名的庭州长行马文书。由于部分文书钤有"何彦昇家藏唐人秘笈"、"合肥孔氏珍藏"、"德化李氏凡将阁珍藏"三印，这批藏品有可能原为合肥孔氏旧藏，不久先归何彦昇，又归李盛铎，最后卖给藤井有邻馆[60]。

端方旧藏：

端方，前文已有介绍。1905 年奉命赴德国考察，在柏林民族学博物馆，见到吐鲁番出土沮渠氏北凉流亡政权承平三年

（公元445年）凉王大且渠安周造寺功德碑，当即拓下一本。回国后，在南京展示，参观者甚众，有23位名人在拓本四周留有题跋。由于原石在二战末期毁于战火，此拓本成为孤拓，弥足珍贵。此拓本现藏中国历史博物馆。端方藏品中可能还有少量吐鲁番文书，但情况不详。

赵星缘旧藏：

赵星缘（生卒年不详），画家（？）。藏品似乎主要为大凉承平（公元443～460年）年间赙簿，以及唐开元二十九年（公元741年）西州天山县南平乡户籍。但后来流散，北京大学图书馆、中国科学院图书馆等单位所藏赙簿残片及户籍残片，可能即其旧藏。其余下落不明。

黄文弼旧藏：

黄文弼（公元1893～1966年），湖北汉川人。1918年北京大学毕业，留在本校国学研究所工作，历任助教、讲师、副教授。后勤修考古学，并参加中（国）瑞（典）西北科学考察团。1928年和1930年，两次到吐鲁番发掘，在交河等墓地获得高昌、西州墓砖120多方，另采集、收购写经、古籍及各类公私文书数十件，分别收入《高昌砖集》（公元1951年）和《吐鲁番考古记》。后来，墓砖主要入藏故宫博物院，文书主要入藏中国历史博物馆。

唐兰旧藏：

唐兰（公元1901～1979年），字立厂（立庵），浙江嘉兴人。著名古文字学家、考古学家。曾在北平收购不少吐鲁番文献，其中，包括罗振玉旧藏《敦煌石室唐北庭都护府户籍文牒丛残》册子，罗惇曧（号复堪）旧藏《唐人真迹》二卷（中有开元五年定远道行军大总管牒、开元十三年长行坊文书），以及开元二十九年西州天山县南平乡户籍残卷等。后均由唐兰后人捐给中国历史博物馆。

韩乐然旧藏：

韩乐然（公元？～1947年），画家。1946年到吐鲁番写生，在伯孜克里克石窟临摹壁画，闲暇之时，曾去阿斯塔那墓地盗掘，获得8方墓志和一些文书。据称：墓志所见年号，有麹氏王国的延昌、延和，唐朝的贞观、乾封、咸亨、开耀、开元。延和年号者，为延和四年（公元605年）赵宣墓表；贞观年号者，为贞观廿年（公元646年）成伯熹墓铭。后来，将1方墓志送给于右任，1方墓志送给英国克利蒲斯夫人。次年，韩氏死于飞机失事。韩氏旧藏，除甘肃省博物馆收藏一件外，均下落不明。

李帆群旧藏：

李帆群（生卒年不详），记者。1947年也曾到吐鲁番阿斯塔那墓地盗掘，获得3方墓志及一些文书，其中有麹氏王国重光二年（公元621年）张养子辞。李氏旧藏后来下落不明。

冯国瑞旧藏：

冯国瑞，前文已有介绍。藏品来自收集及新疆学生李征（重如）的赠送，数量不多，但有唐开元十三年（公元725年）西州都督府牒秦州残牒、唐天宝八载（公元749年）柳中县常平正仓请裁欠粮公文等重要官府文书，还有一些写经残片。冯氏旧藏后来下落不明。

这是目前已知的我国的一些私家藏品的流散情况。此外，中国历史博物馆藏吴宝炜旧藏写经残片系陈秋白得自新疆，梁玉书旧藏写经残卷有新疆候补知府郭鹏题跋，此陈秋白、郭鹏亦应藏有吐鲁番文献。外国尤其日本也有不少私家藏品。《新疆访古录》卷二称："又土人掘得北庭都护府印一颗，亦方寸余，为俄领事购去。"说明俄国也有私家藏品。而蒋芷侪《都门识小录》（宣统三年，公元 1911 年）称："有友自新疆来，为言吐鲁番一带，近日发现唐时雷音寺古迹及唐人写经本甚多，开缺藩司王树枏、监理财政官梁玉书等提倡收买，而缠回愚顽，宁售之日本人，不愿售与王、梁，殊可恨也。"此处之"日本人"，似乎不是指第二次中亚探险的橘瑞超、野村荣三郎等，而是指其他前来新疆旅游、寻宝的日本人士（如陆军大佐日野强等）。说明日本应有不少私家藏品。但由于这些私家大多不愿透露姓名，迄今为止，仅知出口常顺、上野淳一、桥本关雪等少数人士藏有吐鲁番文献。

2. 吐鲁番文献的收藏

吐鲁番文献的收藏，也与吐鲁番文献的盗掘关系密切。因而，吐鲁番文献的收藏，我国除外，也无疑主要为俄、德、日、英四国。当然，其他国家也有少量收藏。现将目前掌握的情况介绍如下。

新疆维吾尔自治区博物馆：

原名西北历史博物馆。馆址在新疆维吾尔自治区乌鲁木齐市。1949～1975 年间吐鲁番地区考古及采集、收购所获文献，主要入藏该馆。现有汉文、胡语（梵文、粟特文、回鹘文、吐火罗语等）公私文书及古籍、写经、墓志等藏品近 3000 件。汉文文书全部收入《吐鲁番出土文书》[61]（图一七）。

新疆文物考古研究所：

原名新疆博物馆考古队、新疆社会科学院考古研究所。所址在新疆维吾尔自治区乌鲁木齐市。1949～1975 年间吐鲁番地区考古所获文献，部分留存该所。90年代吐鲁番地区考古

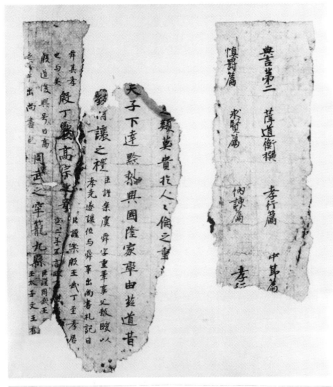

图一七　高昌写本《典言》残卷（69TAM134：8/1，8/2）

所获文献，主要入藏该所。现有公私文书及墓志等藏品数百
件。墓志全部收入《解放后新出吐鲁番墓志录》、《隋唐五代墓
志汇编·新疆卷》等论著[62]。

吐鲁番博物馆：

原名吐鲁番地区文物管理所、吐鲁番地区文物保管所。馆
址在新疆维吾尔自治区吐鲁番市。1949～1975 年间吐鲁番地
区考古所获文献，少量留存该馆。1976～1986 年间吐鲁番地

区考古及采集、收购所获文献，主要入藏该馆。现有汉文、胡语（梵文、粟特文、回鹘文、西夏文、婆罗迷文等）写经、古籍、墓志及各类公私文书等藏品千余件。墓志、汉文文献及部分胡语文献，分别收入《高昌墓砖拾遗》、《新出吐鲁番文书及其研究》、《吐鲁番新出摩尼教文献研究》等论著[63]。

甘肃省博物馆：

前文已有介绍。藏品主要为1949年以后陆续收集，数量不多，有韩乐然旧藏唐西州文书（正面为《羊绢交易帐》，背面为《出卖驼毛等物帐》）。还有著名的东晋写本潘岳书札残卷[64]。

国家图书馆：

前文已有介绍。藏品主要为陆续收集，数量不多，但有梁玉书等旧藏。如馆藏编号简71482，即为一册梁玉书旧藏残页，内容一半为刻本佛经，一半为回鹘文写本，与日本静嘉堂文库藏本完全一致。

故宫博物院：

前文已有介绍。藏品主要为黄文弼旧藏墓砖。据说也有文书，但情况不太清楚。

中国历史博物馆：

前文已有介绍。藏品除黄文弼旧藏外，还有王树枬、梁玉书、段永恩、吴宝炜、罗振玉、唐兰等旧藏，数量不少。如著名的阚爽政权建平六年（公元442年）田地县催诸军到府文书，沮渠氏北凉流亡政权承平三年（公元445年）凉王大且渠安周造寺功德碑孤拓，麹氏王国的朱书墓志，唐开元（公元713～741年）年间的北庭都护府帐簿、定远道行军大总管牒、长行坊文书、西州天山县南平乡户籍残卷等。部分收入《中国历史博物馆藏法书大观》（包括敦煌文献）[65]。

北京大学图书馆：

前文已有介绍。藏品数量不多，但有梁玉书旧藏唐写本《大般涅槃经》（后附赵惟熙跋），还有大凉承平（公元443～460年）年间赀簿（2片）。

中国科学院图书馆：

馆址在北京市。藏品数量不多，主要为大凉承平（公元443～460年）年间赀簿（3片）。

上海博物馆：

前文已有介绍。藏品包括王树枏旧藏，但数量不多。其中，唐开元十六年（公元728年）健儿杜某及录事司请纸牒，与黄文弼旧藏同年虞候司及法曹司请料纸牒，大谷5839、5840号文书，属于同组文书，其来源耐人寻味。还有唐写本《论语郑氏注》残卷，从样式看，也应为吐鲁番文献。

上海图书馆：

前文已有介绍。藏品不多，主要为麴氏王国义和五年（公元618年）和伯姬供养《妙法莲华经》残卷。

辽宁省档案馆：

馆址在辽宁省沈阳市。藏品主要为罗振玉旧藏，共6件，其中，5件为唐蒲昌府文书，1件为西州寺院文书[66]。

旅顺博物馆：

前文已有介绍。藏品主要为大谷探险队所获西域汉文、胡语写经及各类公私文书433件[67]。其中，少数为和田、库车（包括克孜尔、库木吐拉等遗址）文书，多数为吐鲁番文书。此外，还有大谷探险队所获吐鲁番墓志。文书及梵文写经多已发表[68]。

俄罗斯科学院东方学研究所圣彼得堡分所：

前文已有介绍。藏品包括克列门兹、科卡诺夫斯基、奥登堡等在吐鲁番所获文献。数量虽然不太清楚，但知所编18000多号文献中，不少为吐鲁番出土，其中最早为前秦建元十三年（公元377年）买婢券、建元十四年（公元378年）买田券以及沮渠氏北凉缘禾三年（公元434年）比丘法融供养《大方等无想大云经》等残卷，还有唐西州籍帐（如 Дx.9479、8510、7125、3762、4094、9255、9334 号）等。

德国国家图书馆（Staatsbibliothek Preussischer Kulkurbesitz）：

又称国立普鲁士文化藏品图书馆。馆址在德国柏林。格伦威德尔、勒柯克吐鲁番考察队所获文献资料，原归前东德"古代历史与考古中央研究所"，现在主要藏于该馆东方部。这批文献，绝大部分为胡语（包括梵文、粟特文、吐火罗文、突厥文、回鹘文、蒙古文、藏文、波斯文、帕提亚文、叙利亚文等多种）。汉文约有7000件。其中，多数为佛典，梯娄（T.Thilo）曾经主编过两卷《汉文佛教文献残卷目录》[69]；少数为四部书及各类公私文书，也曾编过草目[70]。至于文献本身，从60年代起，前东德就邀请日本、美国、匈牙利学者进行整理研究。特别自1967年起，前东德与日本龙谷大学佛教研究所合作，到1985年为止，陆续编辑出版了《柏林吐鲁番文献丛刊》共13辑。到1996年为止，陆续编辑出版了《吐鲁番发现梵文写本丛刊》共7卷。同年，还编辑出版了《德藏古突厥语写本第1卷：婆罗谜文和藏文字母书写的文书》。但仍有很多尚未披露。近年，西胁常记发表不少汉文文献，最早为沮渠氏北凉承阳二年（公元426年）户籍残片，引起学界重视。

印度艺术博物馆（Museum für Indische Kunst，SMPK）：

馆址在德国柏林。格伦威德尔、勒柯克吐鲁番考察队所获美术品资料，主要藏于该馆。其中，最早为沮渠氏北凉时期（公元 401～439 年）宋庆及妻张氏所造石塔。也有少量汉文文献资料，并曾编过草目[71]。其中，最早为段氏北凉神玺三年（公元 399 年）张施写《正法华经·光世音品》残卷。

此外，格伦威德尔、勒柯克吐鲁番考察队所获文物、文献资料，还有一部分旧藏德国民族学博物馆，一部分新藏柏林勃兰登堡科学院的"吐鲁番研究组"。民族学博物馆的藏品，包括沮渠氏北凉流亡政权承平三年（公元 455 年）凉王大且渠安周造寺功德碑、麴氏王国重光二年（公元 621 年）前后主客长史阴尚宿造寺碑，但均下落不明，可能都在二战末期与该馆同时毁于战火。"吐鲁番研究组"由于工作需要，也藏有一些汉文与胡语合写的文献资料；但工作完毕，这些文献材料还是要归还德国国家图书馆的。又，格伦威德尔、勒柯克吐鲁番考察队所获文献资料，还有一部分藏于土耳其伊斯坦布尔大学图书馆和日本四天王寺出口常顺处，下文即将谈到，这里暂不涉及。

伊斯坦布尔大学图书馆（The Library of Istanbul University）：

馆址在土耳其伊斯坦布尔。1928～1933 年间，土耳其学者阿合买提·阿拉特（Resid Rahmeti Arat）在柏林从事德国吐鲁番考察队所获回鹘文文献整理工作，自己也获得了一批吐鲁番出土的汉文、回鹘文文献资料。后来，他将以汉文为主的文献资料卖给了也在柏林从事德国吐鲁番收集品研究的日本人出口常顺，而将以回鹘文为主的文献资料带回了土耳其，不久即入藏伊斯坦布尔大学图书馆。这批文献资料，虽然以回鹘文为主，但也有少数汉文写本，如唐大历十三年（公元778年）写《增一阿含经》残卷等。这批文献资料，该馆馆员奥斯曼·谢特卡亚与日本回鹘文专家百济康义曾经编成《伊斯坦布尔大学图书馆所藏中亚出土残卷目录初稿》[72]。

英国图书馆：

前文已有介绍。斯坦因以吐鲁番为主的第三次中亚探险，所获考古资料，主要编为 Or. 8212/1～1946 号。但其中，Or.8212/1～195 号，主要是敦煌、吐鲁番、和田等地出土的胡语（包括梵文、佉卢文、于阗文、吐火罗文、粟特文、突厥文、回鹘文、藏文）文献资料。Or. 8212/196～199 号为预留空号，至今未用。Or. 8212/200～855 号是汉文木简和较完整的文书，收入马伯乐《斯坦因第三次中亚探险所获汉文文书》[73]。Or. 8212/856 号以下是汉文及胡语文献残片，其汉文部分收入《斯坦因第三次中亚探险所获甘肃新疆出土汉文文书》[74]。而属于吐鲁番的汉文文献，则全部收入《斯坦因所获吐鲁番文书研究》[75]。

新德里国立博物馆：

前文已有介绍。藏品包括吐鲁番阿斯塔那古墓出土文物。但详细情况不太清楚。

芬兰赫尔辛基大学图书馆（The Helsinki University Library）：

馆址在芬兰赫尔辛基。藏品主要为曼涅尔海姆（Carl Gustav Emil Mannerheim，公元1867～1951年）的收集品。曼涅尔海姆为芬兰人，但早年在俄国学习军事，并在沙俄总参谋部工作。1906～1908年，奉命前往新疆、甘肃刺探军事和地理情报，同时受赫尔辛基的芬乌协会委托代为收集古代文物和人种学资料。他到过新疆、甘肃很多地方，但以在吐鲁番最有收获，除了在交河故城收集到一些写本，还买到不少不同遗址出土的文献资料。据统计，此行获得的文献资料，至少有汉文1917件（主要是佛典断片）、回鹘文70件、梵文9件、于阗文2件，还有一些粟特文和中古波斯文写卷。汉文文献中，有麹氏王国延昌三十一年（公元591年）和唐永徽元年（公元650年）写经残卷。

美国普林斯顿大学盖斯特图书馆：

前文已有介绍。藏品来源不全清楚，但有不少吐鲁番文献。1989年公布了15件文书的图版，其中至少有6件（片）为吐鲁番出土，即：唐西州高昌县下武城城牒为贼至泥岭事、唐开元二十三年（公元740年）十二月十四日牒尾残片、唐天宝八载（公元749年）西州仓曹检勘诸仓仓粮案卷（2片）、唐《尚书》问对卷、唐《论语》问对卷[76]。据有关介绍，还有高昌时期的随葬衣物疏和一些世俗文书。

韩国国立中央博物馆：

原名朝鲜总督府博物馆。馆址在韩国汉城。藏品主要为流散的大谷收集品中的新疆美术资料，但也有麹氏王国延昌廿二年（公元582年）贾买苟妻索氏墓表等文献资料，部分收入《（韩国）国立中央博物馆所藏　中央亚细亚美术》（朝鲜语，1986年出版）。

龙谷大学图书馆：

前文已有介绍。藏品为大谷探险队橘瑞超、野村荣三郎、吉川小一郎第二、三次中亚之行带回的收集品的主体。分为四个方面：一为西本愿寺旧藏，编为1～8147号。其中部分为空号或文物材料。大致而言，前 1000 号为敦煌汉文写经和吐火罗文、回鹘文写卷。1001～8147 号基本均为吐鲁番出土汉文及胡语（梵文、粟特文、藏文、回鹘文、帕提亚文、叙利亚文、婆罗谜文等）文献，全部收入《大谷文书集成》[77]。二为橘瑞超私藏，编为 11001～11163 号。其中仅 6 件为敦煌汉文写经，其余均为西域汉文和胡语（梵文、于阗文、摩尼文、西夏文）写经及文书。一般称为"橘文书"或"橘资料"。三为吉川小一郎私藏，编为 9001～9166 号。吉川小一郎自题为"流沙残阙"，实际是一些残经及佛画。四为极小的断片，编为 10001～10668 号。

静嘉堂文库：

库址在日本东京。藏品主要为梁玉书旧藏，已装裱成折本形式，共 8 本。第一本题为"六朝准部（即新疆）写经残字"，下小字书"辛亥（公元 1911 年）秋，素文"。共 6 页、20 片，为汉文佛典及回鹘文残文书。第二本题为"六朝人写经残字"，下小字书"辛亥十月，吐鲁番出土，素文题"，原编号为"81号"。共 15 页、106 片，为汉文佛典及佛画，佛典有唐义净译《金光明最胜王经》残片，佛画有梵文、回鹘文残题记。第三本题为"高昌出土写经残字"，下小字书"宣统辛亥六月，素文珍藏"，原编号为"82 号"。共 14 页、78 片，为汉文、回鹘文佛典（间有印本），有段永恩二跋。第四本题为"古高昌出土残经"，下小字书"辛亥七月，素文题"，原编号为"83"。共 13 页、115 片，为汉文佛典、佛画（均有印本）及《左传》、《论语》残片，有段永恩六跋。第五本题为"六朝以来写经残字"，下小字书"庚戌（公元 1910 年）仲冬，素文藏"，原编号为"84 号"。共 12 页、82 片，为汉文佛典、唐代（贞元十一年）和清代文书及回鹘文文书，有段永恩四跋。第六本题为"北魏以来写经残字"，下小字书"出吐鲁番，素文珍藏"，原编号为"85"。共 12 页、59 片，为汉文佛典及安乐公主愿文，有段永恩四跋。第七本题为"晋宋以来印版藏经"，下小字书"出吐鲁番，素文珍藏"，原编号为"87 号"。共 12 页、82 片，为汉文佛典，有段永恩跋。第八本题为"高昌出土刻经残纸"，下小字书"辛亥初秋，玉书书"，原编号为"88 号"。共 14 页、114 片，为汉文佛典[78]。

书道博物馆：

前文已有介绍。藏品主要为王树枏、梁玉书等旧藏。西域文化研究会复制《书道博物馆所藏经卷文书目录附解说》（1950 年前，共 43 页）、《敦煌遗书总目索引》散录一二《日本人中村不折所藏敦煌遗书目录》（著录写经、古籍等共 64 号），多为王树枏、梁玉书等藏品。王树枏《新疆访古录》著录吐鲁番出土写经、古籍、文书，亦多见该目。静嘉堂文库所藏梁玉书旧藏第四本段永恩跋文提到所见某经"与延和八年（公元 609 年）写经卷如出一手"，此延和八年写经亦指该馆所藏梁玉书旧藏延和八年白衣弟子写《摩诃般若波罗蜜经》残卷。但仅金祖同《流沙遗珍》（1940 年出版）公布了其中 25 件唐西州文书，零星发表了一些文书[79]，其余多未正式披露[80]（图一八）。

宁乐美术馆：

馆址在日本奈良。藏品少数为敦煌文献（如《八相变》、《太公家教》、《王梵志诗》等残卷），主要为吐鲁番出土唐开元二年（公元 714 年）蒲昌府文书。这批蒲昌府文书，原藏上海，共有 185 片（件），但流散到四处：辽宁省档案馆藏 5 件，

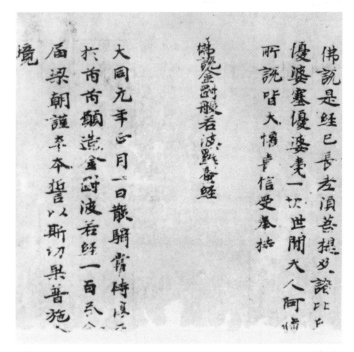

图一八　梁写本《佛说金刚般若波罗蜜经》残卷（书博藏品）

原是罗振玉于1932年从上海带到长春献给溥仪的礼物。日本京都桥本关雪藏3片，原是钱瘦铁于1923～1935年间从上海带到日本送给桥本氏的礼物。日本某地某氏藏21片，推测也来自上海古董市场。宁乐美术馆藏156片，先后为古董毛志新、古歙程青嵩、上海顾鳌（巨六）、常州张石园等旧藏，是这批蒲昌府文书的主体[81]。宁乐美术馆藏品全部收入《日本宁乐美术馆藏吐鲁番文书》[82]。

有邻馆：

前文已有介绍。藏品包括何彦昇、梁玉书等旧藏。何彦昇旧藏，馆藏目录题为"新疆布政使何彦昇旧藏敦煌石室唐人秘笈五十九种"，但有误。何彦昇任职新疆，是巡抚而非布政使；此处所藏，是 60 种而非 59 种。另外，此 60 种中，出于敦煌者仅 20 种左右，出于吐鲁番者约 40 种，统称"敦煌石室唐人秘笈"亦有误。而出于吐鲁番的约 40 种中，有近 30 种属于著名的西州、北庭长行马文书。梁玉书旧藏不多，最著名的为唐仪凤二年（公元 677 年）西州都督府北馆厨典周建智牒（后附段永恩跋）。

京都国立博物馆：

前文已有介绍。藏品主要为松本收集品（即松本文三郎收集品）。松本收集品原属大谷探险队在库车和吐鲁番的收集品，共 4 卷 5 种，全为佛典，已收入《西域考古图谱》（1915 年出版）。

东京国立博物馆：

馆址在日本东京。藏品主要为王树枏旧藏和大谷探险队渡边哲信、堀贤雄第一次中亚之行带回的收集品。王树枏旧藏主要有唐开元四年（公元 716 年）西州柳中县高宁乡籍、唐开元年间西州交河县名山乡差科簿（均在吐鲁番出土《树下人物图》背面）等。大谷收集品主要为新疆美术资料，但也有麴氏王国延昌廿九年（公元 589 年）虎牙将军郭恩子墓表及梵文、佉卢文、回鹘文、吐火罗文等文献资料，全部收入《东京国立博物馆图版目录·大谷探检队将来品篇》（1971 年出版）。

四天王寺：

寺址在日本大阪。藏品即出口常顺旧藏。1932～1933 年间，出口常顺在柏林从事德国吐鲁番收集品研究，从土耳其学者阿合买提·阿拉特手中购得百余件（片）吐鲁番出土文献。

其中，较重要的有麹氏王国延寿四年（公元627年）经生令狐善欢写《仁王般若波罗蜜经》残卷（钤有"奏闻奉信"官印）、唐西州前期高昌及柳中等县残籍等资料。部分收入《吐鲁番古写本展》，全部收入《高昌残影》[83]。

天理图书馆：

前文已有介绍。藏品来源复杂，包括梁玉书旧藏写经和古籍。但梁氏旧藏写经中的《大方等大集经》，题为"敦煌千佛洞出土"，似乎有误。梁氏旧藏古籍中有"《礼》27，26号"，似乎此类古籍数量不少。另有一件麹氏王国延寿十四年（公元637年）清信女供养《维摩诘经》残卷，与S.2838号写经全同，池田温《中国古代写本识语集录》认为可疑。

3. 吐鲁番文献的辑佚问题

吐鲁番地下宝库开启之初，地方官吏、百姓随意将写经、文书赠予、售给本省高官、外国商旅，吐鲁番文献就已暗藏亡佚的危机。而经过俄、德、日、英等国的盗掘，吐鲁番文献的身价虽然更加上涨，但其流散也更加无序，暗藏的亡佚危机也更加严重。到了现在，很多私家收藏的文献，都已下落不明。显然，吐鲁番文献存在辑佚问题。先举三例：

①赵星缘旧藏大凉承平（公元443～460年）年间赀簿。过去，学者仅知北京大学图书馆、中国科学院图书馆藏有大凉赀簿残片，中国科学院图书馆藏品出于胜金口，北京大学图书馆藏品出于何地不详。近年，我在1928年7月1日刊出的《艺林旬刊》19期4版又发现一幅新的大凉赀簿的照片。据本版及同年7月11日同刊20期4版的有关介绍，知北京大学图书馆藏品及本件亦均出于胜金口。该照片注明为"赵星缘君赠"，推测这些大凉赀簿均为赵星缘旧藏。大凉赀簿均系两面

书写，此仅为一面的照片，另面内容不详。而该大凉赀簿现藏何处，亦不得而知[84]。

②冯国瑞旧藏唐开元十三年（公元725年）西州都督府牒秦州残牒。过去，学者仅知冯国瑞旧藏主要为敦煌文献。近年，荣新江在北京获得一幅冯国瑞旧藏唐开元十三年西州都督府牒秦州残牒的照片，怀疑属于冯氏捐给国家图书馆的敦煌旧藏之一，但在国图并未找到。此照片后经池田温研究，认为应系吐鲁番出土。陈国灿则根据甘肃省图书馆所藏油印本冯国瑞自撰敦煌吐鲁番文献跋文集，以及寻访所获，确认本件为吐鲁番三堡出土，怀疑本件属于冯氏捐给甘肃省图书馆的敦煌吐鲁番旧藏之一，但在甘肃省图书馆也未找到。而该西州残牒现藏何处，亦不得而知[85]。

③德国国家图书馆旧藏唐开元二十三年（公元735年）西州高昌县顺义乡残籍。过去，学者仅知德国国家图书馆藏有一件唐开元年间西州高昌县顺义乡残籍。近年，荣新江在国家图书馆敦煌吐鲁番资料中心找到一组王重民1935年访问柏林时所摄德藏吐鲁番文献，其中即有本残籍照片（Ch. 2405号），但比梯娄（T. Thilo）于战后整理发表的前面要多3行文字，下部也保存完好，纸缝处的"开元贰拾参年籍"清晰可见，其具体年代也可因此确定。然而，其价值尚不仅此。荣新江认为：1983年丘古耶夫斯基《敦煌汉文文书》出版以前，由于已刊敦煌吐鲁番文书中缺少开元十九年以后的纪年户籍，因而不明了天宝三载和天宝六载户籍何以不在《唐六典》所规定的造籍年——季年。丘古耶夫斯基将残缺不全的 Дx.3820、3851、11068号拼合，定名为《唐开元二十三年甘州张掖县□□乡籍》，Дx.9479号定名为《唐开元二十三年西州籍》，

得到学界广泛赞同，并由此推断出唐开元二十二年（季年）没有造籍，而从开元二十三年始重又三年一造籍。而本残籍旧照片的发现，完全肯定了根据俄藏文书残卷得出的结论；加之北京大学图书馆所藏开元二十九年籍，这一结论可以确定无疑了[86]。

这里所举大凉赀簿及西州残牒、残籍，虽然有的原件不知现藏何处，有的原件现有残缺，但毕竟还有原始照片传世，给学者保留了宝贵的资料，可谓不幸中之大幸。而多数私家旧藏，如前文所说，下落不明，都没有这么幸运。特别是梁玉书旧藏。日本天理图书馆所藏梁氏之《礼》，编为"26号"；日本静嘉堂文库所藏梁氏八本残片，编为"81号"至"88号"（中缺"86号"，但第1本无编号，可能即为此号）。据此推测，梁氏旧藏虽然极为丰富，但80%以上完全不知下落，实在令人感到遗憾。遗憾之余，不禁想到，若是原件实在难觅，或者觅到却残缺不全，如同前举大凉赀簿及西州残牒、残籍，找到原始照片不是也能进行研究吗？我们知道：斯坦因第四次中亚探险（1930~1931年），曾经获得一些汉文、胡语（于阗文、突厥文、佉卢文）写本。但由于中国政府不许携带文物出境，斯坦因仅将写本摄成照片带走，而将原件交给了喀什地方行政长官马绍武。遗憾的是，这批写本和照片后来都下落不明。近年，王冀青追踪斯坦因第四次中亚探险所获文献资料，原件虽然仍未找到，但终于在英国图书馆东方与印度事务收集品部找到斯坦因所摄照片，并据此进行研究，取得令人瞩目的成果[87]。此类事例甚多。而这里所说的"辑佚"，也主要是指搜辑散佚的照片。吐鲁番文献发现之初，照相技术传入中国未久，收藏家和古董商都喜欢将藏品摄成照片。相信很多下落不明的吐鲁番文献，都有已经发表或未曾发表的照片传世。为此，希望学界同仁共同努力，从事这项"辑佚"工作，为吐鲁番文献的研究，作出新的贡献。

注　释

[1] 荣新江：《李盛铎藏敦煌写卷的真与伪》，《鸣沙集》第 109 页，1999 年；池田温：《李盛铎旧藏敦煌归义军后期社会经济文书简介》，《吴其昱先生八秩华诞敦煌学特刊》，1999 年；落合俊典：《羽田亨稿"敦煌秘笈目录"简介》，纪念敦煌藏经洞发现 100 周年国际学术研讨会论文，首都师范大学，2000 年 6 月 21～25 日。

[2] 关于早期廷栋（安肃道道台兼兵备使）、叶昌炽（甘肃学政）、苏子培（敦煌典史）等私家藏品的流散情况，参阅荣新江：《敦煌藏经洞文物的早期流散》，纪念敦煌藏经洞发现 100 周年国际学术研讨会论文，首都师范大学，2000 年 6 月 21～25 日。

[3] 即：宙字 22 号，日字 13、17、19、20 号，盈字 86 号，辰字 45 号，岁字 59 号，露字 50 号，结字 73 号，为字 27 号，玉字 17 号，冈字 37 号，剑字 75 号，称字 26、64 号，夜字 33、98 号，珍字 95 号，羽字 48 至 55 号，皇字 99、100 号，制字 60 号，衣字 2、45 号。

[4] 敦煌文物研究所资料室：《敦煌文物研究所藏敦煌遗书目录》，《文物资料丛刊》第 1 辑，1977 年；谭蝉雪：《青山庆示所捐敦煌文献及三件校释》，《敦煌研究》1999 年第 2 期。

[5] 甘肃省文物局等：《甘肃藏敦煌文献》（全 6 卷），甘肃人民出版社，1999 年。按：本书依次收有敦煌研究院、酒泉市博物馆、甘肃省图书馆、西北师范大学、永登县博物馆、甘肃中医学院、张掖市博物馆、甘肃省博物馆、敦煌市博物馆、定西县博物馆、高台县博物馆等单位藏敦煌文献。

[6] 敦煌县博物馆（荣恩奇）：《敦煌县博物馆藏敦煌遗书目录》，《敦煌吐鲁番文献研究论集》第 3 辑，1986 年。

[7] 黄文焕：《河西吐蕃文书简述》，《文物》1978 年第 12 期；《河西吐蕃卷式写经目录并后记》，《世界宗教研究》1982 年第 1 期。按：据黄文焕介绍，除前述敦煌研究院、敦煌市博物馆外，河西的兰州图书馆、酒泉县文化馆、张掖

县文化馆、武威县文管会，也藏有不少藏文写本、藏文贝叶本写经和藏文木牍。

[8] 秦明智：《关于甘肃省博物馆藏敦煌遗书之浅考和目录》，《1983年全国敦煌学术讨论会文集》文史·遗书编上册，1987年。

[9] 曹怀玉：《西北师院历史系文物室藏敦煌经卷录》，《西北师范学院学报》1983年第4期。

[10] 李并成：《西北师范大学敦煌学研究所藏敦煌经卷录》，《敦煌研究》1993年第1期。按：据李并成介绍，该大学私家手中亦藏有一些敦煌汉文、藏文写卷。

[11] 张玉范：《北京大学图书馆藏敦煌遗书目》，《敦煌吐鲁番文献研究论集》第5辑，1990年。

[12] 上海古籍出版社、北京大学图书馆：《北京大学图书馆藏敦煌文献》（全2册），上海古籍出版社，1995年。

[13] 高美庆：《敦煌吐鲁番文物》，香港中文大学文物馆，1987年；上海古籍出版社、上海博物馆：《上海博物馆藏敦煌吐鲁番文献》（全2册），上海古籍出版社，1994～1997年。

[14] 吴织、胡群耘：《上海图书馆藏敦煌遗书目录》，《敦煌研究》1986年第2、3期。

[15] 上海古籍出版社、上海图书馆：《上海图书馆藏敦煌吐鲁番文献》（全4册），上海古籍出版社，1999年。

[16] 刘国展、李桂英：《天津市艺术博物馆藏敦煌遗书目录》，《敦煌研究》1987年第2期。

[17] 上海古籍出版社、天津市艺术博物馆：《天津市艺术博物馆藏敦煌文献》（全7册），上海古籍出版社，1997年。

[18] 天津文物公司：《天津文物公司藏敦煌写经》，文物出版社，1998年。

[19] 尚林、方广锠、荣新江：《中国所藏"大谷收集品"概况——特别以敦煌写本为中心》，龙谷大学，1991年。

[20] 潘重规：《国立中央图书馆所藏敦煌卷子题记》，原载《新亚学报》8卷2期，1968年，后经增订，再刊《敦煌学》第2辑，1975年。

[21] 潘重规：《国立中央图书馆藏敦煌卷子》（全6册），石门图书公司，1976年。

[22] 主要有二种：①刘铭恕：《斯坦因劫经录》（S.1～6890号），《敦煌遗书总目索引》，中华书局，1983年新1版（施萍婷等曾进行补订，载《敦煌遗书

总目索引新编》,中华书局,2000 年)。②荣新江:《英国图书馆藏敦煌汉文非佛教文献残卷目录》(S.6891～13624 号),新文丰出版公司,1994 年(作者曾进行补正,载《英国收藏敦煌汉文文献研究》,中国社会科学出版社,2000 年)。

[23] 中国社会科学院历史研究所等:《英藏敦煌文献》(佛经以外部分)(全 15 卷),四川人民出版社, 1990～1995 年。

[24] L. Giles: Descriptive Catalogue of the Chinese Manuscripts from Tunhuang in the British Museum, London, 1957.

[25] Vallée Poussin: Catalogue of the Tibetan Manuscripts form Tun‐huang in the India Office Library, Oxford, 1962. 此外, 还有山口瑞凤主编: A Catalogue of the Tibetan Manuscripts Collected by Sir Aurel Stein (《斯坦因搜集藏语文献解题目录》, 全 12 册), 东洋文库, 1977～1988 年。

[26] 荣新江:《巴黎国立图书馆藏敦煌汉文写本编号变动对照表》,《海外敦煌吐鲁番文献知见录》第 53～57 页, 1996 年 。

[27] 王重民:《伯希和劫经录》(P. 2001～4099、4500～5043、5523～5579 号),《敦煌遗书总目索引》,中华书局,1983 年新 1 版(施萍婷等曾进行补正,参见注释〔22〕)。

[28] Catalogue des Manuscrits Chinois de Touen‐Houang. Fonds Pelliot Chinois de la Bibliothèque Nationale, I, ed., J. Gernet et Wu Chiyu, Paris, 1970; Ⅲ, ed., M. Soymié, Paris, 1983; IV, ed., M. Soymié, Paris, 1991; V, ed., M. Soymié, Paris, 1995.

[29] M. Lalou: Inventaire des manuscrits tibétains de Touen‐Houang conservésà la Bibliothèque Nationale, 3 tomes, Paris, 1939, 1950, 1961. 王尧主编:《法藏敦煌藏文文献解题目录》, 民族出版社, 1999 年。

[30] 上海古籍出版社、法国国家图书馆:《法藏敦煌西域文献》(已出 12 册), 上海古籍出版社, 1994～2000 年。

[31] L. N. Men'sikov et al.: Opisanie Kitaiskikh rukopisei Dun'khuanskogo fonda Instituta Narodov Azii, 2 vols., Moscow, 1963, 1967. 孟列夫主编, 袁席箴、陈华平译:《俄藏敦煌汉文写经叙录》, 上海古籍出版社, 1999 年。

[32] L. S. Savitsky: Opisanie Tibetskikh Svitkov iz Dun'khuana Sobranii Instituta Vostokovedeniya an SSSR, Moscow, 1991.

[33] 上海古籍出版社、俄罗斯科学院东方研究所圣彼得堡分所:《俄藏敦煌文献》(已出 16 册), 上海古籍出版社, 1992～2000 年。

[34] Kogi Kudara: A Provisional Catalogue of Uigur Manuscripts Preserved at the

Ethnographical Museum of Sweden, Koyto, 1980.

[35] 荣新江译:《哥本哈根皇家图书馆藏敦煌写本》,《敦煌学辑刊》1987 年第 1 期。

[36] Jens Φ stergard Petersen（彼得森）著、台建群译:《哥本哈根皇家图书馆所藏敦煌遗书目录》,《敦煌研究》1993 年第 1 期。

[37] 王冀青、莫洛索斯基:《美国收藏的敦煌与中亚艺术品》,《敦煌学集刊》1990 年第 1 期。

[38] Judith Ogden Bullitt: Princeton's Manuscript Fragments from Tun‐Huang, The Gest Library Journal, Ⅲ‐1~2, 1989, pp. 7~29. 杨富学、李吉和有译文, 载《敦煌学辑刊》1994 年第 1 期。

[39] Frederick Mote: The Oldest Chinese Book in Princeton, The Gest Library Journal, I‐1, 1986. pp, 34~44.

[40] 主要有二种: ①《龙谷大学所藏敦煌古经现存目录》,《西域文化研究》第 1 卷《敦煌佛教资料》, 法藏馆, 1958 年。②井ノ口泰淳、臼田淳三:《龙谷大学图书馆藏大谷探险队带来敦煌写经目录》,《佛教学研究》第 39、40 号, 1984 年; 贺小平有译文, 载《敦煌研究》1991 年第 4 期。此外,《敦煌遗书总目索引》散录一一《日本龙谷大学图书馆所藏敦煌遗籍目录》著录汉文、藏文写经 7 号。

[41] 荣新江:《日本书道博物馆藏吐鲁番敦煌文献纪略》,《文献》1996 年第 2 期。

[42] 饶宗颐:《京都藤井氏有邻馆藏敦煌残卷纪略》, 原载《金匮论古综合刊》第 1 期, 1957 年, 收入《选堂集林·史林》下, 香港中华书局, 1982 年。

[43] 陈国灿:《东访吐鲁番文书纪要》（一）,《魏晋南北朝隋唐史资料》第 12 期, 1993 年。

[44] 施萍婷:《日本公私收藏敦煌遗书叙录》（一）,《敦煌研究》1993 年第 2 期。

[45] 王三庆亦曾根据东洋文库所存照片进行编目, 并做了提要说明。见《日本所见敦煌写卷目录提要》（一）,《敦煌学》第 15 辑, 1990 年。

[46] 王三庆:《日本天理大学天理图书馆典藏之敦煌写卷》,《第二届敦煌学国际研讨会论文集》, 汉学研究中心, 1991 年。

[47] 塚本善隆等:《守屋孝藏氏蒐集古经图录》, 京都国立博物馆, 1964 年。

[48] 藤枝晃:《〈德化李氏凡将阁珍藏〉印について》,《京都国立博物馆学丛》第 7 号, 1986 年。

[49] 周珏良:《周珏良文集》第 298~299 页, 外语教学与研究出版社, 1994 年。

［50］陈邦怀：《敦煌写本丛残跋语》，《史学集刊》1984 年第 3 期。

［51］王素：《敦煌唐写本〈论语某氏注〉残卷志疑》，《史学集刊》1985 年第 4 期。

［52］罗继祖：《陈邦怀跋唐敦煌写本〈论语〉某氏注残卷》，《史学集刊》1988 年第 3 期。

［53］王国维：《观堂书札》，《中国历史文献研究集刊》第 1 集，湖南人民出版社，1980 年。

［54］林悟殊、荣新江：《所谓李氏旧藏敦煌景教文献二种辨伪》，《九州学刊》4 卷 4 期，1992 年。

［55］荣新江：《李盛铎藏敦煌写卷的真与伪》，《鸣沙集》，1999 年。

［56］Fujieda Akira: The Tunhuang Manuscripts: A General Description. Part 1, Zinbun 9, 1966, pp. 14～15. 按：后来，《每日新闻》1986 年 1 月 22 日晚刊报道，说日本国内 1000 件敦煌写本中，98％都是赝品。其说似乎也源自藤枝晃。

［57］本节介绍公私收藏，前节已经介绍过的个人与单位，其个人生卒、字号、履历，单位原名、地址、概况，以及注释所引论著，本节一般不再重复，仅注明"前文已有介绍"，读者可自行查检。

［58］此据王树枏《新疆访古录》卷二，但其说可疑。贞观元年，为麴氏王国统治时期，吐鲁番不可能出现唐贞观年号；大中二年，为回鹘高昌统治时期，吐鲁番也不可能出现唐大中年号。

［59］苏裕民、谭蝉雪：《永登县博物馆藏古写经》，《敦煌研究》1992 年第 2 期。又见前引《甘肃藏敦煌文献》第 3 卷，第 326～330 页。

［60］陈国灿：《东访吐鲁番文书纪要》（一），《魏晋南北朝隋唐史资料》第 12 期，1993 年。

［61］国家文物局古文献研究室、新疆维吾尔自治区博物馆、武汉大学历史系：《吐鲁番出土文书》释文本全 10 册，文物出版社，1981～1992 年；中国文物研究所、新疆维吾尔自治区博物馆、武汉大学历史系：《吐鲁番出土文书》图文对照本全 4 册，文物出版社，1992～1996 年。

［62］侯灿：《解放后新出吐鲁番墓志录》，《敦煌吐鲁番文献研究论集》第 5 辑，1990 年；穆舜英、王炳华主编：《隋唐五代墓志汇编·新疆卷》，天津古籍出版社，1991 年。

［63］新疆吐鲁番地区文管所：《高昌墓砖拾遗》，《敦煌吐鲁番文献研究论集》第 3 辑，1986 年；柳洪亮：《新出吐鲁番文书及其研究》，新疆人民出版社，

1997 年；新疆吐鲁番地区文物局：《吐鲁番新出摩尼教文献研究》，文物出版社，2000 年。

[64] 秦明智：《新疆出土的晋人写本潘岳书札考述》，《敦煌学集刊》1987 年第 2 期。

[65] 史树青主编：《中国历史博物馆藏法书大观》全 15 卷，主要收入第 5 卷（蒋文光主编）《碑刻拓本一》、第 11 卷（杨文和主编）《晋唐写经·晋唐文书》、第 12 卷（吕长生主编）《战国秦汉唐宋元墨迹》，东京柳原书店，1994、1999、1994 年。

[66] 孙景悦：《辽宁省档案馆》，《历史档案》1981 年第 3 期；辽宁省档案馆：《唐代档案》，《历史档案》1982 年第 4 期；荣新江：《辽宁省档案馆所藏唐蒲昌府文书》，《中国敦煌吐鲁番学会研究通讯》1985 年第 4 期（总第 7 期）。

[67] 王宇、周一民、孙慧珍：《旅顺博物馆藏大谷考察队文物》，《文物天地》1991 年第 5 期；王宇、刘广堂：《旅顺博物馆所藏西域文书》，《敦煌吐鲁番学研究论集》，1996 年。

[68] 王珍仁、刘广堂等：《旅顺博物馆藏新疆出土文物研究文集》，龙谷大学佛教文化研究所、西域研究会，1993 年；王珍仁等：《旅顺博物馆藏新疆出土古文书》（一）～（七），《新疆文物》1992 年第 4 期～1996 年第 3 期；蒋忠新：《旅顺博物馆藏梵文法华经残片》，旅顺博物馆、创价学会，1997 年。

[69] T. Thilo: Katalog chinesischer buddhistischer Teχtfragmente I（with G. Schmitt）－II（BTT, VI, XIV），Berlin, 1975, 1985.

[70] 荣新江：《德国国家图书馆藏汉文文献（非佛经部分）草目》，《德国"吐鲁番收集品"中的汉文典籍与文书》，《华学》第 3 辑，1998 年。

[71] 荣新江：《印度艺术博物馆藏汉文文献草目》，《德国"吐鲁番收集品"中的汉文典籍与文书》，《华学》第 3 辑，1998 年。

[72] O. Sertkaya & K. Kudara: A Provisional Catalogue of Central Asian Fragments Preserved at The Library of Istanbul University, Istanbul, 1987（unpublished）.

[73] H. Maspero: Les Documents Chinois de la troisième expédition de Sir Aurel Stein en Asie Centrale, London, 1953.

[74] 郭锋：《斯坦因第三次中亚探险所获甘肃新疆出土汉文文书——未经马斯伯乐刊布的部分》，甘肃人民出版社，1993 年。

[75] 陈国灿：《斯坦因所获吐鲁番文书研究》，武汉大学出版社，1994 年。

［76］陈国灿：《美国普林斯顿所藏几件吐鲁番出土文书跋》，《魏晋南北朝隋唐史资料》第 15 期，1997 年。．

［77］龙谷大学佛教文化研究所编、小田义久责任编集：《大谷文书集成》壹（1001～3000 号汉文文书），法藏馆，1984 年；同书贰（3001～4500 号），法藏馆，1990 年；同书叁（4501～8147 号汉文文书），2002 年。

［78］荣新江：《静嘉堂文库藏吐鲁番资料简介》，《敦煌吐鲁番学研究论集》，1996 年。

［79］池田温：《东京书道博物馆所藏唐代西州地亩文书残片简介》，《出土文献研究》第 4 辑，1998 年。

［80］陈国灿：《东访吐鲁番文书纪要》（三），《魏晋南北朝隋唐史资料》第 14 期，1995 年。

［81］陈国灿：《东访吐鲁番文书纪要》（二），《魏晋南北朝隋唐史资料》第 13 期，1994 年。

［82］陈国灿、刘永增：《日本宁乐美术馆藏吐鲁番文书》，文物出版社，1997 年。

［83］《トゥルファン古写本展》（现代书道二十人展第 35 回记念），朝日新闻社，1991 年；藤枝晃：《高昌残影—出口常顺藏トルフアン出土佛典断片图录》，法藏馆，1978 年。

［84］王素：《吐鲁番出土北凉赀簿补说》，《文物》1996 年第 7 期。

［85］池田温：《〈开元十三年西州都督府牒秦州残牒〉简介》，陈国灿：《（前文）附：读后记》，均载《敦煌吐鲁番研究》第 3 卷，1998 年。

［86］荣新江：《〈唐开元二十九年西州天山县南平乡籍〉残卷研究》，《西域研究》1995 年第 1 期；《〈唐开元二十三年西州高昌县顺义乡籍〉残卷跋》，《中国古代社会研究 庆祝韩国磐先生八十华诞纪念论文集》，厦门大学出版社，1998 年。

［87］王冀青：《斯坦因第四次中亚考察所获汉文文书》，《敦煌吐鲁番研究》第 3 卷，1998 年。

四

敦煌吐鲁番文献的

整理与研究（上）

敦煌文献的整理与研究，各国分期不尽相同。我国根据政局和研究条件的变化，一般分为三期，即：1909 至 1949 年为第一期，1949 至 1976 年为第二期，1976 至今为第三期[1]。其中，第一期又可分为二个阶段：1909 年王仁俊根据在北京伯希和（P. Pelliot）寓所抄录的敦煌资料编辑出版《敦煌石室真迹录》为第一阶段的开始。此后十多年，我国学者主要利用伯希和、日本狩野直喜等寄赠的法、英等国所藏敦煌文献的照片和释文进行整理与研究。1925 年刘复根据自己在法国留学时抄录的法藏敦煌写本编辑出版《敦煌掇琐》为第二阶段的开始。此后，胡适、郑振铎、向达、王重民、于道泉、姜亮夫、王庆菽等先后赴英、法等国，带回大量敦煌文献的照片和释文，我国学者可以根据自己收集的敦煌资料进行整理与研究。第二期影响较大的事件为：1957 年北京图书馆通过交换获得英藏 S.6980 号以前敦煌文献缩微胶卷，1961 年中华书局出版中国科学院历史研究所资料室编《敦煌资料》第 1 辑，1962 年商务印书馆出版王重民、刘名恕等编《敦煌遗书总目索引》。我国学者利用敦煌文献进行整理与研究的条件得到一定改善。第三期则随着 70 年代末法藏敦煌文献缩微胶卷的发行，稍后北京图书馆藏敦煌文献缩微胶卷的出售，1981 至 1986 年黄永武编《敦煌宝藏》的出版，以及不久之后国内外各收藏单位所藏敦煌文献的陆续公布，学者利用敦煌文献进行整理与研究的条件得到进一步改善。而国外主要根据"二战"和我国的"改革开放"进行分期。为了不受分期不同的影响，此处的评介拟按专题进行。

（一）敦煌古籍的整理与研究

敦煌古籍的整理与研究，是一个传统而热门的项目。敦煌古籍品种、数量繁多，国内外研究者不少。王重民《敦煌古籍叙录》，黄永武《敦煌古籍叙录新编》，日本《讲座敦煌》的汉文文献、文学文献、中国道教、中国佛教、佛典与禅等分卷，都曾作介绍，个人文集亦曾收入，专题整理与研究的论著也有详细评述[2]。此处仅据传统分类，摘要进行评介。

1. 经部

敦煌经部现存《周易》、《尚书》、《毛诗》、《礼记》、《春秋左传》、《春秋谷梁传》、《孝经》、《论语》、《尔雅》九种。没有《周礼》、《仪礼》、《春秋公羊传》，应与唐置"五经博士"，"三礼"仅有《礼记》，"三传"仅有《春秋左传》有关[3]。

《周易》主要有王弼《周易注》。罗振玉、刘师培、王重民、陈铁凡等先后对其中部分写本进行了整理、断代及考释。

《尚书》主要有孔安国《古文尚书传》。蒋斧、罗振玉、刘师培等较早对其中"隶古定"本进行整理，定为天宝三载卫包改字前写本。王重民则对"隶古定"和"今字"二本都进行过整理，指出："隶古定"本在卫包改字后仍有遗留，"今字"本在卫包改字前业已流行。姜亮夫、饶宗颐等对孔传也曾进行整理及探讨。陈铁凡则在前人的基础上，对孔传进行了全面整理与研究[4]。还有学者对 P. t. 986 号古藏文本《尚书》进行过探讨。

《毛诗》主要有白文、郑玄《毛诗故训传笺》。王重民考证部分题有"郑氏笺"的白文应为《毛诗定本》（?）。罗振玉、刘师培、陈邦怀（保之）、王重民、姜亮夫、苏莹辉、陈铁凡等先后对部分郑笺进行了整理及断代。潘重规则在前人的基础上，对郑笺进行了全面整理与研究[5]。

《礼记》主要有郑玄《礼记注》及李林甫、陈希烈等《唐玄宗御刊定礼记月令》。罗振玉、王重民、林平和等先后对部分郑注进行了整理、断代及考释。王重民还对 S.621 号《唐玄宗御删定礼记月令》进行了整理与研究。又，王重民认为 P.4024 号为《丧服仪》（?）；饶宗颐将该号与 P.4042 号缀合，认为亦系《御刊定礼记月令》；陈铁凡则认为应系《月令》与另一"礼书"的遗文。

《春秋左传》主要有杜预《春秋经传集解》、佚名同书抄节本。罗振玉、刘师培、越致、王重民、陈铁凡等先后对杜氏集解进行了整理、断代及考释。王重民考证 S.133、1443 号应为佚名《春秋左氏抄》，陈铁凡则认为应系《左传节本》[6]。

《春秋谷梁传》主要有范宁《春秋谷梁传集解》和佚名《春秋谷梁传解释》。罗振玉、刘师培、王重民、田宗尧、陈铁凡等先后对范氏集解进行了整理及断代。罗振玉考证 P.2535 号《春秋谷梁传解释》应为糜信著，刘师培则认为应为唐代佚名著。

《孝经》主要有郑玄《孝经注》及佚名《孝经注》、《孝经疏》、《御注孝经赞》、《御注孝经集义并注》等。王重民考证 P.3274 号应为元行冲《御注孝经疏》，陈铁凡则认为应系佚名郑注义疏之一种。林秀一、陈铁凡对敦煌本《孝经》进行了全面整理与研究[7]。

《论语》主要有郑玄《论语注》、何晏《论语集解》及皇侃《论语疏》讲经提纲。罗振玉、王国维、王重民、向达、陈铁凡、月洞让、金谷治、王素、荣新江等先后对 P.2510 号、日本书道博物馆藏本及 S.3339、6121、7003（2）、11910 号等郑注进行了整理、断代及考释[8]。王重民对 S.800 号何氏集解进行了整理及断代。陈铁凡对部分何氏集解的异文进行了整理及考释[9]。李方则对敦煌本何氏集解进行了全面整理与研究[10]。王重民考证 P.3573 号应为皇侃《论语疏》，李方则认为应系同书讲经提纲[11]。

《尔雅》主要有白文、郭璞《尔雅注》。王重民对 P.3719 号白文和部分郭注进行了整理及断代。周祖谟对郭注的注音进行了考证。

此外，还有各种"音义"（如《毛诗音》、《礼记音》、《论语郑注音义》等）（图一九）、陆德明《经典释文》（如《周易释文》、《尚书释文》、《礼记释文》等）及孔颖达《五经正义》（如《毛诗正义》等）。其中，《毛诗正义》较少，王重民、苏莹辉曾经作过整理与研究。"音义"较多。王重民考证 P.3383 号为徐邈《毛诗音》，刘诗孙疑为陆德明《经典释文》原本，潘重规认为系徐邈以后、陆德明以前之旧音，周祖谟疑为鲁世达《毛诗音义》残卷，平山久雄对周说表示怀疑。王重民考证 S.2729 号为徐邈等《毛诗音》汇编本，S.10 号（背）性质与之相似；潘重规认为 S.2729 号与 Дх.13660（L.1517）号均为刘炫《毛诗音》，S.10 号（背）为六朝《音隐》类著作之一种；平山久雄对潘说亦表示怀疑；宁可则对 S.10 号（背）的

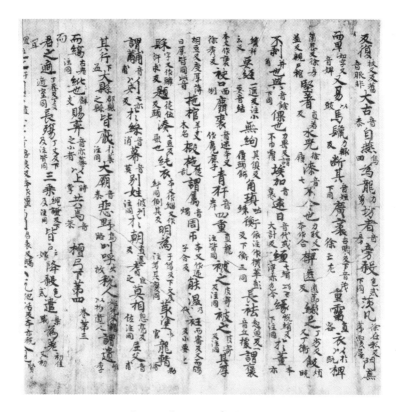

图一九　唐写本《礼记音义》（国图 D09523 号）

潘重规所作释文进行了补录[12]。王重民考证 S. 2053 号为徐邈《礼记音》，许建平对王说亦表示怀疑。罗振玉、马叙伦、王重民等先后对《周易释文》进行了整理及断代。狩野直喜、罗振玉、吴士鉴、孙毓修、马叙伦、吴承仕、龚道耕、胡玉缙、洪业、潘重规等先后对《尚书释文》进行了整理、断代与研究[13]。但因受到材料限制，很多问题并未根本解决。黄焯整理陆氏《经典释文》，曾以敦煌本为校本，解决了一些疑难[14]。张金泉、许建平对敦煌本"音义"（包括《庄子》、《楚辞》、《文选》诸音及各类释文等）进行了全面整理与研究，贡献甚大[15]。

蔡主宾对敦煌儒典异文的综合考订，王素对敦煌儒典与隋唐主流文化关系的全面探讨，也解决了一些问题[16]。

2. 史部

敦煌史部可分史籍、传记、法律、地理、姓氏书等五类。

史籍主要有《史记》、《汉书》、《三国志》、《晋书》、《晋阳秋》、《国语》、《帝王略论》、《阃外春秋》、《春秋后语》等。王重民考证 P.2627 号为《史记集解》。乔衍琯对《史记》也有题跋。罗振玉、王重民对颜师古（小颜）《汉书注》进行了整理。王重民考证 S.2053 号为蔡谟《汉书集解》，怀疑 P.2973 号为颜游秦（大颜）《汉书注》。尾崎雄二郎、刘忠贵、李永宁、吴金华、片山章雄等对《三国志》（步骘传）进行了整理、断代与研究。王重民对部分《晋书》进行了整理及断代。罗振玉怀疑 P.2586 号为邓粲《晋纪》，周一良、饶宗颐等考证应为孙盛《晋阳秋》。王利器考证《国语》为贾逵注本，饶宗颐考证应为唐固注本[17]。苏莹辉对《国语解》的本源进行了考究。王重民考证 P.2636 号为《帝王略论》。罗振玉、王重民对《阃外春秋》进行了叙录。罗振玉、王重民、郑良树、康世昌、王恒杰及李际宁等先后对《春秋后语》进行了整理、断代与研究；还有学者对 P.t.1291 号古藏文本《春秋后语》进行过探讨[18]。

传记主要有《敦煌名族志》、《南阳张延绶别传》、《敦煌汜氏家传》及"邈真赞"等。池田温对《敦煌名族志》（P.2625

号）进行了整理与研究[19]。黄永武拟定 P.4010 号为《酒泉郡太守传》，郑炳林认为该号可与 P.2625 号缀合，亦为《敦煌名族志》。罗振玉认为 P.2568 号为《南阳张延绶别传》。池田温对《敦煌氾氏家传》（S.1889 号）进行了整理与研究[20]。刘铭恕、王仲荦、郑炳林等定名为《敦煌氾氏人物传》。关于"邈真赞"，研究者甚多，陈祚龙的整理多达 50 篇（仅限法藏），郑炳林的整理增至 91 篇（重复除外），饶宗颐、姜伯勤、项楚、荣新江的整理增为 92 人，贡献最大[21]，此外，唐耕耦、孙修身、梁志胜、邓文宽等也曾进行整理与研究。

法律主要为唐代的律、律疏及令、格、式等。唐律有贞观、永徽、垂拱诸律。仁井田陞、牧野巽、王重民、内藤乾吉等考证 P.3252、3608 号为永徽、开元间律，亦即《垂拱律》。泷川政次郎、仁井田陞、中田笃郎、池田温、冈野诚、高明士等对贞观、永徽、垂拱诸律也进行了整理与研究。唐律疏有永徽、开元诸律疏。王重民认为 P.3690 号与其他律疏不同，仁井田陞考证为《永徽律疏》。罗振玉、泷川政次郎、王仁俊、王重民、仁井田陞等分别对李盛铎旧藏、河字 17 号、P.3593号、S.6138 号进行了整理和研究，冈野诚考证均为《开元律疏》[22]。刘俊文点校《唐律疏议》，利用敦煌本唐律及律疏作为"写本校"，增色不少[23]。唐令有永徽、开元诸令。王国维怀疑 S.1880 号为《武德职官令》，那波利贞、仁井田陞、土肥义和等先后将该号与 P.4634 号和 S.3375、11446 号缀合，认为实系《永徽东宫诸府职员令》[24]。内藤虎次郎、泷川政次郎、仁井田陞等对《开元公式令》（P.2819 号）也进行了整理与研究。仁井田陞、池田温等爬梳唐令，对敦煌本唐令进行了全面整理[25]。唐格有神龙、开元诸格。董康、大谷胜真、仁

井田陞、唐长孺、川北靖之等对《神龙散颁刑部格》（P.3078
号、S.4673号）进行了整理与研究[26]。一些研究者对开元户
部、职方、兵部选诸格也进行了整理及探讨。唐式有贞观、开
元诸式。泷川政次郎对《贞观史部式》（P.4745号）进行了整
理及探讨。罗振玉、陶希圣、仁井田陞、那波利贞、佐藤武
敏、王永兴、冈野诚等对《开元水部式》（P.2507号）进行了
整理与研究[27]。此外，仁井田陞、大谷胜真、金毓黻、陈祚
龙、刘俊文等还对《天宝令式表》（P.2504号）进行了整理与
考察。山本达郎、池田温、冈野诚、刘俊文及唐耕耦则对敦煌
本法律文献进行了综合整理与研究[28]。

地理主要有《寿昌县地境》、《沙州图经》、《沙州都督府图
经》、《沙州伊州地志》、《西州图经》、天宝初年"地志"、《贞
元十道录》、《诸道山河地名要略》、《大唐西域记》、《慧超往五
天竺国传》等。向达对《寿昌县地境》进行了整理与研究。罗
振玉、伯希和均定P.2005号为《沙州图经》。池田温考证
S.2593号和P.2005、5034号分别为《沙州图经》的卷一、卷
三、卷五[29]。伯希和、王重民等对《沙州都督府图经》
（P.2695号）进行了研究[30]。王重民考证S.367号为《沙州
地志》，羽田亨考证应为《沙州伊州地志》[31]。罗振玉、松田
寿男、程喜霖等对《西州图经》（P.2009号）进行了整理与研
究。向达最早对天宝初年"地志"进行研究。薛英群、徐乐
尧、布目潮沨、大野仁等基本赞同天宝初年"地志"说，惟吴
震认为系天宝初年《郡县公廨本钱簿》，马世长推测为晚唐或
五代初期"地志"，荣新江则断定为《天宝十道录》[32]。罗振
玉、刘师培考证P.2522号即贾耽《贞元十道录》。罗振玉考
证P.2511号即韦澳《诸道山河地名要略》。王重民、向达等

对《大唐西域记》进行了整理[33]。季羡林等对《大唐西域记》进行"校注"，利用了敦煌本及其研究成果。罗振玉考证P.3532号为《慧超往五天竺国传》，藤田丰八、高楠顺次郎、羽田亨、定方晟、梁翰承、冉云华、饭田昇太郎、普雷斯顿、桑山正进等先后对该传进行了整理与研究[34]。郑炳林、王仲荦则对敦煌本地理文献进行了综合整理及考释[35]。

姓氏书虽然品种不多，但似乎除《新集天下姓望氏族谱》（S.2052号）外，关于性质及名称，均存在较大争论。缪荃孙、陈垣、向达、许国霖、宇都宫清吉、牟润孙、仁井田陞、池田温、范文澜、毛汉光、王仲荦、唐耕耦、郑炳林等先后对位字79号（B8418号）姓氏书进行了整理与研究，定名有《唐贞观条举氏族事件》、《姓氏录》、《贞观氏族志》、《姓望氏族谱》等多种，邓文宽最新定名为《唐贞观八年高士廉等条举氏族奏钞》[36]。王重民认为P.3191号与S.2052号相同，亦为《新集天下姓望氏族谱》；但唐耕耦认为该号可与S.5861号缀合，应定名为《姓望（郡望）氏族谱》；王仲荦定名为《姓氏书》，黄永武定名为《郡望姓望》。王重民、黄永武考定P.3421号为《氏族志》，唐耕耦定名为《姓氏录》。仁井田陞、池田温等也对上述姓氏书进行了整理与研究[37]。

3. 子部

敦煌子部可分诸子、类书、蒙书、书仪、科技、占卜等六类。

诸子主要有《说苑》、《孔子家语》、《太公六韬》、《刘子新论》、《治道集》等。李永宁对《说苑》（反质篇）（敦研0328号）进行了校释。王重民对《孔子家语》（S.1819号）进行了考校。王重民认为《太公六韬》（P.3454号）属于原本，周凤五对该书进行了综合整理与研究[38]。罗振玉、傅增湘、王重民等对《刘子新论》进行了校释，林其锬、陈凤金对该书进行了综合整理与研究，认为作者是梁朝的刘勰而不是北齐的刘昼[39]。王重民考证 P.3722、S.1440 号为李文博《治道集》。

类书主要有《类林》、《事林》、《语对》、《籯金》、《华林遍略》、《兔园册府》、《高宗天训》、《新集文词九经钞》等。王重民考证 P.2635 号为于立政《类林》。王三庆对《事林》进行了校笺[40]。刘师培对《语对》的撰成时间进行了考定，王三庆认为该书材料源自《类林》及朱瞻远《语对》[41]。罗振玉、刘师培、王重民对部分《籯金》进行了解说；王三庆认为该书有二本：原本为李若立撰，略出本为敦煌张球删定。罗振玉、刘师培、曹元忠等认为 P.2526 号为《修文殿御览》，洪业考证应为《华林遍略》。王国维考证 P.2573 号为杜嗣先《兔园册府》。王重民怀疑 P.5523 号为许敬宗等《高宗天训》。王重民、郑阿财对《新集文词九经钞》进行了整理与考察[42]。王三庆对 43 种、113 号类书（包括蒙书）进行了综合整理与研究[43]。

蒙书主要有《蒙求》、《杂钞》、《古贤集》、《百行章》、《太公家教》、《辩才家教》、《开蒙要训》、《文词教林》、《新集严父教》、《天地开辟以来帝王纪》等。王重民考证 P.2710、4877 号为李翰《蒙求》，毕素娟对该书进行了校释。那波利贞、周一良、张政烺对《杂钞》（P.2721 号）进行了考证，见解不尽相同；朱凤玉对该书进行了综合校释[44]。陈庆浩、林聪明、韩建瓴、陈祚龙等对《古贤集》（P.2748 号）进行了整理与研究[45]。王重民对部分杜正伦《百行章》进行了解说，邓文宽对该书进行了校释。王国维、王重民对罗氏旧藏《太公家教》

进行了考证及解说，戴密微、周凤五、汪泛舟等分别对该书及性质相同的《武王家教》进行了整理与研究[46]。王重民、周凤五对《辨才家教》（P.2515 号）进行了研究。刘复对《开蒙要训》进行了整理，罗常培利用该书对唐五代西北方音进行了研究。郑阿财、王三庆对《文词教林》（P.2612 号）进行了整理。朱凤玉对《新集严父教》进行了研究[47]。郭锋认为《天地开辟以来帝王纪》也是童蒙读物，并对该书进行了整理及探讨。

书仪主要有《朋友书仪》、《书仪镜》、《新定书仪镜》、《吉凶书仪》、《新集吉凶书仪》、《大唐新定吉凶书仪》、《新集诸家九族尊卑书仪》、《甘棠集》、《记室备要》、《新集杂别纸》、《刺史书仪》等。郭长城对《朋友书仪》进行了探讨[48]。王重民对杜友晋《［吉凶］书仪》（P.3442 号）进行了解说；那波利贞对杜友晋《吉凶书仪》与《元和新定书仪》进行了比较研究[49]。王重民认为张敖《新集吉凶书仪》系删纂《元和新定书仪》而成。王重民考证 P.4093 号为刘邺《甘棠集》，张锡厚、吴其昱、徐俊曾就王氏考证及集中有关人事开展讨论。王重民认为郁知言《记室备要》（P.3723 号）具有书仪性质。陈祚龙认为 P.3449、3864 号不同于一般书仪，赵和平考证应为《刺史书仪》。周一良、赵和平将"书仪"分为三类：第一类为《朋友书仪》；第二类为综合类书仪，亦即吉凶书仪（《书仪镜》至《新集诸家九族尊卑书仪》）；第三类为表状笺启书仪（《甘棠集》至《刺史书仪》）。并对书仪进行了综合整理与研究[50]。山田英雄也对书仪进行过概述。

科技主要为数学、医药及天文历法等。数学有《算表》、《算书》、《算经》、《立成算经》等。李俨对此类古籍进行了综合整理与研究。医药有《本草集注》、《新修本草》、《食疗本草》及医方等。罗振玉、小川塚治、范行准对日本旧藏陶弘景《本草集注》进行了整理及考证。王重民考证 P.3714、S.4534号为苏敬等《新修本草》。王国维、唐兰、罗振玉考证 S.76 号为孟诜《食疗本草》，范凤源、朱中翰、谭真等也对该书进行了整理及探讨。马继兴、赵健雄、丛春雨、张侬、王淑民等分别对敦煌本医书和医方进行了综合整理及考释[51]。黑田源次也对中亚出土的部分医书进行了解说[52]。天文历法有天文书、星图及历书等。罗振玉、王重民、薮内清、藤枝晃、苏远鸣（M. Soymié）、苏莹辉、施萍婷、席泽宗、严敦杰等分别对敦煌本诸历进行了考证。邓文宽对敦煌本天文历法进行了综合整理与研究[53]。

　　占卜主要有相书、梦书、阴阳书、占卜书等。王重民、侯锦郎先后对相书进行了研究[54]。刘复、戴仁（J. P. Drège）、黄正建、高国藩、刘文英等对梦书进行了整理及探讨[55]，郑炳林、羊萍则对梦书进行了综合整理与研究[56]。罗振玉对记述"葬事"的《阴阳书》（P.2534 号）及《星占书》（P.2512号）进行了解说。王重民对《七曜星占书》（P.3081 号）进行了探讨。陈槃对记述"占候验吉凶法"的《易三备》（S.6015、6349 号）进行了研究。王国维对记述卜卦的《灵棋经》（S.557 号）进行了解说。茅甘（C. Morgan）对犬占及乌鸣占凶吉书进行了探讨[57]。王重民考证 P.2683、4881 号为占卜祥瑞的《瑞应图》，陈槃怀疑系顾野王《符瑞图》，小岛祐马对该图亦曾进行解说。陈槃、马世长、安居香山等对占云气书进行了研究，何丙郁、何冠彪认为占云气书具有行军候望云气以占吉凶的性质[58]。黄正建对俄藏 17 件占卜文书重新进行了定名。此外，饶宗颐、特金、王尧、陈践等还分别根据敦煌本康遵《批命课》（P.4071 号）及突厥、吐蕃文献对传入中国的天竺的星占及突厥、吐蕃的占卜进行了研究[59]。

4. 集部

敦煌集部可分别集、选集、诗赋、词曲、变文、小说、语文等七类。

别集有《吴均诗集》、《东皋子集》、《陈子昂集》、《高适诗集》、《岑参诗集》、《白居易诗集》、《张祜诗集》、《王梵志诗集》（图二〇）及《文心雕龙》等。柴剑虹考证 Дx.2173 号为吴均佚诗[60]，徐俊定名为《吴均诗集》。王重民考证 P.2819 号为王绩《东皋子集》，P.3590、S.5967、5971 号为《陈子昂集》，P.3862 号为《高适诗集》，P.2492 号为《白香山诗集》。

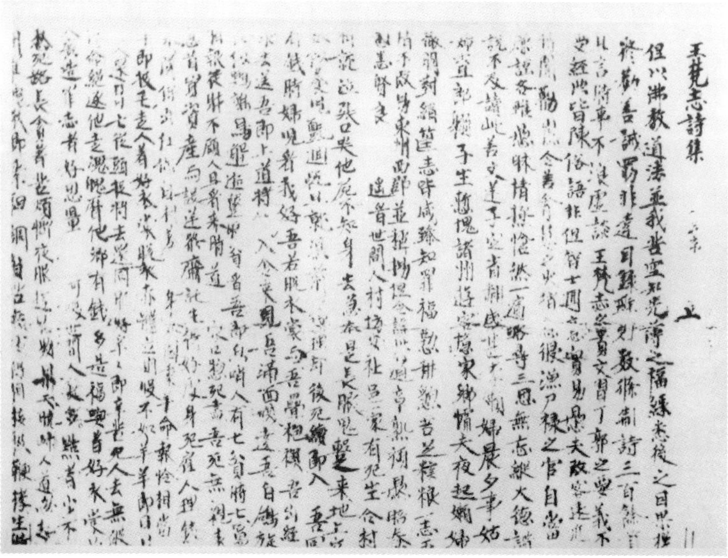

图二〇　唐写本《王梵志诗集》（S.0778 号）

柴剑虹考证 Дх.1360 号为岑参诗残片；徐俊将 Дх.2974 号与 Дх.1360 号拼接，并与 P.5005 号合并，定名为《岑参诗集》。徐俊考证 P.4878、S.4444 号为《张祜诗集》。胡适最早注意王梵志诗的价值，刘复、郑振铎最早对王梵志诗进行整理。此后，研究者甚夥[61]。其中，戴密微、张锡厚、朱凤玉进行的整理较为全面，项楚进行的校注最为精确[62]。赵万里、杨明照、铃木虎雄、饶宗颐、潘重规、林其锬、陈凤金等对《文心雕龙》（S.5478 号）进行了校释[63]。按：关于敦煌别集的定名，历来颇多争论。如：张锡厚反对将 P.2819 号定名为《东皋子集》，认为应定名为《王绩集》；将 P.2567、2552 号中李白、高适诗分别定名为《李白诗集》、《高适诗集》。徐俊认为将 P.2819 号定名为《东皋子集》，原本不误；反对将 P.2492 号定名为《白香山诗集》，认为应定名为《唐诗文丛钞》；反对将 P.2567、2552 号中李白、高适诗分别定名为《李白诗集》、《高适诗集》，认为应定名为《唐诗丛钞》。施淑婷反对将 P.3862 号定名为《高适诗集》，认为应定名为《高适诗选集》[64]。等等，不赘举。

选集主要有《文选》、《玉台新咏》、《珠英集》（即《珠英学士集》）、《心海集》及一些"唐人选唐诗"等。蒋斧、罗振玉、刘师培、神田喜一郎、狩野直喜、王重民、周祖谟、白化文、李永宁及罗国威、傅刚等先后对萧统（昭明太子）《文选》进行了整理与研究，饶宗颐的整理最为全面[65]。罗振玉考证 P.2503 号为徐陵《玉台新咏》。董康、王重民考证 P.3771、S.2717 号为崔融《珠英集》，吴其昱、徐俊也对该集进行了补考[66]。巴宙、幻生、陈祚龙及徐俊分别对 S.3016、2295 号佚名禅诗选集《心海集》进行了整理与研究。罗振玉较早对

P.2567号"唐人选唐诗"进行了考证，赵万里、王重民认为该号与P.2552号"唐人选唐诗"原为一卷。此后，杨承祖、李云逸、陈尚君等也对该卷进行了研究。敦煌本"唐人选唐诗"种类繁多，该卷之外，较为重要的还有由荣新江、徐俊拼接的 Дx.3871、P.2555号[67]。而其中，最令人关注的就是所谓"马云奇诗"和"落蕃人诗"。王重民、戴密微、舒学、潘重规、阎文儒、高嵩、柴剑虹、陈祚龙、陈国灿等对此二诗进行了多方面的整理及探讨[68]。徐俊将"唐人选唐诗"大多定名为"唐诗丛钞"或"唐诗文丛钞"，并对唐人诗集（见上）、诗丛钞、散诗（见下）进行了综合整理与研究，意义重大[69]。

诗赋主要指散诗和散赋。散诗有《宫词》、《秦妇吟》、《涉道诗》、《李峤杂咏注》、《敦煌二十咏》等。向达、刘铭恕、巴宙（W. Pachow）、饶宗颐、任半塘、张锡厚等对《宫词》（S.6171号）的名称、时代及内容进行了探讨。王国维、罗振玉及翟林奈最早对韦庄《秦妇吟》进行校录及研究；此后，郝立权、黄仲琴、周云青、陈寅恪、刘修业、王重民、俞平伯、马茂元、潘重规、王水照、柴剑虹、山田胜久等也对该诗进行了笺注及考证[70]。王重民、刘修业、吴其昱、林聪明等对李翔《涉道诗》（P.3866号）进行了校释[71]。刘修业、王重民考证S.555、P.3738号为张庭芳《李峤杂咏注》，黄永武对该注进行了校释[72]；徐俊考证 Дx.10298号亦为《李峤杂咏注》，认为作者应为张方。王重民、神田喜一郎、阴法鲁、马德、李正宇、颜廷亮等对《敦煌廿咏》的作者、时代、内容进行了探讨[73]。王重民则对敦煌唐诗进行了全面的整理及校订[74]。散赋有《登楼赋》、《酒赋》、《韩朋赋》、《燕子赋》、《天地阴阳交欢大乐赋》等。郑振铎最早注意到敦煌散赋的价值。陈祚龙、饶宗颐对王粲《登楼赋》（P.3480 号）进行了研究，饶宗颐认为该赋非《文选》原本[75]。任半塘、柴剑虹对刘长卿《酒赋》进行了研究，认为此刘长卿并非著名诗人刘长卿。容肇祖、王庆菽、王利器、郭在贻、项楚、李纯良、刘瑞明等对《韩朋赋》进行了整理及考释。江蓝生、张鸿勋、项楚、郭在贻、朱雷等对《燕子赋》进行了整理与研究。叶德辉、茅盾、钱钟书、高罗佩等对白行简《天地阴阳交欢大乐赋》（P.2539 号）进行了解说。此外，还有不少学者对《文选》本《西京赋》、《啸赋》、《吴都赋》，《东皋子集》本《游北山赋》、《元正赋》、《三月三日赋》，《盈川集》本《浑天赋》等，进行了整理与研究，潘重规、陈世福、伏俊连、张锡厚对敦煌诸赋进行了综合整理，潘重规整理了 11 篇，陈世福整理了 16 篇，伏俊连整理了 25 篇，张锡厚整理了 27 篇[76]。还有学者对俗赋《孔子项托相问书》（包括 16 个汉文写本和 S. t. 724、P. t. 992、P. t. 1284 三个古藏文写本）进行过探讨。

　　词曲主要为《云谣集》及众多散曲、俚曲、佛曲。王国维、罗振玉、朱孝臧、董康、朱祖谋、龙沐勋、王重民、俞平伯、饶宗颐、司徒珍珠、杨春龙、孙其芳、张锡厚等先后对收有 30 首"杂曲子"的《云谣集》（S.1441、P. 2838 号）进行了整理和探讨。潘重规、沈英名等则对《云谣集》进行了综合校订和考释[77]。王国维、王重民、唐圭璋、任二北、饶宗颐、周绍良、巴宙、宛敏灏、王延龄、詹安泰、林玫仪、梦初、陈文成、林聪明、柴剑虹、成润淑、高国藩、周丕显、金贤珠等分别对散曲、俚曲、佛曲进行了整理和探讨[78]。任半塘（二北）、项楚等则对敦煌词曲进行了综合整理与研究[79]。

　　变文除明确自称的变和变文外，还包括缘、缘起、因缘、因缘记、因由记、讲经文等。郑振铎最早注意到敦煌变文的价值。陈寅恪对《敦煌零拾》刊布的所谓"佛曲三种"——亦即后来所谓《降魔变文》、《维摩诘讲经文》、《欢喜国王缘》——进行了考证；又对《莲花色尼出家因缘》（腾字29号）进行了解说。刘修业对《伍子胥变文》，王重民对《王陵变文》、《董永变文》、《捉季布传文》，董康、容肇祖对《王昭君变文》，孙楷第对《张议潮变文》、《张淮深变文》，也分别进行了校释。此后，不少研究者都对敦煌变文进行了综合整理。其中，周绍良最早对变文进行综合校录，王重民、王庆菽、向达、周一良、启功、曾毅公、潘重规、周绍良、白化文、李鼎霞、项楚、张涌泉、黄征等对变文进行了增补、校注或选注[80]。那波利贞、邱镇京、邵红、孟列夫、卓格拉、谢海平、山田胜久、王庆菽、李骞、梅维恒（Victor H. Mair）、陆永峰、朱雷等对各自感兴趣的变文及变文涉及的文学、历史等问题进行了研究[81]。还有很多学者也对变文进行了探讨[82]。蒋礼鸿、入矢义高、阎崇璩、郭在贻、罗宗涛、周祖谟、周大璞、张金泉、张涌泉、黄征、吴福祥等还对变文的文字、词语、韵脚、语法进行了研究[83]。

小说主要有《还冤记》、《启颜录》、《搜神记》、《周秦行记》、《黄仕强传》、《唐太宗入冥记》、《持诵金刚经灵验功德记》等。王重民考证P.3126号决非自署唐临《冥报记》，而应系颜之推《还冤记》；重和俊华、关德栋、高国藩等也对该记进行了研究。张鸿勋认为《启颜录》（S.610号）的作者不是传统的侯白。张锡厚对句道兴《搜神记》与干宝《搜神记》的关系进行了考辨。王重民考证P.3741号为《周秦行记》。戴密微、柴剑虹等先后对《黄仕强传》进行了研究[84]。狩野直喜、王国维最早对《唐太宗入冥记》

（S.2630 号）进行研究，王庆菽、潘重规对该记进行了校录，张鸿勋、朱雷等也对该记进行了探讨。王重民将翟奉达《持诵金刚经灵验功德记》（P.2094 号）属于子部佛教。但是书所记人事，多见《报应记》、《冥报记》、《广异记》、《太平广记》、《三宝感通记》等，似应属于集部小说。此外，托玛斯（F.W.Thomas）、拉露（M.Lalou）、巴尔比（J.K.Balbir）、德庸（J.W.Dejiong）等还对古藏文《罗摩衍那》进行过探讨。

语文主要为文字、训诂、音韵等书。文字有《字样》、《正名要录》、《时要字样》（全名《新商略古今字样撮其时要并行正俗释》）等。周祖谟考证《字样》系据颜师古《字样》补充而成，朱凤玉、张涌泉认为即杜延业《群书新定字样》。刘燕文、朱凤玉、张涌泉对《正名要录》（S.388 号）作者是郎知本或是郎知年进行了讨论，周祖谟、大友信一、西原一幸、蔡忠霖、郑阿财、李景远对该书进行了整理与研究[85]。周祖谟、西原一幸等对《时要字样》（S.5731、6208、6117 号）进行了考释。训诂有《字宝》（又名《碎金》）、《俗务要名林》等。王国维、姜亮夫、潘重规、方师铎、砂冈和子、周祖谟、刘燕文、张金泉、许建平等先后对《字宝》进行了考校，朱凤玉对该书进行了综合整理与研究[86]。刘复、周祖谟、朱凤玉、张金泉、许建平等先后对《俗务要名林》进行了校释及研究[87]。音韵有《切韵》、《唐韵》及唐末五代佚名韵书多种。王国维考证 S.2683 号为陆法言原抄本《切韵》、S.2055 号为长孙讷言笺注本《切韵》、S.2071 号为长孙讷言笺注节本《切韵》，又对敦煌本孙愐《唐韵》进行了校勘，开韵书研究之先声。此后，刘复、丁山、董作宾、方国瑜、罗常培、厉鼎煃、蒋经邦、陆志韦、魏建功、姜亮夫等又续有收获。刘复、罗常培等对当时所能见到的《切韵》（6 种）、《唐韵》（1 种）及王仁昫《刊谬补缺切韵》（2 种）进行了整理[88]。姜亮夫、潘重规、周祖谟等则先后对韵书进行了综合整理[89]。武内义雄、上田正等也对韵书进行了研究[90]。此外，研究敦煌俗字、文献语法、佛典音义的论著也不少，但为篇幅所限，这里不赘述[91]。

5. 宗教

敦煌宗教可分道教、佛教、景教、摩尼教等四类。

道教主要有老（道德）、庄（南华）、文（通玄）、列（冲虚）四经及《抱朴子》、《登真隐诀》、《老子化胡经》、《太玄真一本际经》等。罗振玉对旧藏梁武帝《老子讲义》（?）进行了考证。王重民对部分河上公《老子道德经注》、唐明皇《道德真经疏》进行了整理与研究。王重民认为 S.6825 号为"想尔"的《老子道德经注》；饶宗颐认为"想尔"非人名，其义与"存想"有关，本书属天师道早期经典[92]；陈世骧也对本书进行了研究。藤原高男认为 S.4430 号为顾欢《老子义疏》。罗振玉考证《老子道德经义疏》（P.2517 号）为孟智周撰，李孟楚主张为刘进喜撰，神田喜一郎、马叙伦、蒙文通、王重民主张为成玄英撰。小岛祐马、王重民、蒙文通对李荣《老子道德经注》进行了整理与研究。饶宗颐对索紞写本《道德经》进行了考证，尽管该写本的真伪学术界还有不同意见，但王素一直支持饶宗颐的真本说[93]。此外，姜亮夫对《道德经》也进行了研究，程南洲对英藏《老子》进行了综合整理与研究[94]。罗振玉、刘师培、马叙伦、王重民、谭世宝等先后对郭象《南华真经注》进行了整理及考证，寺冈龙含对本书进行了综合整理与研究[95]。王重民对《文子》（P.3768 号），王重民、刘铭恕对张湛《列子注》（S.777 号），罗振玉对孔氏旧藏葛洪《抱朴子》,饶宗颐对陶弘景《登真隐诀》(P.2732 号),分别进行了考释。王仁俊、蒋斧、罗振玉、王国维、桑原骘藏、王维诚、刘国钧、牟润孙、黄华节、逯钦立、福井康顺、吉冈义丰、王卡、刘屹等先后对《老子化胡经》(包括《老子西升化胡经》、《太上灵宝老子化胡妙经》)进行了考证及研究。吴其昱对《太玄真一本际经》进行了综合整理[96],万毅、姜伯勤也对本书进行了校录及论说。陶秋英、姜亮夫对道教佚经的目录进行了整理[97],苏晋仁对道教逸书的发现进行了概述。大渊忍尔则对道教经典进行了综合整理[98]。还有一些研究道经的新成果,不赘举[99]。

佛教主要有《众经别录》、《历代三宝记》、《大云经疏》及三阶教、禅宗、藏外(包括疑伪)等文献。王重民怀疑P.3848 号为《众经别录》,对费长房《历代三宝记》(P.3739号)进行了解说。王国维、陈寅恪对《大云经疏》(S.6502号)与武周立国的关系进行了考证。矢吹庆辉对唐宋禁教三阶教的文献进行了综合整理,对其历史及教义也进行了研究,意义重大[100]。铃木大拙及关口真大、柳田圣山等对禅宗始祖达摩的文献进行了整理和研究[101]。铃木大拙、公田连太郎及宇井伯寿、柳田圣山、驹泽大学禅宗史研究会、郭朋、潘重规等先后以敦煌本《坛经》(S.5475 号)为底本,对禅宗六祖慧能的《坛经》进行了综合整理[102]。柳田圣山、陈荣捷、阎波尔斯基、李能知、性彻、金知见等分别将此敦煌本《坛经》译为日、英、韩等文。陈寅恪、任继愈先后分析六祖传法偈,松本文三郎、净慧等研究《坛经》的流传,根据的也是此敦煌本《坛经》。杨曾文及邓文宽、周绍良、荣新江、李申、方广锠等则先后以敦博本《坛经》(077 号)为底本,也对禅宗六祖慧能的《坛经》进行了综合整理[103]。胡适、铃木大拙、公田连太郎、谢和耐（J. Gernet）、邓文宽、荣新江等先后对慧能弟子神会的文献进行了综合整理[104]。宇井伯寿、铃木大拙、柳田圣山、田中良昭、马克瑞、冉云华、林世田、刘燕远、申国美等分别对禅宗文献及历史进行了综合整理与研究[105]。李翊灼最早整理藏外文献，凡得 160 余种，均为今国图藏品[106]。高楠顺次郎、渡边海旭、小野玄妙等整理藏外文献，凡得 192种、221 卷，主要为英藏，间有法、日等藏[107]。此后，宇井伯寿、牧田谛亮、上山大峻及王文颜、方广锠等也分别对藏外文献进行了整理[108]。还有一些研究者对传世佛经、经录、礼忏文以及愿文也进行了专门的整理[109]。

景教主要有《尊经》、《一神论》、《序听迷诗所经》、《大秦景教三威蒙度赞》及《志玄安乐经》、《大秦景教宣元本经》等。罗振玉最早提到《尊经》（P.3847 号），但称为《景教经目》，并对排在其前的《大秦景教三威蒙度赞》（同号）进行了简单解说。陈垣也对此经赞进行了简单解说，朱维之、吴其昱、林悟殊等则对此经赞进行了全面研究[110]。羽田亨最早对富冈谦旧藏《一神论》、高楠顺次郎旧藏《序听迷诗所经》及李盛铎旧藏《志玄安乐经》进行研究[111]。朱维之也对《一神论》进行了探讨[112]。林悟殊对李盛铎旧藏《大秦景教宣元本经》进行了考释[113]。佐伯好郎、梁子涵、罗香林、克里木凯特（H. J. Klimkeit）等则对上述经论赞进行了综合研究[114]。

摩尼教主要有《下部赞》、《摩尼教残经》、《摩尼光佛教法仪略》等。瓦尔茨米德（Waldschmidt）、楞茨（Lentz）、崔骥（Tsui Chi）、亨宁（Henning）、莫拉诺（E. Morano）、吉田丰、翁拙瑞（Peter Bryder）、施寒微（Schmidt Glintzer）、林悟殊等先后对《下部赞》（S. 2659 号）进行了解说、译注和研究[115]。王仁俊、蒋斧、罗振玉、桑原骘藏、沙畹（É. Chavannes）、伯希和、王国维、陈垣及刘南强（Samuel N. C. Lieu）、翁拙瑞、施寒微、矢吹庆辉、林悟殊等先后对《摩尼教残经》（宇字 56、新 8470 号）、《摩尼光佛教法仪略》（S.2659、P.3884 号）进行了整理与研究[116]。

此外，还有犹太教和火祆教。犹太教文献不多（图二一），

图二一　希伯来文犹太教祈祷文（P.1412 号）

研究者较少。至于火祆教，由于没有发现专门的火祆教经籍，学者的研究根据的都是散见的资料，这里不拟赘述。下章将结合吐鲁番部分综合介绍。

（二）敦煌历史与民族文献的整理与研究

敦煌历史与民族文献的整理与研究，是一个中外学者都十分关注的项目。分门别类，研究者也有不少。综合性的著作，如日本《讲座敦煌》的历史、胡语文献等分卷；专题性的著作，如荣新江《归义军史研究》、张广达、荣新江《于阗史丛考》、耿世民《敦煌突厥回鹘文书导论》（1994 年），都曾介绍。一些回顾及总结性的论著也有详细评述。此处仅按大的门类，摘要进行评介。

1. 敦煌前史

敦煌前史一般指吐蕃占领敦煌以前的历史。至少可分莫高窟史、敦煌地方史及唐代政制史、交通史等多个专题。

莫高窟史主要指莫高窟开凿的历史。向达、宿白、金维诺等较早对莫高窟的始建年代及窟名、窟数等进行探讨[117]。贺世哲、史苇湘、施萍婷、孙修身等也对莫高窟的历史、部分洞窟的年代，进行了考证[118]。马德则对莫高窟史进行了综合研究[119]。

敦煌地方史争论最为激烈的是沙州陷蕃的时间。《元和郡县图志》定在建中二年（公元 781 年），徐松《西域水道记》沿袭。罗振玉不同意，据《新唐书·吐蕃传》及唐碑驳之。罗氏虽未明言，但据其行文，应定沙州陷蕃在贞元三年（公元 787 年）。向达误会罗氏文意，谓罗氏定在贞元元年（公元 785

年），而据敦煌本《沙州地志》及《寿昌县地境》均记寿昌县于"建中初陷吐蕃"，认为《元和志》所记"固信而有征"。藤枝晃、上山大峻等也一直赞同建中二年说。戴密微始明确提出前述贞元三年说。此说经饶宗颐进一步论证（饶氏沿袭苏莹辉之说，认为建中二年陷蕃者仅为寿昌县）[120]，在港台和欧洲基本成为定论。同时，山口瑞凤提出贞元二年（公元786年）说。此说后经陈国灿论证[121]，在大陆也基本成为定论。而在此前后，还有很多异说。如：马德重申吴廷燮大历十二年（公元777年）说，森安孝夫提出兴元元年（公元784年）说[122]，安忠义提出贞元四年（公元788年）说，李永宁提出建中二年、贞元三年两次陷蕃说，史苇湘、杨铭也大致主张两次陷蕃说，孙楷第更对河西五郡陷蕃的次序和过程都进行了探讨。等等，不赘举。

敦煌地方史另一研究较深的是历史地理。陶保廉、沙畹、斯坦因、王国维、夏鼐、向达、日比野丈夫等对汉唐玉门关及阳关的沿革进行了探讨[123]。此后，汉玉门关及阳关分别在今小方盘城及南湖基本成为定论。宁欣根据P.3560号文书对唐敦煌地区的农业水利，陈国灿根据敦煌出土各种文献对敦煌县设置乡里的历史及唐五代敦煌县乡里制度的演变，分别进行了研究[124]。李正宇对敦煌古代塞城和唐宋敦煌县的疆域、四至、绿洲范围、耕植面积、水利灌溉网络、诸山位置、乡址、渠系以及五代归义军辖境等，李并成对包括敦煌在内整个河西走廊的古代城址、戍址、驿址、军镇遗址、玉门关址以及古道路、古水系等，都分别进行了实地考察和探研[125]。比较而言，李并成专攻历史地理，研究更为可信。

唐代政制史包括政治史和制度史。陈寅恪最早利用

P.2640 号李义府撰《常何墓碑》，说明李世民在玄武门事变中，曾利诱李建成旧部、玄武门守将常何，导致最后胜利[126]。黄惠贤亦对《常何墓碑》进行了研究，但认为当时常何官卑职微，地位并不重要，也难以发挥大的作用，"恐陈先生推阐过深"[127]。薄小莹、马小红、王永兴等根据史籍记载，结合敦煌、吐鲁番文书，对唐代从中央到地方的勾检制进行了研究[128]。

唐代交通史主要指驿传史。卢向前根据 P.3714 号背面传马坊文书，对沙州传马坊进行了考察。王冀青结合敦煌、吐鲁番文书，对唐前期交通通讯所用驿马、传马的异同及其管理措施进行了探讨。荒川正晴的系列论文，通过对唐代驿传、驿道、传送马、传马坊的研究，对唐代交通系统的构造及其营运进行了综合考察[129]。

2. 吐蕃史

吐蕃史一般指吐蕃占领敦煌时期的历史，但在此处也包括吐蕃自身的历史。因此，至少可分吐蕃占领史、吐蕃王国史二个专题。

吐蕃占领史主要讨论官制和部落制。王尧认为吐蕃统治沙州的最高长官"节儿"，是吐蕃官制中一城一地的守官。邵文实认为沙州"节儿"执掌当地军事、财政和司法大权，其上司是节度使，属官有都督、部落使和判官等[130]。藤枝晃等日本学者曾对吐蕃占领者用部落制取代瓜、沙等州县乡里行政组织进行过研究。在此基础上，王尧、陈践、杨际平等也对吐蕃部落制有所涉及。姜伯勤对由道士、女官及有关内亲、外亲组成的"沙州道门亲表部落"及该部落设置的情况进行了详细考证[131]。姜伯勤、张广达还先后探索沙州行人部落的性质。张广达认为担任驿传任务的人员属于行人部落[132]。杨铭对吐蕃在敦煌设置部落的时间、次数及部落的名称与作用进行了考辨，认为其中通颊部落管理的是人身地位较低的寺户及杂户等；荣新江对通颊部落的渊源、组成及在敦煌、河西设置的情况进行了考证，证明敦煌的通颊部落是吐蕃占领者镇抚百姓的重要军事力量[133]。此外，姜伯勤对吐蕃占领时期沙州玉关驿户起义的原因、时间和作用进行了考察，认为此次起义打击了吐蕃在沙州的统治[134]。

吐蕃王国史主要包括政治史和宗教史。陈寅恪最早利用敦煌文书对吐蕃彝泰赞普名号及年代进行考证[135]。王忠较早利用敦煌吐鲁番古藏文资料及传世汉藏文献对《新唐书·吐蕃传》进行笺证[136]。王尧、陈践将吐蕃最重要的历史文献《吐蕃大事记》（即《吐蕃王朝编年史》）（图二二）、《吐蕃赞普传记》（即《吐蕃王朝大事记》）、《小邦邦伯家臣及赞普世系》及一些古籍、法律、社会、经济、医药等文书译为汉文，并进行了注释和疏证[137]。张广达、荣新江、林梅村、林冠群、任树民、马林、汶江、陈庆炎、端智嘉、杨铭等也对吐蕃历史文献进行过研究和介绍。佐藤长、山口瑞凤利用吐蕃历史文献全面研究吐蕃王国史取得较大成绩[138]。戴密微（P. Demiéville）对汉地禅宗入藏的历史进行了研究[139]，引起欧美、日本学者热烈讨论。饶宗颐、张广达也对禅宗入蕃的历史、地理及年代等问题进行了探索。此外，罗秉芬、黄布凡对吐蕃部分医学文献进行了整理及译注[140]。王尧、陈践对吐蕃政治制度、社会结构、宗教文化及归义军与于阗的关系进行了一系列的研究[141]。欧美、日本藏学专家拉露（M. Lalou）、乌瑞（G. Uray）、卡尔梅（S. G. Karmay）、石泰安（R. A. Stein）、麦

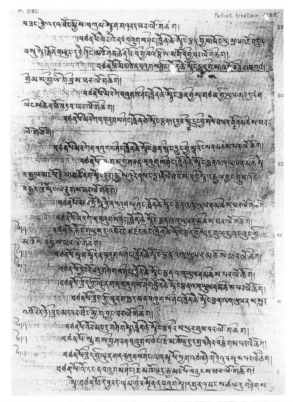

图二二　古藏文《吐蕃王朝编年史》（P. tibétain. 1288 号）

克唐纳夫人（A. Macdonald）、山口瑞凤、森安孝夫、今枝由郎等也对吐蕃王国史进行过多方面的探讨[142]。

3. 归义军史

归义军史主要包括张氏归义军、张承奉金山国、曹氏归义军三阶段。

张氏归义军阶段主要讨论节度使卒立世系及内部斗争。创业主张议潮于大中二年（公元 848 年）驱除吐蕃守将，收复瓜、沙二州；大中五年（公元851年）遣使入唐，献河西十一州图籍，奉旨于沙州设归义军，为首任节度使；咸通八年（公元867年）应召入唐，从此未归。此段历史，经罗振玉、向达、藤枝晃、苏莹辉等研究[143]，已经基本清楚。王仁俊最早推翻第二任节度使张议潮之侄张淮深卒于咸通十三年（公元872年）的旧说，提出张淮深应卒于大顺元年（公元890年）的新说。唐长孺确定光启三年（公元887年）向朝廷求旌节者为张淮深；推测由于张议潮在长安遥领归义军，张淮深在继任后很长时间内甚至可能终身都未被朝廷授予节度使名义[144]。苏莹辉对此推测不全赞同。荣新江指出在归义军表面归顺唐廷的背后，双方实际上存在明争暗斗的关系，尤其在张淮深主政时期，多次遣使求授旌节，但直至888年朝廷才授张淮深旌节。曹元忠最早指出张淮深与曹议金之间尚有索勋和张［承］奉。罗振玉认为张氏归义军节度使继位次序为：张议潮、张淮深、张淮□（鼎）、索勋、张［承］奉，推翻曹议金在咸通年间即以长史主持归义军的旧说。至此，张氏归义军节度使卒立世系情况，可以说大致清楚。但张氏归义军内部斗争情况，却仍迷雾重重。蒋斧最早推测张氏归义军内部曾发生"争夺之事"。向达认为张淮深兄弟、夫妇以及六子同时为张议潮婿索勋所害；索勋自立为节度使，又被张议潮婿李明振家族杀死；张承奉系因李氏之助而任节度使。孙修身否定索勋作乱杀淮深兄弟自立为节度使的旧说，推测张淮深之死与唐廷有关[145]，引起较大反响。李永宁、钱伯泉、邓文宽等都同意孙氏对旧说的否定，但具体问题看法不同。钱伯泉为孙氏观点补充了证据。李永宁认为杀张淮深者为张议潮之子张淮鼎；淮鼎临终将幼子承奉托付索勋辅佐，索勋在淮鼎死后自立为节度使，被张议潮女、李明振妻张氏及诸子杀死；张氏虽然仍立承奉为节度使，但实权却掌握在诸子手中[146]。邓文宽认为杀张淮深者为淮深庶子张延兴、张延嗣，但此二人在弑父杀母诛戮兄弟后并未自立，而是扶助张淮鼎继位[147]。荣新江在肯定上述李永宁推论的前提下，证实李明振诸子执掌大权排挤张承奉的论断，并进而推论瓜、沙大族在 896 年又发起倒李扶张的政变，张承奉至此才得以掌握实权[148]。

张承奉金山国阶段主要讨论张承奉当政时间及称号建国意义。王仁俊最早考定"西汉金山国圣文神武白帝"即旧史所记自号"金山白衣天子"的张［承］奉，推测张［承］奉尚白是受摩尼教的影响。唐长孺认为张承奉的"白衣天子"名号是受弥勒教的影响[149]。王重民利用法藏文献，对张承奉充归义军节度、自称白衣天子、建立金山国、卒后政权转归曹氏的时间进行了探讨[150]。但多不确。关于金山国的建立，藤枝晃认为应在 910 年，王冀青认为应在 908 年，李正宇认为应在 906年。卢向前对 910 年说进行了论证，荣新江为 910 年说进一步补充了论据。现在，910 年说基本已成定论。

曹氏归义军阶段主要讨论节度使世系卒立及首任节度使名字。王仁俊最早对创业主曹义金亦即曹议金的资料及事迹进行了整理和研究。曹元忠认为曹氏归义军节度使的继位次序为：曹议金、曹元德、曹元深、曹元忠、曹延禄、曹宗寿、曹贤顺；并确定曹宗寿取代曹延禄的时间在咸平五年（公元 1002年）。罗振玉确定曹氏取代张氏在贞明（公元 915～921 年）以前，认为曹元忠、曹延禄之间尚有曹延恭[151]。王国维也认为曹元忠、曹延禄之间尚有曹延恭，旧史记载曹元忠卒于太平兴国（公元 976～984 年）年间，其后由其子曹延禄继位的记载是错误的。曹氏归义军节度使世系情况至此大致清楚。唐长孺讨论了曹议金的继任时间和卒年。姜亮夫也就此类问题进行过研究[152]，但受到贺世哲、孙修身的批评。贺世哲、孙修身确定曹氏取代张氏始于914年，推定曹议金卒于935年[153]。荣新江进一步考订曹议金卒于935年二月十日。谭蝉雪考定曹元德卒于939年[154]。陈祚龙考证曹元深卒于944年，谭蝉雪为此提供了新的证据。苏莹辉根据法国学者的提示，确定曹元忠卒于974年。贺世哲、孙修身考定曹延恭卒于976年。曹氏归义军节度使卒立时间至此大致清楚。而关于首任节度使的名字，过去一直认为是曹议金。藤枝晃、陈祚龙先后提出应为曹仁贵，马楚坚、苏莹辉对此进行了论证，遂将曹仁贵与曹议金分列为两任节度使。但自唐耕耦提供具有决定意义的 P.3239 号等新资料后[155]，情况发生变化。贺世哲、李正宇先后论证曹仁贵就是曹议金[156]。曹氏归义军首任节度使名仁贵字议金遂成定论。

荣新江为归义军史的研究做了大量的工作。他对归义军历任节度使生前死后由低到高的各种加官称号进行了系统分析，又在藤枝晃研究的基础上对归义军时期中原王朝年号在敦煌文献中的始见和终止时间进行了系统考证，这都成为研究者确定相关文书年代的重要依据[157]。此外，卢向前对归义军各机构的名称和各机构长官的职衔进行的考察，齐陈骏、冯培红对归义军的基层将领"十将"及其下属诸职进行的探讨，陈国灿对归义军军镇演变进行的研究，也都值得重视。

4. 于阗史

于阗史是先进行文献整理，后进行专题研究。

于阗史文献主要包括于阗（塞）语文献、汉文文献、古藏文文献三类。这三类文献并非全都出自敦煌。于阗（塞）语文献在敦煌及和田地区均有发现和出土。敦煌发现约有 120 余件，多为佛教典籍；和田地区出土约有近 400 件，多为世俗文书。这些文献，除俄藏（242 件）外，经过霍恩雷（A. F. R. Hoernle）、洛伊曼（E. Leumann）、斯坦·柯诺（Sten Konow）、贝利（H. W. Bailey）等先后努力，均已解读并整理出来[158]。其中密教经典，经过田久保周誉的努力，更得到专门的整理和研究[159]。汉文文献除传世史籍和佛典外，敦煌及和田地区也发现和出土不少。敦煌发现部分，学者早已注意并屡加引用。和田地区出土部分：斯坦因发掘品，经沙畹（E. Chavannes）、马伯乐（H. Maspore）、池田温、陈国灿等整理，已为学界所熟知；斯文赫定发掘品，则仍有不少尚未发表，并未得到充分利用。古藏文文献含有丰富的于阗史资料。譬如在《甘珠尔》和《丹珠尔》两部大文献结集中，就有《净光明佛所说经》、《牛角山授记》、《僧伽伐弹那授记》、《于阗阿罗汉授记》、《于阗国授记》等五部著作专讲于阗。至于和田地区出土吐蕃占领于阗时期古藏文简牍，以及在此之后由于于阗长期实行于阗、吐蕃双语制遗留的古藏文文书（如著名的"钢和泰藏卷"），更是研究于阗史的原始资料。但非常可惜，这些含有于阗史资料的古藏文文献，迄今也还没有得到系统整理和充分利用。

于阗史研究始于王国维。王国维对唐初以来的于阗历史作了考察，推测敦煌于阗公主为曹延恭之妻（实际应为曹延禄之妻），于阗王李圣天应为回鹘人，开了于阗史研究的先声[160]。此后，于阗史研究形成了上古塞种史、吐蕃占领史、晚期于阗史等多个专题。上古塞种史始于西汉。张广达、荣新江、饶宗颐等对上古于阗的塞种居民及相关问题进行了研究[161]。吐蕃占领史始于安西四镇陷蕃。杨铭、高永久、王国华等对吐蕃占领下的于阗历史及相关问题进行了概述及探讨[162]。晚期于阗史与敦煌归义军史基本同时。张广达、荣新江在贝利、井之口泰淳、蒲立本（E. G. Pulleyblank）、哈密屯（J. Hamilton）、恩默瑞克（R. E. Emmerick）等研究的基础上，考证于阗在约851～917年或稍后号称金国，938～982年或稍后号称大宝国，约983～1006年号称金玉国，并对其年号、王家世系进行了研究[163]。稍后，殷晴、林梅村等也从不同侧面对于阗王家世系进行了探索[164]。张广达、荣新江、王尧、陈践等对敦煌、归义军与于阗的关系分别进行了研究[165]（图二三）。汤开建、王叔凯对于阗政权与喀刺汗王朝的关系进行了探讨[166]。此外，殷晴对中古于阗社会经济的各个方面进行了论述，黄盛璋对于阗语文书涉及的历史、地理、民族等问题进行了考察，还有众多学者对于阗的佛教、尉迟王族以及"和田马钱"等进行了探研。

5. 回鹘史

回鹘史也是先进行文献整理，后进行专题研究。

回鹘史文献主要包括回鹘文文献和汉文文献二类。回鹘文文献均出自莫高窟，但具体地点有三：一是藏经洞，约50余件；一是北区464窟（伯希和编181窟），约363件残片（含蒙古语13件残片）；一是其他洞窟，仅数件（多为册子装）。藏经洞出品均为唐末宋初文献，哈密屯先整理公布了其中《善恶二王子本生经》（即《报恩经讲经文》），后又整理公布了另38件（缀合为36种）其他各类文书[167]。464窟及其他洞窟出品均为元代文献，森安孝夫、耿世民等进行了概述。牛汝极

图二三　于阗文于阗国王与曹元忠书（P.5538 号）

对敦煌本回鹘文文献及其涉及的问题进行了多方面的整理及探讨[168]。汉文文献十分零散，主要属归义军时期，学者早已注意并屡加引用，这里不多介绍。

回鹘史研究原来多利用汉文文献，主要讨论甘州回鹘专题；后来才利用回鹘文文献，提出沙州回鹘等概念。孙楷第较早探讨了安西、甘州二地回鹘政权建立的过程及关系，认为甘州回鹘属旧河西回鹘部落，并非来自安西，与安西回鹘没有关系。邓文宽根据敦煌文学作品考证张淮深两次平定甘州回鹘，但由于这些有关回鹘与归义军的资料没有具体年代，所记回鹘居住何地亦不明确，引起学界对甘州回鹘及其与归义军关系的讨论[169]。黄盛璋认为张淮深平定的应是来自沙州西方的回鹘。郑炳林认为张淮深平定的是位于玉门关曲泽一带的属于西州回鹘系统的西桐回鹘。荣新江认为亲征甘州回鹘的是曹议金，并对甘州回鹘与曹氏归义军的关系作了全面探讨[170]。哈密屯、高自厚、荣新江、孙修身、程溯洛、陆庆夫等对甘州回鹘的成立及其可汗世系进行了考论，钱伯泉、苏北海、丁谷山等对归义军特别是曹氏归义军与甘州回鹘的关系进行了探讨，王素也对相关问题发表了看法[171]。钱伯泉较早提出敦煌在归义军后应有一个沙州回鹘时期，并试图考定这一时期的时限[172]。李正宇则认为沙州回鹘统治沙、瓜地区的时间约从1036年驱逐西夏开始，到1067年又被西夏灭亡为止[173]。杨富学、牛汝极则将藏经洞出品回鹘文文献均定为沙州回鹘文献，并对所谓沙州回鹘进行了全面的研究[174]。但由于涉及藏经洞封闭时间这一重大问题，而主张有沙州回鹘时期者多认为藏经洞的封闭在北宋皇祐（1054年）以后，与传统见解存在较大出入，归义军之后是否有沙州回鹘时期尚未得到广泛赞同。

6. 其他民族

其他民族主要包括粟特、仲云、南山、龙家、退浑等民族。

粟特民族即所谓昭武九姓。池田温最早根据 P.3559（C）号《差科簿》考证敦煌城东安城及从化乡为 8 世纪中叶粟特人聚落，并对这一聚落的形成及消亡进行了探讨[175]。陈国灿认为从化乡粟特人聚落的形成约在景龙元年（公元 707 年）。姜伯勤根据西晋末年粟特文信札和吐蕃占领及归义军时期文书对当时粟特人的情况进行了概述。郑炳林对敦煌粟特人与归义军政权的关系及其在敦煌佛教、农业、畜牧业、商业、手工业发展中所起的作用进行了考察；陆庆夫对敦煌粟特后裔的职业分布、婚姻关系、社会组织、宗教信仰及汉化问题进行了探讨[176]。

仲云又作众云、众熨、种榅，一般认为源出汉代的月氏，归义军时期在以大屯城为中心的罗布泊地区建立政权。哈密屯、郭锋、黄盛璋、郑炳林、钱伯泉等对仲云的族属及其与归义军的关系进行了探研。

南山为南山部族的省称，一般认为源出汉代的小月氏，归义军时期以敦煌、酒泉南面的祁连山一带为活动中心。施萍婷、黄盛璋、邵文实等对南山部族的性质及其归义军的关系进行了考察。

龙家又称龙部族，源出焉耆，吐蕃占领安西四镇后开始内迁，散居于甘、肃、伊等州。荣新江、黄盛璋等对龙家及其相关问题进行了研究。

退浑源出吐谷浑，归义军时期散居甘、肃、瓜、沙等州，有浑、慕容诸大姓，与归义军关系密切。苏莹辉、郭锋等对退浑及其中慕容氏与曹氏归义军的关系进行了考论。

此外，还有嗢末、羊同、苏毗、多弥、白兰、党项、鞑靼等民族。汤开建、马明达较早对唐末宋初河西各民族的关系进行探讨。周伟洲、荣新江、陆庆夫等对隋唐及归义军时期河西各民族的情况进行了考察。

（三）敦煌社会经济文献的整理与研究

敦煌社会经济文献的整理与研究，是一个中外学者十分关注的项目。分门别类，研究者也有不少。资料性的著作，如王永兴《隋唐五代经济史料汇编校注》（1987年）和唐耕耦、陆宏基《敦煌社会经济文献真迹释录》（1986、1990年）；综合性的著作，如日本《讲座敦煌》的社会分卷、姜伯勤《敦煌社会文书导论》（1992年）、王永兴《敦煌经济文书导论》（1994年）；专题性的著作，如池田温《中国古代籍帐研究》、宋家钰《唐朝户籍法与均田制研究》，都曾介绍。一些回顾及总结性的论著也有详细评述。此处仅按大的门类，摘要进行评介。

1. 籍帐制度

籍帐制度主要包括西凉、西魏、唐代三个专题。

西凉籍帐虽然仅有一件，即 S.113 号建初十二年（公元416年）正月《敦煌郡敦煌县西宕乡高昌里户籍残卷》（图二四），但关注者甚夥，曾我部静雄、西嶋定生、浜口重国、池田温、陈垣、白须净真、杨联陞、姜亮夫、戴仁(J. P. Drège)、严耀中、杨际平、王永兴、陆庆夫、王素、熊铁基、伊藤伸等，或经常引用，或深入研究，主张为兵吏籍者逐渐增多。

西魏籍帐虽然亦仅一件，即 S.613 号大统十三年（公元547年）《瓜州效谷郡籍帐》，但关注者亦夥，山本达郎、曾我部静雄、菊池英夫、西嶋定生、仁井田陞、铃木俊、西村元

图二四 西凉敦煌郡敦煌县西宕乡高昌里户籍（S.113号）

佑、堀敏一、越智重明、池田温、杨联陞、唐耕耦、王永兴、王棣、周秀女、张泽咸、李春润、宋家钰、鲁才全、船越泰次、武建国、气贺泽保规、杜绍顺、谭世宝、杨际平、邓文宽、李天石等，或经常引用，或深入研究，关于性质，形成户籍、计帐、户籍和计帐三说。

唐代籍帐数量较多。王国维最早利用敦煌籍帐探讨唐代户籍制度。陶希圣接着认为：敦煌籍帐是极为重要的经济史料，对研究唐代均田制及百姓负担和社会组织都有重要意义。此后，研究者渐多，玉井是博、山本达郎、土肥义和、铃木俊、西川正夫、堀敏一、翁俊雄、朱健等均曾进行探讨，其中，池田温、宋家钰根据敦煌吐鲁番籍帐对唐代手实、计帐、户籍的内容及其相互关系进行了综合研究，成绩最为显著。由于他们的研究，我们知道：唐代籍帐大致分为手实、计帐、户籍三类。手实是在里正监督下，居民自报户内人口、田亩及赋役情况的登记表册，是制定计帐和户籍的主要依据。计帐是以乡为单位，根据各里所造手实，总汇各户人口、田亩、赋役等情况的"乡帐"；每年制定一次，作为制定户籍和县、州、尚书省户部制定各级计帐及国家"量入制出"的主要依据。户籍也是政府按行政区划登记居民户口、土地、赋役等情况的簿籍，三年制定一次，在逢丑、辰、未、戌之年，从正月上旬开始，到三月三十日结束。其间，由各县主管户籍的户曹携本县前两年所定手实、计帐前往州府，共同制定一州之籍；籍依乡、里次序逐户登记，最后一式抄写三份，以乡为单位粘接成卷，骑缝处注明某州某县某乡（有的还注明某里）籍，并加盖州、县官印，分存尚书省户部及州、县籍坊（库）。总之，敦煌籍帐不仅是研究唐代籍帐制度的原始实物，还是研究当时土地制度、赋役制度乃至阶级关系、民族关系的宝贵资料，受到学者的高度重视是理所当然的。

此外，朱雷对敦煌吐鲁番两地出土的唐代"点籍样"进行了考察，杨际平、李正宇对吐蕃占领时期的户籍手实制度进行了探讨[177]。还有一些学者（如佐竹靖彦等）对归义军时期的籍帐进行了考索。

2. 土地制度

土地制度主要包括唐前期均田制、吐蕃占领时期计口授田制、唐后期亦即归义军时期请田制三个专题。

关于唐前期均田制的争论最为激烈。王国维最早将敦煌籍帐所载应受及已受田数，与史籍所载有关均田的规定进行比较。曾了若则正式利用敦煌籍帐研究均田制，结论虽然不被今之学者认同，但促进了均田制的研究[178]。邓广铭根据敦煌籍帐所记受田不足等情况，认为唐代均田制实际上并未施行，开始引起争论[179]。岑仲勉、韩国磐、胡如雷等则根据敦煌籍帐，认为均田制在一定程度上施行过。他们认为：受田不足是从北魏开始推行均田制以来一直存在的问题，唐代敦煌籍帐存在受田不足现象也在情理之中，不能据此否定均田制[180]。韩国磐后来又根据敦煌吐鲁番籍帐保存的授田和还田记载，进一步论证唐代确曾施行过均田制，并对所载永业田、口分田、园宅田和自田的性质进行了初步探索[181]。同时或稍后，李必忠、田野、唐耕耦也分别根据敦煌籍帐从不同角度证实唐代确曾施行过均田制[182]。至此，唐代确曾施行过均田制已经成为定论[183]。之后，随着日本学者仁井田陞、西嶋定生、西村元佑、周藤吉之、日野开三郎、堀敏一、山本达郎、菊池英夫、池田温、土肥义和、古贺登、井上光贞、铃木俊、西川正夫、杉山佳男等结合大谷文书进行均田制研究的成果的引进[184]，以及吐鲁番新出文书的不断公布，研究更向纵深发展。王永兴认为：均田制不是土地分配制度，而是中央集权国家对私田的管理制度，这种管理表现为依据田令收退田、补欠田，均田制的目的实际是保证不同等级的人可以占有不同等量的私有土地[185]。宋家钰认为：均田令或田令是封建国家颁行的有关各级官府和官民私人土地占有的法规。田令规定的受田数即敦煌户籍上的应受田数，是法律规定可以占田的最高限额，并非官府要实际授给的土地数。户籍上的已受田是民户现有土地的登记，其主要来源是继承祖业，请自官府无主地亦是来源之一；户籍上的永业田、口分田的区分是为了便于根据田令审核民户土地的继承、转让是否合法，在所有权上并无区别，均为私田。田令关于民户土地收授的规定，并非按期收授所有民户的土地，收回的主要是户绝田、逃死田等，授给低于本地请授田标准的民户。杨际平认为：虽然从均田令条文看，均田制是一种国有土地制度；但从均田制下存在着永业、口分田之外的私田和可以继承的口分田看，均田制实质上还是一种土地私有制度[186]。武建国认为：均田制是一种全国土地最高所有权属于国家，官僚、地主、百姓等臣民依照一定的标准和条件"均平"占有土地（通过国家授受的方式占有）的土地制度，均田制下的口分田、永业田亦具有国有和私有两重性质[187]。朱雷认为：在均田制实施过程中，民户的私田包括拥有小块土地的自耕农、半自耕农的土地均被作为"已受"纳入均田制轨道[188]。还有一些见解，不赘举。

吐蕃占领时期计口授田制与唐后期亦即归义军时期请田制的研究情况不尽相同。前者由杨际平最早提出。他认为：吐蕃占领时期实行带有国有土地性质的计口授田制，但由于汉唐以来土地私有制传统已经根深蒂固，这种国有土地制度很难长期维持，计口所授之田不久就都变成了私田[189]。但后来未见学者继续研究。后者由唐刚卯最早提出[190]。虽然在此前后，池田温、冷鹏飞、杨际平等也都对归义军时期土地制度进行了探讨[191]，但陈国灿仅赞同唐刚卯的请田制说，并继续对归义军时期的请田制进行研究。他认为：唐代在实行均田制的同时，为了不浪费"宽闲之处"的土地资源，还实行一种"计口受足"以外的所谓"请占田制"。这种"请田制度"，由于所请之田最终都成为永业，故其本身具有私田的性质，属于土地私有制。这种土地制度，从唐代宗广德二年（公元764年）国家法令首次承认，到唐德宗建中元年（公元780年）实行两税法全面认可，终于取代了均田制。根据敦煌所出归义军时期（唐代晚期至五代宋初）的一批"请地状"和"都受田簿"，可以断定，归义军时期实行的就是这种请田制[192]（图二五）。

3. 赋役制度

赋役制度主要包括唐代、吐蕃、归义军三个专题。

唐代赋役主要讨论租庸调、差科簿、杂徭和□役等。租庸调为唐代正式的赋税。日野开三郎、铃木俊等利用大量敦煌文献对租庸调进行了综合研究[193]。崔维泽（Denis Twitchett）、

图二五　宋沙州户口田地簿（S.4125 号）

李锦绣先后利用敦煌、吐鲁番文献从财政角度对以租庸调为主的赋税制度进行了综合探讨[194]。堀敏一、唐耕耦也分别从均田制和户等的角度对租庸调进行了综合考察。差科簿是唐代地方机构为征发徭役而制定的簿册。王永兴先后对 P.3559、2657、3018、2803 号四件文书进行了研究，认为这四件过去被称为"丁籍"或"男子之籍"的文书，是唐天宝十载敦煌县为征发徭役而编造的"差科簿"[195]，引起国内外学术界的重视。西村元佑利用大谷文书对该差科簿反映的徭役制度进行了非常深入的探讨，日野开三郎对西村元佑涉及的问题发表了独特见解，杨际平对存在的问题也发表了不同看法[196]。杂徭为唐代与正役并列的一种杂役。吉田孝对唐代杂徭进行了探讨。浜口重国对唐代杂徭进行了深入、系统的研究。色役为唐代有名目（即色）的职役和徭役。王永兴、西村元佑、唐耕耦、杨际平等根据敦煌差科簿对唐代色役的名目进行了考释。还有不少学者也对唐代的杂徭和色役进行了研究，不赘举。

吐蕃赋役与归义军赋役二个专题的研究情况也不尽相同。吐蕃赋役似乎仅仅讨论突课、突税、差科。杨际平、姜伯勤、唐耕耦等先后对吐蕃占领时期的突地、突课、突税、差科进行了探讨和解说，虽然见解不一，但大致认为：吐蕃以"突"为土地计量单位，一突相当唐制十亩，突课为地租，突税为土地税，差科为力役。归义军赋役讨论较为广泛。冷鹏飞虽然对归义军时期的赋税进行了开创性的探索，但问题颇多。刘进宝对归义军时期的"布"和"地子"等赋税进行了考察。雷绍锋将归义军时期的赋役分为赋税、劳役、兵役、寺院僧人之义务四大类，并对此进行了综合研究[197]。

此外，吴震、薛英群、马世长、王永兴等根据敦博本"地志"对唐代公廨本钱进行了探讨[198]。

4.契约制度

契约制度主要包括租佃契约、借贷契约等专题。

租佃契约 主要讨论性质和关系。韩国磐在根据敦煌、吐鲁番文献考察唐前期均田制时，曾将租佃契约分为二种性质：一种是贫苦农民不得已而佃租性质；一种是缺地农民以很高租额租种土地性质。孙达人则根据敦煌、吐鲁番出土租佃契约，将租佃契约分为二种关系：一种是租田人利用租价（高利贷）剥削"田主"（贫苦农民）的关系；一种是真正的封建地主与佃农之间的关系[199]。杨际平也根据敦煌、吐鲁番出土租佃契约，对定额租和分成租在租佃关系中的比重进行了探讨[200]。陈国灿根据敦煌、吐鲁番出土租佃契约，对租佃关系的类型进行了探讨，特别指出：在敦煌施行请田制时期，由于土地买卖不受限制，土地的租佃反而不如均田制施行时期那么频繁[201]。池田温对中国出土租佃契约也进行了综合整理与研究[202]，受到学术界的高度重视。

借贷契约 主要讨论类型和利率（图二六）。玉井是博早年曾将借贷契约分为借钱、借绢、借粮、借地及雇驼等类型[203]。仁井田陞、堀敏一、池田温、小口彦太等统称为"消费借贷"，但理解似不相同。仁井田陞将"消费借贷"分为豆麦绢褐借贷文书、不动产质文书、动产质文书、人质文书四种类型。堀敏一将"消费借贷"分为粮食类借贷契、布帛类借贷契、诸寺诸色破除历（即佛寺收支明细帐）、请便麦牒四种类型。陈国灿先对敦煌借契进行研究，后将唐代民间借贷分为生息（举取）借贷、质押借贷、物力偿付借贷、无息借贷四种类型，认为：生息借贷的剥削率，政府规定每月为百分之四至百

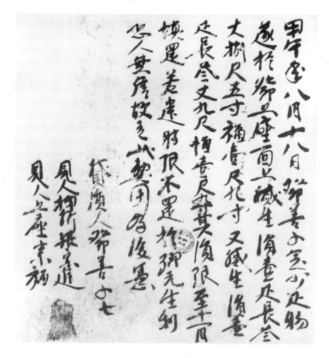

图二六 归义军时期邓善子贷绢契（P.3124 号）

分之六，民间则每月为百分之十至百分之二十甚至更高。质押借贷、物力偿付借贷的剥削也非常严重[204]。唐耕耦也对敦煌、吐鲁番出土借贷文书的类别和内容、借贷双方的身份和借贷原因、利息率、违约处罚担保和高利贷后果以及契约形式的变化等问题进行了考察[205]。

此外，李天石、杨际平、冻国栋分别对典身契、雇工契、"市券"与"私契"进行了研究[206]。沙知对敦煌契约文书进行了综合整理与研究[207]。

5.寺院经济

寺院经济主要包括土地庄园、财政收支、依附人口等专题（图二七）。

土地庄园是寺院经济的根本。仁井田陞最早对敦煌寺院庄园进行研究[208]。段文杰根据敦煌寺户分工名目之多（见下），认为当时一个大寺院就是一个独立于官府之外并享有种种特权的地主庄园。谢重光对敦煌寺院的农田、果园进行了探讨[209]。姜伯勤对敦煌寺院的外庄进行了研究。

财政收支关系到寺院经济的运作。三岛一对敦煌寺院的寺库机能、常住僧物利用、寺院财政历史，那波利贞对敦煌寺院的借贷营利、碾硙经营，分别进行了探讨[210]。谢重光也对敦煌寺院的借贷业及与此相关的手工业、畜牧业进行了概述。北

图二七　唐沙州诸寺僧尼名簿（S.2614v号）

原熏对敦煌寺院财政的收支决算进行了研究。唐耕耦对敦煌寺院的会计文书进行了综合整理与研究[211]

依附人口主要讨论寺户、常住百姓及非依附人口的碙户、梁户、酒户和牧羊人等。寺户主要为吐蕃占领时期寺院依附人口的称谓,具体分工有佃田、刈稻、看园、园收、放驼、放羊、泥匠、木匠、皮匠、纸匠、看碙、看梁、煮酒、修仓、守囚、手力、车头等多种。谢和耐（J. Gernet）认为寺户是一种奴隶性居民,与北魏僧祇户近似。崔维泽（D. Twitchett,又译杜希德）认为寺户是一种依附寺院地产的"佃农",与庄客、庄户同类。向达认为寺户是一种奴隶。竺沙雅章认为寺户具有农奴性质,这种性质在归义军时期发生了变化[212],最具灼见。仁井田陞对寺户中的佃户亦即佃田人进行了专门的研究[213]。此外,堀敏一、池田温、土肥义和、北原熏、中田笃郎、史苇湘等对敦煌寺户文献及寺户身份进行了整理与研究。常住百姓主要为归义军时期寺院依附人口的称谓。藤枝晃最早对常住百姓进行研究。堀敏一、北原熏对常住百姓的规模及身份进行了估计和考论。非依附人口的梁户、碙户、酒户和牧羊人等也主要在归义军时期形成。那波利贞最早对梁户进行考证[214]。谢和耐对敦煌梁户、碙户进行了研究。竺沙雅章认为梁户、碙户与寺户不同,亦具灼见。张弓对牧羊人的身份进行了考察[215]。谢重光对吐蕃占领时期至归义军时期敦煌寺院依附人口的数量进行了统计。姜伯勤对敦煌寺院依附人口进行了综合研究[216],引起学术界广泛重视。

此外,李正宇对敦煌古代祠庙、寺观进行了综合考察,奠定了进一步研究敦煌寺院经济的基础[217]。荣新江在日本学者研究的基础上对归义军时期部分都僧统的年代和事迹进行了考证。竺沙雅章对敦煌的僧官进行了研究[218]。谢重光对敦煌的僧官及相关等级结构进行了考论[219]。

6. 社会生活

社会生活主要包括人口、家庭、社邑、生活等专题。

人口　主要讨论姓氏由来、人口变化和逃亡人户等。荣新江对敦煌望族"清河张氏"和"南阳张氏"的渊源、异同及其社会意义进行了探讨。邓文宽对敦煌"南阳郡开国公"封爵和"南阳张氏"郡望的由来及相互关系进行了研究。孙晓林对敦煌令狐氏的兴衰及分布，孙修身、马德等对敦煌李氏的渊源及世系，也分别进行了考证。齐陈骏、郑学檬、冻国栋等对敦煌地区古代人口变化、男女比例、人口结构、劳力与非劳力比例、人口增殖缓慢的原因等，进行了广泛的考察[220]。唐长孺利用敦煌吐鲁番文献揭示武则天长安年间关于逃亡人户法令的变化。韩国磐也利用敦煌吐鲁番文献对唐玄宗天宝年间农民逃亡的原因进行了探讨[221]。

家庭　主要讨论婚姻习俗、家庭结构和家庭关系等。赵守俨、谭蝉雪、卢向前等分别对唐代婚姻礼俗、敦煌婚姻文化、胡族婚姻及其影响进行了探讨[222]。浜口重国、堀敏一、山根清志等分别对唐代贱人制度、中国古代良贱身份、部曲与客女进行了深入研究[223]。杨际平、郭锋、张和平对家庭与家庭关系进行了综合考察[224]。

社邑　主要讨论社邑的类型、组织和活动，社邑的发展、规模及其与佛教的关系。那波利贞最早对唐代社邑和唐中晚期至五代社邑与佛教的关系进行探讨[225]。竺沙雅章对敦煌"社"文书进行了整理和研究[226]。郭锋、卢向前分别对广泛的社邑和专门的马社进行了考察[227]。宁可、郝春文对敦煌社邑文书（包括社司转帖）进行了综合整理与考察[228]。由于他们特别是宁可、郝春文的研究，我们知道：敦煌的社邑主要分官社与私社二种。私社是一种民众自愿结合进行宗教与生活互助活动的组织，有巷社、车社、亲情社、兄弟社、女人社、官品社、都官社、修佛堂社等多种名目。还有官私合营的马社。各社推举社长、社官、录事，号称"三官"，主持社务。成员人数不等，称为社人或社家、社户。社有集会，一般由录事发转帖通知参加。社有社条，规定结社宗旨、活动内容、成员的权利义务、不遵社条的罚则、入社出社的办法等。敦煌社邑为团结地方民众、维持社会秩序起到一定的作用。

生活 主要讨论衣食住行、风俗礼仪以及与之相关的教育、学校和手工业、商业等情况。黄正建、郝春文分别对唐至宋初衣食住行和敦煌僧尼的社会生活进行了综合研究[229]。罗宗涛、高国藩对敦煌风俗礼仪进行了综合考察[230]。高明士、李正宇分别对唐宋时期敦煌的教育和学校进行了初步探讨。刘惠琴、郑炳林、马德分别对敦煌的手工业及工匠史料进行了整理与探讨[231]。姜伯勤、郑学檬、冻国栋、李明伟等分别对西北丝路上的商业（包括商品与货币）及其经营管理进行了多方面的研究[232]。

此外，张弓利用敦煌文献，从汉唐佛寺文化史的角度，对寺院的乐舞、戏弄、书法、茶道、医药、历算、岁节、寺学、外藏、栖寄、利养等文化生活进行了综合考察[233]，受到学术界的关注。

注　释

[1] 参阅郝春文：《敦煌文献与历史研究的回顾和展望》，《历史研究》1998 年第

1 期。

[2] 如罗振玉、王国维、陈寅恪等关于敦煌古籍的叙跋，分见：《雪堂校刊群书叙录》，《永丰乡人稿》（乙稿），贻安堂，1920 年；《观堂集林》（附别集），中华书局，1984 年重印版；《金明馆丛稿二编》，上海古籍出版社，1980 年。专题整理著作，分见下文各专题评介。

[3] 姜亮夫认为："《公羊传》有点造反的思想，敦煌经卷里一卷没有，这是很奇怪的事。"见《敦煌学概论》第 47 页，云南人民出版社，1999 年。似未切中肯綮。

[4] 陈铁凡：《敦煌本尚书述略》，《大陆杂志》22 卷 8 期，1961 年；《敦煌本虞书校证》，《南大中文学报》第 2 期，1963 年；《敦煌本夏书校证》，《南大中文学报》第 3 期，1965 年；《敦煌本商书校证》，台湾商务印书馆，1965 年；《敦煌本虞夏书校证补遗》，《大陆杂志》38 卷 2 期，1969 年；《敦煌本尚书十四残卷缀合记》，《新社学报》第 3 期，1969 年；《敦煌本易书诗考略》，《孔孟学报》第 17 期，1969 年。按：吴福熙亦曾对孔传进行整理与研究。见《敦煌残卷古文尚书校注》，甘肃人民出版社，1992 年。但未参考前人成果，问题较多，此处不拟介绍。

[5] 潘重规：《敦煌诗经卷子研究论文集》，新亚研究所，1970 年。

[6] 陈铁凡：《法京所藏敦煌左传两残卷缀合校字记》，《书目季刊》5 卷 1 期，1970 年；《左传节本考》，《大陆杂志》41 卷 7 期，1970 年；《敦煌本礼记左谷考略》，《孔孟学报》第 21 期，1971 年。

[7] 林秀一：《孝经学论集》，明治书院，1976 年；陈铁凡：《敦煌本孝经类纂》，燕京文化事业股份有限公司，1977 年；《孝经郑氏解斠铨》，同前，1977 年；《敦煌本孝经郑氏解抉微》，同前，1977 年；《孝经郑注校证》，国立编译馆，1987 年。

[8] 王素：《敦煌本〈论语〉研究的回顾与展望》，2000 年敦煌学国际学术讨论会论文，敦煌研究院，2000 年 7 月 29 日～8 月 3 日。按：敦煌本郑注仅有上述 6 件。关于结合吐鲁番本郑注进行综合研究的情况，参阅下章。

[9] 陈铁凡：《敦煌论语异文汇考》，《孔孟学报》创刊号，1961 年。按：本文整理和考释《论语》异文，还包括郑注异文。

[10] 李方：《敦煌〈论语集解〉校证》，江苏古籍出版社，1998 年。

[11] 李方：《唐写本〈论语皇疏〉的性质及其相关问题》，《文物》1988 年第 2 期。

[12] 宁可：《敦煌逸书散录二则》，《敦煌吐鲁番研究》第 1 卷，1996 年。

[13] 狩野直喜：《唐钞古本尚书释文考》，《艺文》6 卷 2、3 号，1915 年；潘重规：《敦煌唐写本尚书释文残卷跋》，《志林》第 2 期，1941 年。

[14] 黄焯：《经典释文汇校》，中华书局，1980 年。

[15] 张金泉、许建平：《敦煌音义汇考》，杭州大学出版社，1996 年。

[16] 蔡主宾：《敦煌写本儒家经籍异文考》，嘉新水泥公司文化基金会，1969 年；王素：《敦煌儒典与隋唐主流文化——兼谈隋唐主流文化的"南朝化"问题》，纪念敦煌藏经洞发现 100 周年敦煌学国际研讨会论文，香港大学，2000 年 7 月 25～26 日。

[17] 王利器：《跋敦煌所出〈国语贾逵注〉残卷》，《王利器论学杂著》，北京师范学院出版社，1990 年；饶宗颐：《敦煌所出北魏写本〈国语·周语〉旧注残叶跋》，《敦煌吐鲁番研究》第 1 卷，1996 年。

[18] 郑良树：《春秋后语辑校》，《书目季刊》4 卷 4 期，1970 年。康世昌：《春秋后语试探》，《敦煌学》第 13 辑，1988 年；《春秋后语辑校》，《敦煌学》第 14、15 辑，1989、1990 年；《春秋后语研究》，《敦煌学》第 16 辑，1990 年。王恒杰：《春秋后语辑考》，齐鲁书社，1993 年。李际宁：《〈春秋后语〉拾遗》，《敦煌吐鲁番研究》第 1 卷，1996 年。按：P.t. 1291 号古藏文史籍，最初由今枝由郎考订为《战国策》，王尧、陈践承之，最后由马明达判定为《春秋后语》。参阅马明达：《P．t.1291 号敦煌藏文文书译解订误》，《敦煌学辑刊》第 6 期，1984 年。

[19] 池田温：《唐朝氏族志の一考察——いわゆる敦煌名族志残卷をめぐって》，《北海道大学文学部纪要》13 卷 2 号，1965 年。

[20] 池田温：《敦煌氾氏家传残卷について》，《东方学》第 24 号，1962 年。

[21] 陈祚龙：《唐五代敦煌名人邈真赞》（法文），法国远东学院，1970 年；郑炳林：《敦煌碑铭赞辑释》，甘肃教育出版社，1992 年；饶宗颐主编，姜伯勤、项楚、荣新江合著：《敦煌邈真赞校录并研究》，新文丰出版公司，1994 年。

[22] 冈野诚：《西域发见唐开元律疏断简の再探讨》，《法律论丛》50 卷 4 号，1977 年。

[23] 长孙无忌等撰、刘俊文点校：《唐律疏议》，中华书局，1983 年。

[24] 土肥义和：《永徽二年东宫诸府职员令の复元——大英图书馆藏同职员令断片（S. 11446）の发见に际して》，《国学院杂志》83 卷 2 号，1982 年。

[25] 仁井田陞：《唐令拾遗》，东方文化学院东京研究所，1933 年；仁井田陞著、池田温编集代表：《唐令拾遗补》，东京大学出版会，1997 年。

[26] 大谷胜真：《敦煌出土散颁刑部格残卷に就いて——敦煌遗文所见录（二）》，

《青丘学丛》第 17 号，1934 年；川北靖之：《敦煌发见神龙散颁刑部格と令集解》，《产大法学》16 卷 4 号，1983 年。

[27] 佐藤武敏：《敦煌发见のいわゆる唐水部式残卷について》，《东洋研究》第 73 号，1985 年；冈野诚：《敦煌发见唐水部式の书式について》，《东洋史研究》46 卷 1 号，1987 年。

[28] 唐耕耦：《敦煌法制文书》，科学出版社，1994 年。

[29] 池田温：《沙州图经略考》，《榎博士还历记念东洋史论丛》，山川出版社，1975 年。

[30] 伯希和：《沙州都督府图经及蒲昌海之康居部落》，冯承钧《西域南海史地考证译丛七编》，中华书局，1957 年。

[31] 羽田亨：《唐光启元年书写沙州、伊州地志残卷に就いて》，《小川博士还历记念史学地理学论丛》，弘文堂，1930 年。

[32] 荣新江：《敦煌本〈天宝十道录〉及其价值》，《九州》第 2 辑，1999 年。

[33] 向达：《大唐西域记古本三种》，中华书局，1981 年。

[34] 桑山正进：《慧超往五天竺国传研究》，京都大学人文科学研究所，1992 年。按：张毅亦曾对该传进行整理和研究。见《往五天竺国传笺释》，中华书局，1994 年。但因条件限制，受到较多批评，此处不拟介绍。

[35] 郑炳林：《敦煌地理文书汇辑校注》，甘肃教育出版社，1989 年；王仲荦：《敦煌石室地志残卷考释》，上海古籍出版社，1993 年。

[36] 邓文宽：《敦煌文献〈唐贞观八年高士廉等条举氏族奏钞〉辨证》，《敦煌吐鲁番学耕耘录》，新文丰出版公司，1996 年。

[37] 仁井田陞：《スタイン敦煌发见の天下姓望氏族谱——唐代の身分的内婚制をめぐつて》，《石滨先生古稀记念东洋学论丛》，石滨先生古稀记念会，1958 年；池田温《唐代の郡望表——九、十世纪の敦煌写本を中心として》，《东洋学报》42 卷 3、4 号，1960 年。

[38] 周凤五：《敦煌唐写本〈太公六韬〉残卷研究》，《幼狮学志》18 卷 4 期，1985 年；《敦煌唐写本〈六韬〉残卷校勘记》，《第一届国际唐代学术会议论文集》，1990 年。

[39] 林其锬、陈凤金：《刘子集校——附作者考辨》，上海古籍出版社，1985 年；《敦煌遗书刘子残卷集录》，上海书店，1988 年。

[40] 王三庆：《敦煌古类书研究之一——〈事林一卷〉（P.4052 号）研究》，《敦煌学》第 12 辑，1987 年。

[41] 王三庆：《敦煌本古类书语对研究》，文史哲出版社，1985 年。

［42］郑阿财：《敦煌写卷新集类词九经抄研究》，文史哲出版社，1989 年。

［43］王三庆：《敦煌类书》，丽文文化事业股份有限公司，1993 年。

［44］朱凤玉：《敦煌写本〈杂抄〉研究》，《木铎》第 12 辑，1988 年。

［45］陈庆浩：《古贤集校注》，《敦煌学》第 3 辑，1976 年；韩建瓴：《敦煌写本古贤集研究》，《敦煌语言文学研究》，北京大学出版社，1988 年。

［46］周凤五：《敦煌写本太公家教研究》，明文书局，1986 年。

［47］朱凤玉：《敦煌通俗读物新集严父教研究》，《木铎》第 11 辑，1987 年。

［48］郭长城：《敦煌写本朋友书仪试论》，《汉学研究》4 卷 2 期，1986 年。

［49］那波利贞：《〈元和新定书仪〉と杜有晋の编する〈吉凶书仪〉とに就いて》，《史林》45 卷 1 号，1962 年。

［50］赵和平：《敦煌写本书仪研究》，新文丰出版公司，1993 年；周一良、赵和平：《唐五代书仪研究》，中国社会科学出版社，1995 年；赵和平：《敦煌表状笺启书仪辑校》，江苏古籍出版社，1997 年。

［51］马继兴主编：《敦煌古医籍考释》，江西科学技术出版社，1988 年；赵健雄等：《敦煌医粹——敦煌遗书医药文选校释》，贵州人民出版社，1989 年；丛春雨主编：《敦煌中医药全书》，中医古籍出版社，1994 年；张侬：《敦煌石窟秘方与灸经图》，甘肃文化出版社，1995 年；马继兴等：《敦煌医药文献辑校》，江苏古籍出版社，1998 年；王淑民：《敦煌石窟秘藏医方——曾经散失海外的中医古方》，北京医科大学、中国协和医科大学联合出版社，1999 年。

［52］黑田源次：《中央亚细亚出土医书四种》，万斯年编译《唐代文献丛考》，开明书店，1948 年。

［53］邓文宽：《敦煌天文历法文献辑校》，江苏古籍出版社，1996 年；《敦煌吐鲁番出土历书》，《中国科学技术典籍通汇·天文卷》第 1 册，河南教育出版社，1997 年。

［54］侯锦郎：《敦煌写本中的唐代相书》，《法国学者敦煌学论文选萃》，1993 年。

［55］戴仁：《敦煌写本中的解梦书》，《法国学者敦煌学论文选萃》，1993 年。

［56］郑炳林、羊萍：《敦煌本梦书》，甘肃文化出版社，1995 年。

［57］茅甘：《敦煌写本中的乌鸣占凶吉书》，《法国学者敦煌学论文选萃》，1993 年。

［58］何丙郁、何冠彪：《敦煌残卷占云气书研究》，艺文印书馆，1985 年。

［59］饶宗颐：《论七曜与十一曜——敦煌开宝七年（公元 974 年）康遵批命课简介》，《饶宗颐史学论著选》，1993 年；Talat Tekin：Irk Bitiq（The Book of

Omens），Wiesbaden Otto Harrassowitz，1994；王尧、陈践：《吐蕃时期的占卜研究——敦煌藏文写卷译释》，香港中文大学出版社，1987 年。

[60] 柴剑虹：《俄藏敦煌诗词经眼录》（一），《敦煌吐鲁番研究》第 1 卷，1996年。

[61] 张锡厚：《王梵志诗研究汇录》，上海古籍出版社，1990 年。

[62] 戴密微：《王梵志诗附太公家教》，法兰西学院高等中国学研究所，1982 年；张锡厚：《王梵志诗校辑》，中华书局，1983 年；朱凤玉：《王梵志诗研究》，学生书局，1986～1987 年；项楚：《王梵志诗校注》，上海古籍出版社，1991 年。

[63] 潘重规：《唐写本文心雕龙残本合校》，新亚研究所，1970 年；林其锬、陈凤金：《敦煌遗书文心雕龙残卷集校》，上海书店，1991 年。

[64] 张锡厚：《敦煌本唐集研究》，新文丰出版公司，1995 年；徐俊：《敦煌诗集残卷辑考》，中华书局，2000 年；施淑婷：《敦煌写本高适诗研究》，《敦煌的唐诗续编》，文史哲出版社，1989 年。

[65] 罗国威：《敦煌本〈文选注〉笺证》，巴蜀书社，2000 年；饶宗颐：《敦煌吐鲁番本文选》，中华书局，2000 年。

[66] 吴其昱：《敦煌本〈珠英集〉两残卷考》、《敦煌本〈珠英集〉中的 14 位诗人》，《法国学者敦煌学论文选萃》，1993 年。

[67] 荣新江、徐俊：《新见俄藏敦煌唐诗写本三种考证及校录》，《唐研究》第 5 卷，1999 年。

[68] 潘重规：《敦煌唐人陷蕃诗集残卷校录》，《幼狮学志》15 卷 4 期，1979 年；《敦煌唐人陷蕃诗集残卷作者的新探测》，《汉学研究》3 卷 1 期，1985 年；《敦煌唐人陷蕃诗集残卷研究》，《敦煌学》第 13 辑，1988 年。柴剑虹：《敦煌唐人诗文选集（P.2555）补录》，《文学遗产》1983 年第 4 期；《敦煌P.2555 卷“马云奇诗”辨》，《中华文史论丛》1984 年第 2 辑；《敦煌唐人诗集残卷（P.2555）初探》，《敦煌学论集》，甘肃人民出版社，1985 年。

[69] 徐俊：《敦煌诗集残卷辑考》，中华书局，2000 年。

[70] 颜廷亮、赵以武：《〈秦妇吟〉研究汇录》，上海古籍出版社，1990 年。山田胜久：《敦煌文学の研究——敦煌出土〈秦妇吟〉成立の背景について》，《学大国文》第 37 号，1994 年；《敦煌文学の研究——ペリオ文书 3381 号〈秦妇吟〉について》，《东洋哲学研究所纪要》第 9 号，1994 年。

[71] 吴其昱：《李翔及其涉道诗》，《道教研究》，昭森社，1965 年；林聪明：《敦煌本李翔涉道诗考释》，《敦煌学》第 7 辑，1984 年。

[72] 黄永武：《敦煌所见李峤诗十一首的价值》，《敦煌的唐诗续编》，文史哲出版社，1989 年。

[73] 神田喜一郎：《〈敦煌二十咏〉に就いて》，原载《史林》24 卷 4 号，1939年，收入《东洋学说林》，弘文堂，1948 年，又收入《神田喜一郎全集》第 1 卷，同朋社，1986 年。

[74] 王重民：《补全唐诗》，《全唐诗补编》，中华书局，1992 年。按：此为吸收了刘修业、潘重规、项楚、蒋礼鸿、徐俊等成果的最新版。

[75] 饶宗颐：《敦煌写本登楼赋重研》，《大陆杂志特刊》第 2 辑，1962 年。

[76] 潘重规：《敦煌赋校录》，《华冈文科学报》第 11 卷，1978 年；陈世福：《敦煌赋研究》，中国文化大学中文研究所硕士论文，时间稍后；伏俊连：《敦煌赋校注》，甘肃人民出版社，1994 年；张锡厚《敦煌赋汇》，江苏古籍出版社，1996 年。

[77] 潘重规：《敦煌云谣集新书》，石门图书公司，1977 年；沈英名：《敦煌云谣集新校订》，正中书局，1979 年。

[78] 王重民：《敦煌曲子词集》，商务印书馆，1950 年；任二北：《敦煌曲初探》，上海文艺联合出版社，1954 年；同氏：《敦煌曲校录》，同前，1955 年；巴宙：《敦煌韵文集》，佛教文化服务处，1965 年；饶宗颐著、戴密微译：Airs de Touen－Houang（敦煌曲），Gentre National de La Recherche Scientifique，Paris，1971 年（后有专文"订补"）；林玫仪：《敦煌曲研究》，台湾大学，1974 年；潘重规：《敦煌词话》，石门图书公司，1981 年；林聪明：《敦煌俗文学研究》，中国学术著作奖助委员会，1984 年；成润淑：《敦煌曲子词析论》，台北，1986 年；林玫仪：《敦煌曲子词斠证初编》，东大股份有限公司，1986 年；金贤珠：《唐五代敦煌民歌》，文史哲出版社，1994 年。

[79] 任半塘：《敦煌歌辞总编》，上海古籍出版社，1987 年；项楚：《敦煌歌辞总编匡补》，新文丰出版公司，1995 年。

[80] 周绍良：《敦煌变文汇录》，上海出版公司，1954 年、1955 年（增订版）；王重民、王庆菽、向达、周一良、启功、曾毅公等：《敦煌变文集》，人民文学出版社，1957 年；潘重规：《敦煌变文集新书》，中国文化大学中文研究所，1983 年；周绍良、白化文、李鼎霞：《敦煌变文集补编》，北京大学出版社，1989 年；项楚：《敦煌变文选注》，巴蜀书社，1990 年；张涌泉、黄征：《敦煌变文校注》，中华书局，1997 年；周绍良、张涌泉、黄征：《敦煌变文讲经文因缘辑校》，江苏古籍出版社，1998 年。

[81] 邱镇京：《敦煌变文述论》，台北商务印书馆，1970 年。邵红：《敦煌石室讲

经文研究》，台湾大学文学院，1970 年。孟列夫、卓格拉夫：《报恩经变文研究》，莫斯科，1972 年。罗宗涛：《敦煌讲经变文研究》，文史哲出版社，1972 年。谢海平：《讲史性之变文研究》，嘉新文化基金会，1973 年。孟列夫：《妙法莲华经变文研究》，苏联科学出版社，1984 年。王庆菽：《敦煌文学论文集》，吉林大学出版社，1987 年。李骞：《敦煌变文话本研究》，辽宁大学出版社，1987 年。梅维恒：《绘画与表演》，夏威夷大学出版社，1988 年；《唐代的变文》，哈佛大学出版社，1989 年。陆永峰：《敦煌变文研究》，巴蜀书社，2000 年。朱雷撰《读〈敦煌变文集〉札记》多篇，分载《魏晋南北朝隋唐史资料》、《敦煌吐鲁番文书初探》等书刊，不赘举。

[82] （编者不详）《敦煌变文论辑》，石门图书公司，1981 年；周绍良、白化文：《敦煌变文论文录》，上海古籍出版社，1982 年，又，明文书局，1985 年。

[83] 蒋礼鸿：《敦煌变文字义通释》，中华书局上海编辑所，1959 年；新文丰出版公司，1985 年；上海古籍出版社，1988 年增订版。入矢义高：《〈敦煌变文集〉口语语汇索引》，1961 年（油印）。阎崇璩：《敦煌变文词语汇释》，大东文化大学，1983 年。郭在贻、张涌泉、黄征：《敦煌变文集校议》，岳麓书社，1990 年。吴福祥：《敦煌变文语法研究》，岳麓书社，1996 年。

[84] 戴密微：《唐代的入冥故事——黄仕强传》，《敦煌译丛》第 1 辑，1985 年；柴剑虹：《读敦煌写卷〈黄仕强〉札记》，《敦煌语言文学研究》，北京大学出版社，1988 年。

[85] 大友信一、西原一幸：《唐代字样两种の研究と索引》，樱枫社，1986 年；蔡忠霖：《敦煌字样书〈正名要录〉研究》，中国文化大学硕士论文，1994 年。

[86] 朱凤玉：《敦煌写本碎金研究》，文津出版社，1997 年。

[87] 朱凤玉：《敦煌写本〈俗务要名林〉研究》，《第二届国际唐代学术会议论文集》，文津出版社，1993 年。

[88] 刘复、罗常培：《十韵汇编》，北京大学，1935 年。

[89] 姜亮夫：《瀛涯敦煌韵辑》，上海出版公司，1955 年；《瀛涯敦煌韵书卷子考释》，浙江古籍出版社，1990 年。潘重规：《瀛涯敦煌韵辑新编》，新亚研究所，1972 年；《瀛涯敦煌韵辑别录》，新亚研究所，1973 年；《瀛涯敦煌韵辑新编》，文史哲出版社，1974 年。周祖谟：《唐五代韵书集存》，中华书局，1983 年；学生书局，1994 年（增补版）。

[90] 武内义雄：《唐钞本韵书及印本切韵之断片》，《唐代文献丛考》，开明书店，1984 年；上田正：《切韵残卷诸本补正》，东京大学东洋文化研究所，1973

年。按：本书系补正《十韵汇编》和《瀛涯敦煌韵辑》。

[91] 张涌泉：《近一个世纪以来的敦煌语言文字研究》，《书品》2000 年第 3 期。

[92] 饶宗颐：《敦煌本老子想尔注校笺》，香港，1956 年；《老子想尔注续论》，
《福田博士颂寿记念东洋文化论丛》，早稻田大学，1969 年；《老子想尔注校
证》，上海古籍出版社，1991 年。

[93] 饶宗颐：《吴建衡二年索纩写本道德经残卷考证——兼论河上公本源流》，
《东方文化》2 卷 1 期，1955 年；王素：《西晋索纩写〈道德经〉残卷》，
《中国文物报》1994 年 4 月 3 日第 3 版。

[94] 程南洲：《伦敦所藏敦煌〈老子〉写本残卷研究》，文津出版社，1985 年。

[95] 寺冈龙含：《敦煌本郭象注庄子南华真经辑影》，福井汉文学会，1960 年；
《敦煌本郭象注庄子南华真经校勘记》，同前，1961 年；《敦煌本郭象注庄子
南华真经研究总论》，同前，1966 年。

[96] 吴其昱：《敦煌发现七世纪道教佚经〈本际经〉写本》，法国国家科研中心，
1960 年。

[97] 陶秋英、姜亮夫：《敦煌所见道教佚经录》，《敦煌碎金》，浙江古籍出版社，
1992 年。

[98] 大渊忍尔：《敦煌道经目录》，法藏馆，1960 年；《敦煌道经目录编》，福武
书店，1978 年；《敦煌道经图录编》，同前，1979 年。

[99] 陈鼓应主编：《道教文化研究》第 13 辑（敦煌道教文献专号），1998 年。
又，万毅：《敦煌本道教〈升玄内教经〉的文本顺序》，《敦煌研究》2000 年
第 4 期。

[100] 矢吹庆辉：《三阶教の研究》，岩波书店，1927 年。

[101] 铃木贞太郎（大拙）：《敦煌出土少室逸书》，京都，1935 年；《校刊少室逸
书と解说》，安宅佛教文库，1936 年。关口真大：《达摩大师の研究》，彰
国社，1957 年。柳田圣山：《达摩の语录》，筑摩书房，1969 年。

[102] 铃木大拙、公田连太郎：《敦煌出土六祖坛经》，森江书店，1934 年；宇井
伯寿：《第二禅宗史研究》，岩波书店，1941 年；柳田圣山：《六祖坛经诸
本集成》，中文出版社，1976 年；驹泽大学禅宗史研究会：《慧能研究》，
大修馆书店，1978 年；郭朋：《坛经对勘》，齐鲁书社，1981 年；同氏：
《坛经校释》，中华书局，1983 年；潘重规：《敦煌坛经新书》，佛陀教育基
金会，1994 年。

[103] 杨曾文：《敦煌新本六祖坛经》，上海古籍出版社，1993 年；邓文宽：《大
梵寺佛音——敦煌莫高窟〈坛经〉读本》，如闻出版社，1997 年；周绍良：

《敦煌写本坛经原本》，文物出版社，1997 年；邓文宽、荣新江：《敦博本禅籍录校》，江苏古籍出版社，1998 年；李申、方广锠：《敦煌坛经合校简注》，山西古籍出版社，1999 年。

[104] 胡适：《神会和尚遗集》，1930 年；同氏：《胡适校敦煌唐写本神会和尚遗集》（附胡先生晚年的研究），胡适纪念馆，1968 年；铃木大拙：《敦煌出土神会录》，石井光雄，1932 年；铃木贞太郎（大拙）、公田连太郎：《敦煌出土荷泽神会禅师语录》，森江书店，1934 年；谢和耐：《荷泽神会禅师语录》，河内法国远东学院，1949 年。

[105] 宇井伯寿：《禅宗史研究》，岩波书店，1939 年；铃木大拙：《禅思想史研究》，岩波书店，1951 年；柳田圣山：《初期禅宗史书の研究》，法藏馆，1967 年；同氏：《初期の禅史》I，筑摩书房，1971 年；同氏：《初期の禅史》Ⅱ，同前，1976 年；田中良昭：《敦煌禅宗文献の研究》，大东出版社，1983 年；马克瑞：《北宗与早期禅宗的形成》，夏威夷大学出版社，1986 年；冉云华：《中国禅学研究论集》，东初出版社，1990 年；林世田、刘燕远、申国美：《敦煌禅宗文献集成》，全国图书馆文献缩微复制中心，1998 年。

[106] 李翊灼：《敦煌石室经卷中未入藏经论著述目录》（附《疑伪外道目录》），《古学汇刊》第 1 集，国粹学报社，1912 年。

[107] 高楠顺次郎、渡边海旭、小野玄妙等：《大正新修大藏经》（简称《大正藏》）第 85 卷"古逸部"、"疑似部"，大藏出版社，1932 年。

[108] 宇井伯寿：《西域佛典の研究》（敦煌逸书简译），岩波书店，1969 年；牧田谛亮：《疑经研究》，京都大学人文科学研究所，1976 年；上山大峻：《敦煌佛教の研究》，法藏馆，1990 年；王文颜：《佛典疑伪经研究与考录》，文津出版社，1997 年；方广锠主编：《藏外佛教文献》（1～6 辑），宗教文化出版社，1995～1998 年。

[109] 徐自强、李富华：《敦煌大藏经》（全 63 册），星星出版公司、前景出版社，1990～1991 年；方广锠：《敦煌佛教经录辑校》，江苏古籍出版社，1997 年；汪娟：《敦煌礼忏文研究》，法鼓文化事业公司，1998 年；黄征、吴伟：《敦煌愿文集》，岳麓书社，1995 年。按：其中，对愿文的性质和体裁，《敦煌愿文集》是否应该包括斋文、燃灯文、转经文、镇宅文、咒愿新郎新妇文乃至写经题记，学者意见不一，饶宗颐、池田温、梅弘理、郝春文、张广达、王三庆、黄征等均有解说，不赘举。

[110] 朱维之：《大秦景教三威蒙度赞及尊经考》，《基督教丛刊》第 14 期，1946

年。吴其昱：《景教三威蒙度赞研究》，《中央研究院历史语言研究所集刊》57本3分册，1986年。同氏：《唐代景教之法王与尊经考》，林悟殊：《敦煌景教写本P.3847之再研究》，均载《敦煌吐鲁番研究》第5卷，2001年。

[111] 羽田亨：《羽田博士史学论文集》，同朋社，1957～1958年。

[112] 朱维之：《景教经典—神论》，《基督教丛刊》第18期，1947年。

[113] 林悟殊：《敦煌遗书〈大秦景教宣元本经〉考释》，《九州学刊》6卷4期（敦煌专号三），1995年。

[114] 佐伯好郎：《景教の研究》，东方文化学院，1935年；《支那基督教史の研究》，春秋社，1943～1949年。梁子涵：《敦煌景教之文献》，《大陆杂志》14卷11、12期，1957年；《唐代景教译经考》，《大陆杂志》27卷7期，1963年。罗香林：《唐元二代之景教》，中国学社，1966年。克里木凯特著、林悟殊翻译增订：《达·伽马以前中亚和东亚的基督教》，台湾淑馨出版社，1995年。

[115] 林悟殊：《敦煌摩尼教写经〈下部赞〉原件之考察》，《古代摩尼教艺术·附录》，台湾淑馨出版社，1995年。

[116] 刘南强：《晚期罗马帝国和中古中国的摩尼教史概说》，曼彻斯特大学出版社，1985年；翁拙瑞：《摩尼教在中国——汉文摩尼教术语的研究》，Bokforlaget plus Ultra出版社，1985年；施寒微：《汉文摩尼教典》，奥托·哈拉索维茨出版社，1987年；矢吹庆辉：《摩尼教与东洋的诸宗教——比较宗教学论文选》，佼成出版社，1988年；林悟殊：《摩尼教及其东渐》，中华书局、淑馨出版社，1987、1997年。

[117] 向达：《莫高、榆林二窟杂考》，《文物参考资料》1951年第5期。宿白：《〈莫高窟记〉跋》，《文物参考资料》1955年第2期；《中国石窟寺研究》，文物出版社，1996年。金维诺：《敦煌窟龛名数考》，《文物》1959年第5期。

[118] 贺世哲：《敦煌莫高窟供养人题记校勘》，《中国史研究》1980年第3期。史苇湘：《世族与石窟》，施萍婷：《建平公与莫高窟》，贺世哲、孙修身：《瓜沙曹氏与莫高窟》，均载《敦煌研究文集》，甘肃人民出版社，1982年。

[119] 马德：《敦煌莫高窟史研究》，甘肃教育出版社，1996年。

[120] 饶宗颐：《论敦煌陷于吐蕃之年代》，《选堂集林·史林》中册，中华书局香港分局，1982年。

[121] 陈国灿：《唐朝吐蕃陷落沙州城的时间问题》，《敦煌学辑刊》1985年第1

期。

[122] 森安孝夫：《回鹘、吐蕃 789～792 年的北庭之争》，《敦煌译丛》第 1 辑，1985 年。

[123] 向达：《两关杂考》，《唐代长安与西域文明》，1957 年。

[124] 宁欣：《唐代敦煌地区水利问题初探》，《敦煌吐鲁番文献研究论集》第 3 辑，1986 年；陈国灿：《唐五代敦煌县乡里制的演变》，《敦煌研究》1989 年第 3 期。

[125] 李正宇：《敦煌史地新论》，新文丰出版公司，1996 年；《敦煌历史地理导论》，同前，1997 年。李并成：《河西走廊历史地理》（第 1 卷），甘肃人民出版社，1995 年。

[126] 陈寅恪：《唐代政治史述论稿》第 55 页，上海古籍出版社，1982 年；《金明馆丛稿初编》第 225～226 页，上海古籍出版社，1980 年。

[127] 黄惠贤：《〈常何墓碑〉跋》，《魏晋南北朝隋唐史资料》第 2 期，1980 年。

[128] 王永兴：《唐勾检制研究》，上海古籍出版社，1991 年。

[129] 荒川正晴：《唐朝の交通システム》，《大阪大学大学院文学研究科纪要》第 40 卷，2000 年。

[130] 邵文实：《沙州节儿考及其引申出来的问题》，《西北师大学报》1992 年第 5 期。

[131] 姜伯勤：《沙州道门亲表部落释证》，《敦煌研究》1986 年第 3 期。

[132] 张广达：《吐蕃飞鸟使与吐蕃驿传制度——兼论敦煌行人部落》，《敦煌吐鲁番文献研究论集》（第 1 辑），1982 年。

[133] 杨铭：《吐蕃时期敦煌部落设置考》，《西北史地》1987 年第 2 期；另参阅同氏：《吐蕃统治敦煌研究》，新文丰出版公司，1997 年。荣新江：《通颊考》，《文史》第 33 辑，1991 年。

[134] 姜伯勤：《唐敦煌书仪写本所见沙州玉关驿户起义》，《中华文史论丛》1981 年第 1 辑。

[135] 陈寅恪：《吐蕃彝泰赞普名号年代考》，《金明馆丛稿二编》，上海古籍出版社，1980 年。

[136] 王忠：《新唐书吐蕃传笺证》，科学出版社，1958 年。

[137] 王尧、陈践：《敦煌本吐蕃历史文书》，民族出版社，1980、1992 年；《敦煌吐蕃文献选》，四川人民出版社，1983 年。按：王、陈二氏所译吐蕃最重要的历史文献，最早系由巴考、托玛斯、图散等转写和译释。见《敦煌新发现的吐蕃历史文书》，集美博物馆，1940～1946 年。

[138] 佐藤长：《古代西藏史研究》，同朋社，1958~1959 年；山口瑞凤：《吐蕃王国成立史研究》，岩波书店，1983 年。

[139] 戴密微著、耿昇译：《吐蕃僧诤记》，甘肃人民出版社，1984 年。

[140] 罗秉芬、黄布凡：《敦煌本吐蕃医学文献选编》，民族出版社，1983 年。

[141] 王尧、陈践：《敦煌吐蕃文书论文集》，四川民族出版社，1988 年；王尧：《西藏文史考信集》，中国藏学出版社，1994 年。另参阅王尧：《敦煌石窟里的吐蕃文书》，《中国西藏》2000 年第 5 期。

[142] 王尧：《国外藏学研究选译》，甘肃人民出版社，1983 年；《国外藏学研究译文集》（1~7 辑），西藏人民出版社，1985~1990 年。

[143] 罗振玉：《补唐书张议潮传》，《丙寅稿》，上虞罗氏，1927 年；藤枝晃：《沙州归义军节度使始末》（一）~（四），《东方学报》12 册 3 号~13 册 2 号，1941~1943 年。姜亮夫对罗氏亦有订补。见《罗振玉〈补唐书张义潮传〉订补》，《向达先生纪念论文集》，新疆人民出版社，1986。但不少问题已经学者指出并改正，故不赘举。

[144] 唐长孺：《关于归义军节度的几种资料跋》，《中华文史论丛》第 1 辑，1962 年。

[145] 孙修身：《张淮深之死再议》，《西北师院学报》1982 年第 2 期。

[146] 李永宁：《竖牛作孽，君主见欺——谈张淮深之死及唐末归义军执权者之更迭》，《敦煌研究》1986 年第 2 期。

[147] 邓文宽：《也谈张淮深之死》，《敦煌吐鲁番耕耘录》，1996 年。

[148] 荣新江：《晚唐归义军李氏家族执政史探微》，《文献》1989 年第 3 期。

[149] 唐长孺：《白衣天子试释》，《燕京学报》第 35 期，1948 年。

[150] 王重民：《金山国坠事零拾》，《北平图书馆馆刊》9 卷 6 期，1935 年。

[151] 罗振玉辑、何广棪校点：《新印校点本瓜沙曹氏年表》，里仁书局，1984 年。

[152] 姜亮夫：《瓜沙曹氏年表补正》、《瓜沙曹氏世谱》，《敦煌学论文集》，上海古籍出版社，1987 年。

[153] 贺世哲、孙修身：《瓜沙曹氏年表补正之补正》，《甘肃师大学报》1980 年第 3 期；孙修身：《谈瓜沙曹氏世谱的几个问题》，《社会科学》1983 年第 5 期。

[154] 谭蝉雪：《曹元德曹元深卒年考》，《敦煌研究》1988 年第 1 期。

[155] 唐耕耦：《曹仁贵节度沙州归义军始末》，《敦煌研究》1987 年第 2 期。

[156] 贺世哲：《试论曹仁贵即曹议金》，《西北师大学报》1990 年第 3 期；李正

宇：《曹仁贵名实论——曹氏归义军创始及附梁史探》，《第二届敦煌学国际研讨会论文集》，台北，1991 年。

[157] 荣新江：《沙州归义军历任节度使称号研究》（修订稿），《敦煌学》第 19 辑，1992 年；《归义军改元考》，《文史》第 38 辑，1994 年。

[158] 贝利：《于阗文献选刊》，埃纳尔·门克斯葛德出版社，1938 年；《于阗语文献集》（全 7 册），剑桥大学出版社，1945~1985 年；《于阗语佛教文献集》，泰勒外国出版社、剑桥大学出版社，1951、1981 年。另参阅：恩默瑞克：《于阗文献指南》，东京灵友会图书馆、国际佛学研究所，1979、1992 年。

[159] 田久保周誉：《敦煌出土于阗语秘密经典集の研究》，春秋社，1975 年。

[160] 王国维：《于阗公主供养地藏菩萨画像跋》，《观堂集林》（附别集），中华书局，1984 年重印版。

[161] 张广达、荣新江：《上古于阗的塞种居民》，《西北民族研究》1989 年第 1 期；饶宗颐：《上古塞种史若干问题——〈于阗史丛考〉序》，《中国文化》第 8 期，1993 年。

[162] 杨铭：《唐代吐蕃统治于阗的若干问题》，《敦煌学研究》（《西北师院学报》增刊），1986 年；高永久、王国华：《吐蕃统治下的于阗》，《西北民族研究》1991 年第 2 期。

[163] 井之口泰淳撰、荣新江译：《于阗语资料所记之尉迟王家的系谱和年代》，蒲立本撰、荣新江译：《钢和泰藏卷年份考》，哈密屯撰、荣新江译：《公元 851~1001 年于阗年号考》，均载《新疆文物》1988 年第 2 期。张广达、荣新江：《关于唐末宋初于阗国的国号、年号及其王家世系问题》，《敦煌吐鲁番文献研究论集》（第 1 辑），1982 年。

[164] 殷晴：《于阗尉迟王家世系考述》，《新疆社会科学》1983 年第 2 期；林梅村：《藏文古籍所述于阗王谱系迄始年代研究》，《新疆社会科学》1985 年第 5 期。

[165] 张广达、荣新江：《敦煌瑞像记、瑞像图及其反映的于阗》，《敦煌吐鲁番文献研究论集》第 3 辑，1986 年；王尧、陈践：《归义军曹氏与于阗之关系补正》，《西北史地》1987 年第 2 期。

[166] 汤开建、王叔凯：《关于于阗政权与喀剌汗王朝关系的探讨》，《敦煌学辑刊》1984 年第 1 期。

[167] J. Hamilton：Le conte bouddhique du Bon et du Mauvais Prince en version ouigoure, Manuscrits ouigours de Touen - houang, Paris, 1971; Manuscrits

ouigours du IXe－Xe siècle de Touen－houang，Ⅰ－Ⅱ，Paris：Fondation Singer－polignac，1986.

[168] 牛汝极：《维吾尔古文字古文献导论》（另参见附录三《牛汝极主要论著简目》），新疆人民出版社，1997 年；《回鹘佛教文献——佛典总论及巴黎所藏敦煌回鹘文佛教文献》，新疆大学出版社，2000 年。

[169] 邓文宽：《张淮深平定甘州回鹘史事钩沉》，《北京大学学报》1986 年第 5 期。

[170] 荣新江：《曹议金征甘州回鹘史事表微》，《敦煌研究》1991 年第 2 期；《甘州回鹘与曹氏归义军》，《西北民族研究》1993 年第 2 期。

[171] 荣新江：《甘州回鹘成立史论》，《历史研究》1993 年第 5 期；苏北海、丁谷山：《瓜沙曹氏政权与甘州回鹘、于阗回鹘的关系》，《敦煌研究》1990 年第 3 期；王素：《邓文宽〈敦煌吐鲁番学耕耘录〉》（书评），《敦煌吐鲁番研究》第 3 卷，1998 年。

[172] 钱伯泉：《沙州回鹘研究》，《社会科学》1989 年第 6 期。

[173] 李正宇：《悄然湮没的王国——沙州回鹘国》，《沙州回鹘及其文献》，甘肃教育出版社，1994 年。

[174] 杨富学、牛汝极：《沙州回鹘及其文献》，甘肃教育出版社，1994 年。

[175] 池田温：《8 世纪中叶における敦煌のソグド人聚落》，《ユーラシア文化研究》第 1 号，1965 年。

[176] 郑炳林：《唐五代敦煌粟特人与归义军政权》，《敦煌研究》1996 年第 4 期；陆庆夫：《唐宋间敦煌粟特人之汉化》，《历史研究》1996 年第 6 期。

[177] 朱雷：《唐代"点籍样"制度初探——吐鲁番、敦煌两地出土"点籍样"文书的考察》，《敦煌吐鲁番文书初探》第 2 编，1990 年；李正宇：《〈吐蕃子年（公元 808 年）沙州百姓氾履倩等户籍手实残卷〉研究》，《1983 年全国敦煌学术讨论会文集》文史·遗书编上册，1987 年。

[178] 曾了若：《隋唐之均田》，《食货》4 卷 2 期，1936 年。

[179] 邓广铭：《唐代租庸调法研究》，《历史研究》1954 年第 4 期。

[180] 岑仲勉：《租庸调与均田有无关系》，韩国磐：《唐代的均田制与租庸调》，胡如雷：《唐代均田制研究》，均载《历史研究》1955 年第 5 期。

[181] 韩国磐：《根据敦煌、吐鲁番发现的文件略谈有关唐代田制的问题》，《历史研究》1962 年第 4 期。

[182] 李必忠：《唐代均田制的一些基本问题》，《四川大学学报》1955 年第 2 期；田野：《关于唐代均田实施的几个问题》，《山东大学学报》1959 年第 4 期；

唐耕耦：《从敦煌、吐鲁番资料看唐代均田令的实施》，《山东大学学报》1963年第1期。

[183]　后来仅有林天蔚等极少数学者仍然认为均田制在唐代有名无实。见《敦煌户籍中所见唐代田制新探》，《珠海学报》1980年第10期。

[184]　铃木俊：《均田租庸调制度の研究》，刀水书房，1980年；姜镇庆、那向芹：《敦煌学译文集——敦煌吐鲁番出土社会经济文书研究》，1985年；姜镇庆、李德龙：《唐代均田制研究选译》，甘肃教育出版社，1992年。另阅宋家钰：《日本学者关于唐代均田制问题研究和讨论述评》，《中国敦煌吐鲁番学会研究通讯》1986年第4期。

[185]　王永兴：《论唐代均田制》，《北京大学学报》1987年第2期。

[186]　杨际平：《均田制新探》，厦门大学出版社，1991年。

[187]　武建国：《均田制研究》，云南人民出版社，1992年。

[188]　朱雷：《唐代"均田制"实施过程中"受田"与"私田"的关系及其他》，《魏晋南北朝隋唐史资料》第14辑，1996年。

[189]　杨际平：《吐蕃时期沙州社会经济研究》，《敦煌吐鲁番出土经济文书研究》，1986年。

[190]　唐刚卯：《唐代请田制度初探》，《敦煌学辑刊》1985年第2期。

[191]　池田温：《开运二年十二月河西节度押衙王文通牒——十世纪敦煌における土地争いの一例》，《铃木俊先生古稀记念东洋史论丛》，山川出版社，1975年；冷鹏飞：《唐末沙州归义军张氏时期有关百姓受田和赋税的几个问题》，《敦煌学辑刊》1984年第1期；杨际平：《唐末宋初敦煌土地制度初探》，《敦煌学辑刊》1988年第1、2期。

[192]　陈国灿：《唐代后期的请田制度》，《唐代的经济社会》，文津出版社，1999年。

[193]　日野开三郎：《唐代租庸调の研究Ⅰ　色额篇》，《唐代租庸调の研究Ⅱ　课输篇》，久留米大学商学部东洋经济史研究室，1974、1975年。

[194]　崔维泽（又译杜希德）：《唐代财政制度》，剑桥大学出版社，1963年；李锦绣：《唐代财政史稿》（上、下二卷），北京大学出版社，1995、2001年。

[195]　王永兴：《敦煌唐代差科簿考释》，《历史研究》1957年第4期；《唐天宝敦煌差科簿研究——兼论唐代色役制和其他问题》，《敦煌吐鲁番文献研究论集》（第1辑），1982年。

[196]　西村元佑：《通过唐代敦煌差科簿看唐代均田制时代的徭役制度——以大谷探险队携来的敦煌、吐鲁番古文书为参考史料》，《敦煌学译文集——敦

煌吐鲁番出土社会经济文书研究》，1985 年；日野开三郎：《西村元佑〈唐代敦煌差科簿の研究——大谷探检队将来敦煌、吐鲁番文书を参考资料として〉》，《法制史研究》第 11 号，1961 年；杨际平：《关于唐天宝敦煌差科簿的几个问题》，《敦煌吐鲁番出土经济文书研究》，1986 年。

[197] 雷绍锋：《归义军赋役制度初探》，洪叶文化事业有限公司，2000 年。

[198] 吴震：《敦煌石室所出唐天宝初年〈郡县公廨本钱簿〉》，《中国文物》第 1 期，1979 年；《敦煌石室写本唐天宝初年〈郡县公廨本钱簿〉校注并跋》，《文史》第 13、14 辑，1982 年。薛英群：《略谈敦煌地志文书中的公廨本钱》，《兰州大学学报》1980 年第 2 期。马世长：《地志中的"本"和唐代公廨本钱——敦博第 58 号卷子研究之二》，《敦煌吐鲁番文献研究论集》（第 1 辑），1982 年。

[199] 孙达人：《对唐至五代租佃契约经济内容的分析》，《历史研究》1962 年第 6 期。

[200] 杨际平：《麹氏高昌与唐代西州、沙州租佃制研究》，《敦煌吐鲁番出土经济文书研究》，1986 年。

[201] 陈国灿：《唐代的租佃契与租佃关系》，《唐代的经济社会》，1999 年。

[202] 池田温：《中国古代の租佃契》，《东洋文化研究所纪要》第 60、65、117 号，1973、1975、1992 年；《中国古代の租佃契をめぐって》，《法制史研究》第 24 号，1975 年。

[203] 玉井是博：《支那西陲出土の契》，《支那社会经济史研究》，岩波书店，1941 年。

[204] 陈国灿：《敦煌所出诸借契年代考》，《敦煌学辑刊》1984 年第 1 期；《唐代的民间借贷》，《唐代的经济社会》，1999 年。

[205] 唐耕耦：《唐五代时期的高利贷》，《敦煌学辑刊》1986 年第 1 期。

[206] 李天石：《唐宋时期典身性质的变化及其意义》，《历史研究》1993 年第 3 期；杨际平：《敦煌吐鲁番出土雇工契研究》，《敦煌吐鲁番研究》第 2 卷，1997 年；冻国栋：《唐代的"市券"与"私契"——敦煌吐鲁番文书札记之一》，《喀什师范学院学报》1988 年第 4 期。

[207] 沙知：《敦煌契约文书辑校》，江苏古籍出版社，1998 年。

[208] 仁井田陞：《敦煌寺院庄园关系文书——スタイン文献》，《东洋文化研究所纪要》第 19 号，1959 年。

[209] 谢重光：《关于唐后期五代间沙州寺院经济的几个问题》，《敦煌吐鲁番出土经济文书研究》，1986 年。

[210] 三岛一：《唐代寺库の机能の一二について》，《池田博士还历记念东洋史论丛》，座右宝刊行会，1940 年；《唐代寺院の常住僧物利用に就いての一知见》，《和田博士古稀记念东洋史论丛》，讲谈社，1961 年；《敦煌文书より见た唐代寺院财政史の一知见》，《二松学舍大学东洋学研究所集刊》第 1 集，1971 年。那波利贞：《敦煌发见文书に据る中晚唐时代の佛教寺院の钱谷布类贷附营利事业运营の实况》，《支那学》10 卷 3 号，1941 年；《中晚唐时代に於ける敦煌地方佛教寺院の碾硙经营に就きて》，《东亚经济论丛》1 卷 3、4 号及 2 卷 2 号，1941、1942 年。

[211] 唐耕耦：《敦煌寺院会计文书研究》，新文丰出版公司，1997 年。

[212] 竺沙雅章：《敦煌の寺户について》，《史林》44 卷 5 期，1961 年。

[213] 仁井田陞：《唐末五代の敦煌寺院佃户关系文书——关于限制佃户人格自由的规定》，《敦煌学译文集——敦煌吐鲁番出土社会经济文书研究》，1985 年。

[214] 那波利贞：《梁户考》，《支那佛教史学》2 卷 1、2、4 期，1938 年。

[215] 张弓：《唐五代敦煌寺院的牧羊人》，《兰州学刊》1984 年第 2 期。

[216] 姜伯勤：《唐五代敦煌寺户制度》，1987 年。

[217] 李正宇：《敦煌地区古代祠庙寺观简志》，《敦煌学辑刊》1988 年第 1、2 期。

[218] 竺沙雅章：《敦煌の僧官制度》，《东方学报》第 31 号，1961 年。

[219] 谢重光：《吐蕃占领期与归义军时期的敦煌僧官制度》，《敦煌研究》1991 年第 3 期。另参阅同氏：《汉唐佛教社会史论》，国际文化事业有限公司，1990 年。

[220] 齐陈骏：《敦煌沿革与人口》，《敦煌学辑刊》第 1、2 辑，1980、1981 年；郑学檬：《七世纪后期至八世纪后期敦煌县人口试析》，《敦煌学辑刊》1984 年第 1 期；冻国栋：《唐代人口问题研究》，武汉大学出版社，1993 年。

[221] 韩国磐：《唐天宝时农民生活之一瞥——敦煌吐鲁番资料阅读札记之一》，《厦门大学学报》1963 年第 4 期。

[222] 赵守俨：《唐代婚姻礼俗考》，《文史》第 3 辑，1963 年；谭蝉雪：《敦煌婚姻文化》，甘肃人民出版社，1993 年；卢向前：《唐代胡化婚姻关系试论》，《敦煌吐鲁番文书论稿》，1992 年。

[223] 浜口重国：《唐王朝の贱人制度》，东洋史研究会，1966 年；堀敏一：《中国古代の身分制——良と贱》，汲古书院，1987 年；山根清志：《唐の部曲

客女身分に关する一考察——ペリオ汉文文书 3608 号の理解にむけて》，《一桥研究》3 卷 1 号，1978 年。

[224] 杨际平、郭锋、张和平：《五—十世纪敦煌的家庭与家庭关系》，岳麓书社，1997 年。

[225] 那波利贞：《唐代の社邑に就きて》，《史林》23 卷 2～4 号，1938 年；《佛教信仰に基きて组织せられたる中晚唐五代の社邑に就きて》，《史林》24卷 3、4 号，1939 年。

[226] 竺沙雅章：《敦煌出土"社"文书の研究》，《东方学报》第 35 号，1964年。

[227] 卢向前：《马社研究——P. 3899 号背面马社文书介绍》，《敦煌吐鲁番文书论稿》，1992 年。

[228] 宁可、郝春文：《敦煌社邑文书辑校》，江苏古籍出版社，1997 年。

[229] 黄正建：《唐代衣食住行研究》，首都师范大学出版社，1998 年；郝春文：《唐后期五代宋初敦煌僧尼的社会生活》，中国社会科学出版社，1998 年。

[230] 罗宗涛：《敦煌变文社会风俗事物考》，文史哲出版社，1974 年；高国藩：《敦煌民俗资料导论》，新文丰出版公司，1993 年。

[231] 郑炳林：《唐五代敦煌手工业研究》，《敦煌学辑刊》1996 年第 1 期；马德：《敦煌工匠史料》，甘肃人民出版社，1997 年。

[232] 郑学檬：《从敦煌文书看唐代河西地区的商品货币经济》，《敦煌吐鲁番出土经济文书研究》，1986 年；冻国栋：《唐代的商品经济与经营管理》，武汉大学出版社，1990 年；李明伟：《丝绸之路与西北经济社会研究》，甘肃人民出版社，1992 年。

[233] 张弓：《汉唐佛寺文化史》，中国社会科学出版社，1997 年。

五 敦煌吐鲁番文献的

整理与研究（下）

吐鲁番文献的整理与研究，各国分期不尽相同。我国根据政局和研究条件的变化，一般分为三期，即：1908 至 1949 年为第一期，1949 至 1981 年为第二期，1981 年至今为第三期。其中，第一期也可分为二个阶段：1908 年罗振玉整理出版《神州国光集》第 6 集、1909 年王仁俊整理出版《敦煌石窟真迹录》附录部分相继公布德藏《凉王大且渠安周造寺功德碑》的拓片和释文为第一阶段的开始。此后二十多年，我国学者主要利用德国学者和日本大谷光瑞等提供的日、德所藏高昌砖刻的照片和释文进行整理与研究。1931 年黄文弼根据自己在吐鲁番考古所获资料整理出版《高昌》和《高昌博集》为第二阶段的开始。此后，我国学者可以根据自己获得的资料进行整理与研究。第二期影响较大的事件有二：一是黄文弼重新整理自己在吐鲁番考古所获资料，1951 年出版《高昌博集》（增订本），1954 年出版《吐鲁番考古记》；一是 1960 年《文物》第 6 期首次发表新疆考古工作者在吐鲁番阿斯塔那古代墓地进行发掘的简报，1972 至 1978 年《文物》继续发表新疆考古工作者在吐鲁番阿斯塔那、哈拉和卓古代墓地进行清理或发掘的简报。我国学者利用吐鲁番文献进行整理与研究的条件得到一定改善。第三期则随着 1981 至 1996 年唐长孺主编《吐鲁番出土文书》的出版，稍后日本小田义久主编《大谷文书集成》的印行，以及国内外其他收藏单位所藏吐鲁番文献的陆续公布,学者利用吐鲁番文献进行整理与研究的条件得到进一步改善。国外学术界主要根据"第二次世界大战"和我国的"改革开放"进行分期。为了不受分期不同的影响,此处的评介仍拟按专题进行。

（一）吐鲁番古籍的整理与研究

吐鲁番古籍的整理与研究,是一个并不十分热门的项目。这主要是因为,吐鲁番古籍品种、数量较少,有的还未正式公布,国内外研究者不多。其中,相当部分,已经结合敦煌同类古籍进行了研讨。因而,此处仅据传统分类,进行简略评介。

1. 经部

吐鲁番经部现存《尚书》、《毛诗》、《礼记》、《春秋左传》、《孝经》、《论语》、《尔雅》七种。没有《周易》,原因不明。没有《周礼》、《仪礼》、《春秋谷梁传》、《春秋公羊传》,应与唐置"五经博士","三礼"仅有《礼记》,"三传"仅有《春秋左传》有关。

《尚书》仅有孔安国《古文尚书传》,共 4 件,分别为大禹谟（Ch. 3698 号）、禹贡、甘誓（72TAM179：16）、吕刑（S.Toy.044）、文侯之命（S. Toy. Ⅲ. ii03 [f]）等篇。陈国灿、荣新江等进行了整理与介绍[1]。

《毛诗》主要有白文、郑玄《毛诗故训传笺》。白文约有 2 件,分别为周南关雎序（66TAM59：4/1 [a]）、小雅采微至出车（Ch. 121 号）、小雅鱼藻之什（Ch. 2254 号）。郑笺仅 1 件,为周南关雎序、郑风缁衣、小雅湛露、彤弓、菁菁者莪、六月等篇（73TAM524：33）。白文周南关雎序为东晋写本、郑笺周南关雎序至小雅六月为高昌写本，均极珍贵。

《礼记》主要有白文、郑玄《礼记注》。白文仅 1 件，为坊记（Ch. 2068 号）。郑注亦仅 1 件，为檀弓（73TAM222：54）。

《春秋左传》似乎仅有杜预《春秋经传集解》，共 4 件，分别为昭公二十二年（Ch. 1044、2432 号）、二十五年（静嘉堂文库藏品）、三十一至三十二年（Ch. 1298v 号）。其中，静嘉堂文库藏品有段永恩（季承）跋云："按此为《左传》鲁人窃宝龟，臧氏以其非礼一节，与前所见新城方伯右宰谷拒谏数残叶为一纸，书法同北魏，盖亦麴嘉时学官子弟传抄之本也。"[2]据此，知王树枏旧藏中也有 1 件杜氏集解，但现藏何处不详。此外，梁玉书（素文）旧藏中也有 1 件《春秋左传》，现藏书道博物馆[3]，详细情况也不清楚。

《孝经》主要有白文、郑玄《孝经注》、佚名《孝经解》及唐玄宗《御注孝经》。白文约有 2 件，分别为开宗明义至圣治（72TAM169：26 [a]）、卿大夫至孝治（吐鲁番博物馆藏品）等章。郑注仅 1 件，为感应、事君及丧亲等章（66TAM67：15）。《孝经解》亦仅 1 件（60TAM313：07/3）。《御注孝经》亦仅 1 件，为五刑章（Ch.2547 号）。严耀中、柳洪亮分别从不同角度对麴氏高昌时期的《孝经》和吐鲁番博物馆藏品进行了探讨[4]。

《论语》主要有白文、郑玄《论语注》、何晏《论语集解》。白文仅 1 件，为学而篇习书（72TAM169：83）。郑注数量较多，由于其书在南宋以后失传，价值最大。其中"卜天寿本"初出，郭沫若、夏鼐、龙晦、韩国磐等从不同角度进行了探讨。金谷治、王素、陈金木等则结合敦煌本对郑注进行了综合整理与研究[5]。荣新江对前人未收的敦煌吐鲁番本郑注进行了拾遗与校订[6]。何氏集解约有 3 件，分别为雍也、先进（67TAM67：14）、颜渊（静嘉堂文库藏品）、宪问（S. Toy. Ⅲ. 032 [i] b）等篇。此外，梁玉书（素文）旧藏中也有 1 件《论语》，现藏书道博物馆，详细情况不清楚。

《尔雅》仅有白文，共 5 件，分别为释天、释地（Ch/U.6779 + U.564b + U. 564a + Ch/U.7111 + U.564c 号）、释虫（Ch. 1577v. Ch/U.6783 号）、释鱼（Ch. 2917v 号）、释鸟（Ch. 1246v 号）等篇。

2. 史部

吐鲁番史部可分史籍、谱牒、法律、地理等四类。

史籍主要有《史记》、《汉书》、《三国志》、《晋阳秋》（图二八）、《新唐书》、《春秋后语》等。《史记》仅 1 件，为仲尼弟子列传（Ch. 938v 号）。《汉书》约有 2 件，分别为张良、西域二传（Ch. 938 号、80TBI：001 [a]）。《三国志》约有 5

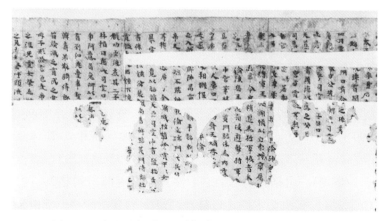

图二八　东晋写本《晋阳秋》残卷（72TAM151：74～83）

件，分别为《魏书》臧洪传和《吴书》孙权、虞翻、陆绩、张温、韦曜、华覈等传（新疆博物馆藏 2 件、书道博物馆藏 2 件、上野淳一藏 1 件）。王树枬、白坚、罗振玉、罗福成、武居绫藏、内藤虎次郎、张元济、日比野丈夫、郭沫若、姚季农、谢铭仁、大川富士夫、蒋天枢、李遇春、吴金华等先后对《三国志》进行了整理、断代与研究[7]。《晋阳秋》仅 1 件（72TAM151：74［a］~83［a］），王素、町田隆吉、陈国灿、李征进行了整理、复原、断代与探讨[8]。饶宗颐结合敦煌本对史称《晋阳秋》"传之外国"进行了考证[9]。《新唐书》约有 5 件，均为石雄传（Ch. 2132v、2286v、3623v、3761v、3903v）。《春秋后语》仅 1 件（Ch. 734 号），荣新江考订应为卢藏用《春秋后语注》残卷[10]。

谱牒主要有《某氏族谱》（66TAM50：33~37）、《某氏残族谱》（73TAM113：35）。马雍较早对其进行研究，但问题颇多[11]。王素怀疑《某氏族谱》为《敦煌张氏族谱》，考证《某氏残族谱》为《西平麹氏族谱》[12]。李裕民、山口洋等也进行了探讨[13]。

法律主要为《谥法》及唐代的律、律疏及格。《谥法》约有 2 件：1 件较完整（60TAM316：08╱2，08╱3），1 件为断片（60TAM316：08╱4）。唐律主要有《永徽律》，约有 6 件，分别为擅兴（Ch. 991 号、大谷 8098 号）、贼盗（大谷 5098、8099 号）、诈伪（大谷 4491、4452 号）等律（断片）。唐律疏主要有《开元律疏》，仅 1 件，为名例律（73TAM532：1╱1－1，1╱1－2）。唐格约有 2 件：1 件为《唐吏部留司格》（？）（Ch. 3841 号）。另 1 件（TIIT），那波利贞定为唐格，刘俊文定名为《垂拱后常行格》（断片）。山本达郎、池田温、冈野诚、刘俊文等对唐代的律、律疏及格进行了综合整理[14]。此外，还有《唐仪凤三年（公元 678 年）尚书省户部支配诸州庸调及折造杂练色数处分事条启》（72TAM230：46，84），许福谦认为是咸亨元年（公元 670 年）到上元二年（公元 675 年）间重修的《度支式》[15]，刘俊文认为应定名为《仪凤度支式》。

地理仅有《大唐西域记》，1 件（81AST：1），系吐峪沟千佛洞出土。柳洪亮推测玄奘曾在长安亲手将《大唐西域记》赠给麴智湛，麴智湛回到西州又将此书赠给丁谷寺（即今吐峪沟千佛洞），该写本即此书原本[16]。

3．子部

吐鲁番子部可分类书、蒙书、书仪、科技、占卜等五类。

类书仅有《典言》，1 件（69TAM134：8/1，8/2）。王素认为《典言》是北齐武平三年（公元 572 年）十月至武平七年（公元 576 年）间，诏由薛道衡主编、李穆叔、荀士逊、李若等分撰的一部旨在裨益君道的小型类书[17]。

蒙书主要有《急就章》、《千字文》、《开蒙要训》等。《急就章》约有 2 件：1 件较完整（60TAM337：11/1 之一至七），1 件为断片（60TAM337：11/1 之八）。周祖谟认为应是崔浩《急就章注》[18]。《千字文》数量较多。周祖谟曾根据敦煌本进行了初步探讨。唐长孺根据吐鲁番本（阿斯塔那 5 件及大谷文书 16 件断片）进行了精辟研究[19]。荣新江、西胁常记等对德藏本（Ch. 2922、3716 号）进行了简单介绍[20]。《开蒙要训》仅 1 件（66TAM67：3）。

书仪约有 2 件：1 件包括相闻、与伯、与叔、与姑、与兄弟、修兄姊、与弟妹、姑与兄弟子、与外祖父等书仪（72TAM169：26 ［b］）；1 件为断片（Ch. 1221 号），具体情况不详。

科技主要为数学、医药及天文历法等。数学有《乘法诀》（60TAM316:08/1[b]）、《九九歌诀》（Ch./U. 6448 号）等。医药有《诸医方髓》（Ch. 3725v 号）、《耆婆五藏论》（Ch. 3725 号）、《本草经集注》（Ch. 1036v 号）及针法（65TAM42:48[a]）、药方（60TAM338:32/1;66TAM73:32;Ch. 1036 号）、医方（阿斯塔那 6 件及德藏 5 件）等。戴应新、马继兴分别对医籍及部分药方进行了整理与研究[21]。天文历法有星图、历书等。星图仅 1 件，为《岁星图》（Ch. 1459v 号）。历书数量较多。最早的 1 件为高昌历书（86TAM387:38－4），柳洪亮定为延寿十一年（公元 634 年），邓文宽定为延寿七年（公元 630 年）[22]。最晚的 1 件为明代历书（德藏本），邓文宽定为永乐五年（公元 1407 年）[23]。其间，还有 3 件唐历（73TAM210:137;73TAM507:013;65TAM341:27），3 件时代不详的具注历断片（均为德藏本）。张培瑜、邓文宽等对唐历进行了研究[24]。此外，还有 2 件：1 件残存二十八宿星名，陈国灿定名为《星象书》（S. Toy. I. ii07[e]）；1 件残存二十八宿星名及某日某月记事，陈国灿定名为《星象灾异书》（?）（S. Yar.035）。

占卜主要有梦书、占卜书等。梦书约有 2 件：1 件为断片，陈国灿定名为《解梦书》（S. Kao. 077）；1 件亦残，荣新江亦定名为《解梦书》（Ch. 773 号）。占卜书有《易卦占》（Ch. 1635rv 号）、《星占书》（Ch. 1830rv、MIKⅢ4938、MIKⅢ6338 号）、《占八方风图》（Ch. 3316rv 号）及名称尚未确定的占卜书（数量较多，仅德藏就有 18 件断片）。

4. 集部

吐鲁番集部可分选集、诗赋、诏策、词曲、语文等五类。

选集仅有《文选》，约有 3 件：1 件为昭明太子《文选序》（中国历史博物馆藏品）；1 件为无注本扬子云《羽猎赋》、同氏《长杨赋》、潘安仁《射雉赋》、班叔皮《北征赋》、曹大家《东征赋》及潘安仁《西征赋》（MIK Ⅲ520 号）；1 件为张景阳《七命》（Дx. 1551、Ch. 3164 二号缀合）。此外，还有 2 件：1 件为无注本木玄虚《海赋》（72TAM230∶36），1 件为有注本班孟坚《幽通赋》（Ch. 3693、3699、2400、3865 四号缀合）。池田温对无注本扬子云等六赋进行了解说[25]。饶宗颐认为有注本班孟坚《幽通赋》非《文选》本[26]。至于无注本木玄虚《海赋》是否属于《文选》本，则无人论及。

诗赋主要指零散的书札、诗文、碑赋等。书札虽然数量不少，但称得上古籍的，似乎仅潘岳书札 1 件（甘肃省博物馆藏品）。诗文除几件残诗文稿（Дx.02947、11414 号、67TAM90∶31, 32, 37；64TAM29∶91［b]）外，主要有刘向《谏营昌陵疏》（72TAM216∶012/2），以及一些突厥文、回鹘文"头韵诗"。碑赋主要有孔稚珪《褚先生百玉碑》（S. Ast. Ⅲ.3. 011～013）、佚名《撰子赋》（Ch. 2378 号）及俗赋《孔子与子羽对语杂抄》（69TAM134∶12～15）等。秦明智、茨默（P. Zieme）分别对潘岳书札和"头韵诗"进行了研考[27]。张鸿勋结合敦煌本《孔子项托相问书》对《孔子与子羽对语杂抄》进行了比较研究[28]。

诏策主要有赦文、对策等。赦文仅 1 件，即唐景龙三年（公元 709 年）《南郊赦文》（65TAM341∶22～26，29/1）。对策约有 4 件：1 件为西凉建初四年（408 年）秀才对策（75TKM91∶11）；1 件为唐经义郑玄《论语注》对策（64TAM27∶40～50）。另 2 件亦分别为唐经义《尚书》、《论语》对策（普林斯顿大学葛斯德图书馆藏品）。陆庆夫、李步嘉、大西康裕、关尾史郎等对秀才对策进行了考释[29]。王素对唐经义郑玄《论语注》对策进行了研究[30]。陈国灿对唐经义《尚书》、《论语》对策进行了整理与探讨[31]。

词曲仅有"曲子词"，约有 2 件（Ch. 3010、3629 号），具体情况不详。

语文主要为文字、音韵等书。文字有《玉篇》（Ch. 2241 号）及一些字书断片（Ch. 323、343、2917 号及 Ch./U. 6787 号）。音韵有写本《切韵》（德藏 11 件断片）、《增字本切韵》（德藏 2 件断片）、刻本《切韵》（德藏 5 件断片）及《一切经音义》（德藏 15 件断片，分属第 5、6、12、23 等卷）、《金光明最胜王经字音》（Ch. 3014v 号）等。还有回鹘文字音书多件（德藏本）。周祖谟结合敦煌本韵书对诸本《切韵》进行了整理。石塚晴通、荣新江及西胁常记等分别对《一切经音义》进行了介绍[32]。

5. 宗教

吐鲁番宗教可分道教、佛教、景教、摩尼教等四类。

道教主要有老（道德）、庄（南华）二经及其他道经、符咒和方术文书等。老经 2 件：1 件为《道德经序诀》（大谷8111 号），1 件为河上公《老子道德经注》（出口常顺旧藏）。庄经仅 1 件，为梁玉书（素文）旧藏，现藏书道博物馆，详细情况不清楚。道经有《洞玄神咒经》（大谷 8103～8105 号）、《太玄真一本际经》（Ch. 286/TⅢT 514＋TⅢT1178 号）、《太上业报因缘经》（大谷、出口旧藏）、《太上洞玄灵宝无量度人上品妙经》（MIKⅢ7484 号）、《太上洞玄灵宝昇玄内教经卷》（Ch. 935、3095v 号）及一些写本道经断片（如 Ch. 243、

1002v 号）、刻本道经断片（Ch. 349、1002、1002v 号）等。符咒约有 8 件，其中，1 件完整（59TAM303：1/1），余为断片（Ch. 2519、6785、6785v、6786、6786v、6944、6944v 号）。方术文书有《五土解》及各类祭神鬼文（60TAM332：6/1～6/9、9/1）。黄烈、刘昭瑞分别对符箓和方术文书进行了探讨与解说[33]。荣新江结合道教文献对唐西州的道教进行了探讨[34]。

佛教主要有《广弘明集》、《三藏圣教序》、《历代法宝记》及众多写经、愿文。《广弘明集》仅 1 件，为辨惑篇（80TBI：642)。《三藏圣教序》约有 4 件：1 件为唐太宗《大唐三藏圣教序》（Ch. 1320 号），2 件为唐高宗《述三藏圣教序记》（Ch. 290、1895 号），1 件为玄范《注三藏圣教序》（Ch. 57rv 号）。《历代法宝记》仅 1 件（Ch. 3934 号）。写经（包括绢本，如 MIK Ⅲ 6522～6524 号）数量极夥，然多为断片。愿文包括斋文（如 Ch. 2177 号）、愿文（如 Ch. 2401v、MIK Ⅲ 6492 号）、写经题记（如著名的萧道成、萧伟、麴乾固写经题记），数量亦不少。西胁常记对《历代法宝记》等禅籍进行了介绍[35]。王素结合题记对部分写经进行了解说[36]。池田温对写经题记进行了整理。小川贯弌、小笠原宣秀、小田义久、王素及姚崇新等结合佛教文献从不同角度对高昌至西州的佛教进行了研究[37]。还有一些学者对胡语佛教文献进行了整理（图二九）。

景教主要为叙利亚、粟特、中古波斯、新波斯、突厥、回鹘等胡语文献。茨默（P. Zieme）对突厥文景教文献、回鹘文基督教徒婚礼祝福文进行了整理与研究。还有一些学者对叙利亚、粟特、中古波斯、新波斯等胡语景教文献（包括《诗篇》、

图二九　西夏文佛经残叶（吐鲁番博物馆藏品）

《加拉太书》、《马太福音》、《约翰福音》、《路加福音》、《哥林多前书》等《圣经》文献和大量非《圣经》文献）进行了整理与探讨。陈怀宇、王静等结合景教文献对高昌回鹘的景教进行了探讨[38]。

　　摩尼教主要有《下部赞》（Ch. 258rv 号）、《摩尼教经》（Ch. 3138v＋Ch. 3218v 号）及一些摩尼教发愿文（如 Ch.

174rv 号）。此外，多为突厥、回鹘、中古伊朗等胡语文献。勒柯克（A. von Le Coq）、茨默（P. Zieme）等先后对突厥文、回鹘文摩尼教文献和摩尼教徒忏悔书进行了整理与研究。安德列斯（F. C. Andreas）、恒宁（W. B. Henning）等对中古伊朗语摩尼教经典、摩尼教史文献、摩尼教徒祈祷忏悔书进行了整理与探讨。博伊斯（Mary Boyce）、阿斯木森（J. P. Asmussen）、宗德曼（W. Sundermann）、格斯威彻（I. Gershevitch）等也为胡语摩尼教文献的整理做了很多工作。

综上所述，可以知道：吐鲁番古籍的整理与研究，较敦煌古籍存在很大的差距。这虽然可以说是由于情况不同所导致，但也不能太过绝对。可以认为：吐鲁番古籍的整理与研究，还有一些工作可做。

（二）吐鲁番历史与民族文献的整理与研究

吐鲁番历史与民族文献的整理与研究，是一个不久前才受到关注的项目。这也是因为，吐鲁番历史与民族文献品种、数量较少，有的还未正式公布，国内外研究者不多。综合性及专题性的著作，似乎仅有王素《高昌史稿》（系列专著）等少数几部。此外，就是几篇回顾及总结性的论文[39]。因而，此处也只能按大的门类，进行简略评介。

1. 高昌史

高昌史一般指唐灭麴氏王国以前的历史。至少可分汉晋统治史、十六国统治史、高昌国统治史及高昌政治制度、高昌地理交通等多个专题。

汉晋统治史　主要讨论高昌得名、戊己校尉的性质、高昌由壁垒向郡县的演变。高昌得名曾有多说。王素根据《十三州志》记"高昌壁，故属敦煌"，出土文献记西汉敦煌县已有高昌里，认为应得名敦煌县高昌里派出的屯戍士卒[40]。戊己校尉的性质也曾有多说。劳幹主张"寄治"说[41]，荣新江、王素均表赞同。高昌由壁垒向郡县的演变，唐长孺进行了精辟研究[42]。王素认为这一演变发生在魏晋时期，并对其过程进行了详细考证。

十六国统治史　主要讨论凉州政权的年号、前凉设置高昌郡的时间、沮渠氏北凉流亡政权的性质。侯灿、关尾史郎、王素对前凉官方奉用西晋建兴年号和东晋升平、咸安年号的时间进行了探讨。黄文弼、史树青、马雍、吴震、谢初霆、关尾史郎、侯灿对前秦梁熙统治凉州奉用白雀年号进行了讨论，王素赞同史树青、吴震、关尾史郎将白雀属于后秦的见解，并指出前秦昌光统治凉州又曾改奉前秦太安年号。唐长孺、白须净真、侯灿、关尾史郎、朱雷、吴震等对沮渠氏北凉奉用大夏真兴、承阳年号进行了探讨。袁复礼、史岩、王毅、胡如雷、姜伯勤、唐长孺、李崇智、侯灿、吴震、柳洪亮、彭琪、町田隆吉、关尾史郎、白须净真、余太山、殷光明等对沮渠氏北凉奉用北魏缘禾、太缘年号进行了考研[43]。王素对沮渠氏北凉建置年号的规律进行了研究，基本解决了沮渠氏北凉建置年号的问题[44]。唐长孺、吴震、侯灿、关尾史郎对高昌奉用龙兴年号进行了讨论，王素赞同关尾史郎的见解，并指出龙兴应为阚爽政权年号。羽田亨、松田寿男、西川宁、嶋崎昌、孟凡人、山口洋、余太山及王素等对前凉设置高昌郡的时间进行了讨论，前凉于建兴十五年、东晋咸和二年（公元327年）的十月或十月前后设置高昌郡可以成为定论。冯承钧、唐长孺、王去非、黄烈、侯灿、王素、荣新江、孟宪实等先后对沮渠氏北凉流亡政权的性质进行了讨论：王素尊重传统观点，认为该政权是一个以高昌为复辟基地的凉州流亡政权；冯承钧、侯灿、荣新江、孟宪实等则根据该政权领土仅限高昌，认为该政权应为高昌政权，高昌建国应自该政权始[45]。

高昌国统治史　主要讨论建国时间及年号、麹氏王国的王统、"义和政变"的性质。传世文献记阚氏王国建于460年，王树枬谓六年后（466年）始奉柔然永康年号。吴震认为阚氏建国应有年号，并将出土文献所见甘露年号置于阚氏建国之初。但未被学界认可（见下）。传世文献记张氏王国建于481年，冯承钧谓张氏王国建于491年。白须净真、王素考证张氏王国应建于488年，翌年改元建初[46]。传世文献记麹氏王国建立凡有465年、496年、497年、498年、499年、507年六说。侯灿、白须净真根据出土文献，认为麹氏王国应建于501年，翌年改元承平。出土文献又见义熙、甘露年号，学者多认为应将义熙置于承平之后，将甘露置于义熙之后[47]。罗振玉、内藤虎次郎、黄文弼、大谷胜真、冯承钧、嶋崎昌、冈崎敬、佐藤智水、吴震及侯灿、白须净真等对麹氏王国的王统进行了探讨，王素最后考定麹氏王国凡十王、九世，即：①（1）麹嘉（承平、义熙）；②（2）麹光（甘露）；③（2）麹坚（章和）；④（3）麹玄喜（永平）；⑤（4）麹□□（和平）；⑥（5）麹宝茂（建昌）；⑦（6）麹乾固（延昌）；⑧（7）麹伯雅（延和、重光）；⑨（8）麹文泰（延寿）；⑩（9）麹智盛（以上前数为王次，后数为世次，括号内为年号）。吴震、唐长孺、关尾史郎及孟宪实、姚崇新等对"义和政变"进行了考察。王素认为政变者是麹王宗室，小田义久、张铭心也对政变者及支持者进行了探讨[48]。

高昌政治制度 主要讨论高昌郡的军政制度、高昌国的政治制度、延寿改制的内容。唐长孺最早对高昌郡的行政与军事制度进行综合研究，指出高昌郡的行政制度"远承汉魏，近同晋宋"，军事制度也源出中原[49]。祝总斌、严耀中、柳洪亮也分别对高昌郡的公文（辞、启、敕）格式、军政制度与官僚机构的运行机制进行了考察[50]。吴震、王素则分别对北凉高昌郡的"校曹"与"画可"文书进行了探讨[51]。罗振玉、黄文弼、嶋崎昌较早对麴氏王国官制进行综合探讨[52]。马雍、中村一雅、陈仲安、荒川正晴、侯灿、彭琪、王素、关尾史郎、孟宪实、宣红等也分别对麴氏王国中央及地方军政制度进行了考察[53]。孟宪实、王欣、钱伯泉根据祀部文书，对麴氏王国祭祀制度进行了专题考察。白须净真、关尾史郎、本间宽之及孟宪实分别对麴氏王国的公文（奏、符、辞、班示）格式及官印、追赠等制度进行了探研[54]。孟宪实、姚崇新、王素对麴氏王国末期的延寿改制进行了研究[55]。

高昌地理交通 主要讨论高昌的行政、经济地理、高昌通往西域、中国（中原）的道路，高昌与周边国家、民族的交通。罗振玉、黄文弼、岑仲勉、冯承钧、嶋崎昌、郑炳林、侯灿、李征、荒川正晴、荣新江、钱伯泉、郁越祖、王素等先后对高昌的行政地理进行了考察。王素考证麴氏王国末期有三府、五郡、二十二县[56]。王素、李方对麴氏王国的经济地理进行了探讨[57]。姜伯勤、王素分别对拜占廷通吐鲁番的"金钱"之路、波斯通吐鲁番的"白银"之路、印度通吐鲁番的"香药"、"法宝"之路和高昌通中国（中原）的白龙堆道、大沙海道、伊吾路（包括居延路、草原路）、青海路进行了综合考察。王素对高昌（包括车师）与周边国家、民族的交通进行了综合考证。

2. 西州史

西州史一般指唐灭高昌建置西州的历史。至少可分西州统治史、西州经营史、西域政治事件、唐朝公文制度等多个专题。

西州统治史　主要讨论西州设置的经过、西州官吏的编年、西州沦陷的时间。嶋崎昌、王谠、长泽和俊、李方分别对唐灭高昌的原因、经过、意义进行了初步探讨[58]。王素则对此进行了综合研究。史记唐灭高昌、设西州、置徙安西都护府的时间颇多问题，学者研究亦无定论。但实际情况应为：唐于贞观十四年（公元640年）八月八日灭高昌；九月九日太宗闻讯，颁曲赦高昌部内诏；稍后置西昌州，旋改为西州，治高昌城，再颁慰抚高昌文武诏；二十一日置安西都护府，治交河城，久之（贞观十六年正月），又颁巡抚高昌诏。显庆三年（公元658年）五月二日初徙安西都护府于龟兹，下置龟兹、于阗、焉耆、疏勒四镇，改西州为都督府；咸亨元年（公元670年）四月罢四镇，又徙安西都护府于西州[59]。此后四镇（以碎叶取代焉耆）因西域政局多变而置罢不定。长寿元年（公元692年）十月廿五日复置四镇，又徙安西都护府于龟兹。史记西州建置之初的刺史、都护，明确者仅郭孝恪、麴智湛二人。后经柳洪亮、程喜霖、郁贤皓、荣新江、王小甫等研究[60]，虽然意见尚未完全统一，但大致情况应为：①谢叔方（首任刺史，贞观十四～十五年）；②乔师望（首任都护，贞观十四～十六年）[61]；③郭孝恪（都护兼刺史，贞观十六～廿二年）；④柴哲威（都护兼刺史，贞观廿三年～永徽二年）；⑤麴智湛（都护兼刺史，旋改都督，永徽二年～麟德元年）。唐长孺又对唐肃、代间的伊、西、北庭节度使及留后进行了考证。李方则对唐西州的长官、上佐、勾官及功曹、仓曹、户曹、兵曹、法曹等参军和市令、市丞、参军事等全部进行了编年考证[62]。《元和郡县图志》记西州陷蕃在贞元七年（公元791年），学者见解不一。姜伯勤、陈国灿等对森安孝夫引用的P.3918号《金刚坛广大清净陀罗尼经》重新进行研究，改西州陷蕃为贞元八年（公元792年)[63]。荣新江又据日本静嘉堂文库藏吐鲁番文书有"贞元十一年（公元795年）"纪年，P.2132号西州写本《金刚般若经宣演》有"贞元十九年（公元803年）"和"癸未年（公元803年）"等纪年，认为西州于贞元八年陷蕃后，还一度被唐人重据，直到贞元十九年后，才最终被回鹘占领[64]。

西州经营史　主要讨论唐在西州建立的各种行政、军事、交通等体系。孟宪实对唐在高昌推行州县制的历史与文化基础进行了探讨[65]。孔祥星、白须净真分别对西州里正与城主进行了考察[66]。日比野丈夫、唐长孺、吴震、菊池英夫、杨德炳、朱雷、孙继民、荒川正晴、白须净真、气贺泽保规、吴丽娱、刘安志、陈国灿等对西州府兵及有关行军制度进行了研究[67]。其中，气贺泽保规的成果具有总结意义。程喜霖对西州烽堠进行了考察[68]。藤枝晃、大庭脩、孔祥星、鲁才全、王冀青、王宏治、吴丽娱、张小舟、孙晓林、小田义久、荒川正晴、陈国灿等分别对西州车坊、馆驿、函马、长行坊及相关道路进行了探研[69]。张广达则对西州的乡里、邻保、城坊、军府、镇戍、烽铺、馆驿进行了综合考察[70]。

西域政治事件　主要讨论麟德二年（公元665年）西域道行军救援于阗、咸亨（公元670～674）年间吐蕃陷四镇后萧继业西征弓月和疏勒、调露元年（公元 679 年）至永隆元年（公元 680 年）裴行俭率西州子弟及府兵送波斯王返国、垂拱（公元 685～688）年间吐蕃侵四镇导致唐蕃争龟兹及疏勒、圣历二年（公元 699 年）瓜（墨离）沙（豆卢）等军州迎接吐谷浑归朝等役。荣新江、陈国灿对西域道行军救援于阗进行了探讨[71]。荣新江对萧继业西征弓月和疏勒进行了研究[72]。饶宗颐在探讨李白出生地碎叶时，较早利用吐鲁番文献对裴行俭召募西州汉胡子弟送波斯王返国进行了考察。姜伯勤则对此事件进行了较详的研究[73]。荣新江认为西州府兵亦曾参加此役，此行还曾经护蜜进入吐火罗地区。黄惠贤对唐蕃争龟兹及疏勒进行了探讨[74]。王小甫对黄氏的探讨持有异议。齐东方、荒川正晴、陈国灿、王素、苏莹辉等从不同角度对瓜（墨离）沙（豆卢）等军州迎接吐谷浑归朝进行了研究[75]。

　　唐朝公文制度　主要讨论告身、公验、过所及其他官府文书。王国维、大庭脩、小笠原宣秀、吴震、王永兴、李志生、王文才、孙继民及小田义久等分别对李慈艺、张怀寂、氾德达、张无价等告身进行了探讨[76]（图三〇）。结合莫高窟北区过去出土的景云二年张君义勋告（大庭脩、朱雷曾作研究），新近出土的景龙二年告身、万岁通天某年勋告，对唐朝告身制度有了进一步的了解。王仲荦、小野胜年、侯灿、陈国灿、吴震、砺波护、荒川正晴、程喜霖等对公验、过所进行了研究[77]。其中，程喜霖的研究具有总结性。大津透、榎本淳一对仪凤三年度支奏抄、仪凤四年金部旨符的复原与考释极具功力[78]。中村裕一则对官府文书（包括告身）进行了综合整理与研究[79]。

3. 回鹘史

　　回鹘史也是先进行文献整理，后进行专题研究。

图三〇　唐张无价官告（73TAM506：05／1）

回鹘史文献主要为回鹘文文献，并且主要为吐鲁番出土。其中，社会经济文献的整理成就较大。据调查统计：世界各国收藏的回鹘文社会经济文献约有400件左右，分藏于新疆维吾尔自治区博物馆、吐鲁番市博物馆、中国历史博物馆、中国科学院图书馆、日本龙谷大学图书馆、英国图书馆、德国国立普鲁士文化藏品图书馆、德国达莱姆民族学博物馆、芬兰赫尔辛基大学图书馆、土耳其伊斯坦布尔大学图书馆、俄罗斯科学院东方学研究所圣彼得堡分所等。80％为吐鲁番出土，半数经过整理发表[80]。山田信夫等对其中契约文书进行了综合研究与全面整理[81]。李经纬则对社会经济文献进行了综合整理与研究[82]。

回鹘史研究似乎没有固定的专题，讨论涉及到回鹘统治时期高昌的方方面面。护雅夫、山田信夫分别对消费借贷及奴婢、养子、人质等文书进行了考释[83]。森安孝夫根据 P.3672 (2) 号寄自吐鲁番的汉文书简，对高昌回鹘时期的君主名号、地方称谓进行了探讨[84]。张广达、荣新江根据 S.6551 号汉文讲经文对高昌回鹘时期的职官、僧官、民族、宗教等进行了研究[85]。还有众多学者也对高昌回鹘时期的政治、经济、军事、文化、宗教等进行了考察[86]。

4．其他民族

其他民族主要包括柔然、突厥、粟特（火祆教）等民族。

柔然民族在阚爽政权时对高昌有过影响，在阚氏王国统治时期进入高昌。朱雷、白须净真、钱伯泉、王欣、王素等对柔然与高昌的关系，柔然的种族与语言，或有所涉及，或进行了研究。

突厥民族在麹氏王国统治时期进入高昌，对该地区有着广泛而持久的影响。罗振玉、王国维、伯希和、黄文弼、大谷胜真、冯承钧、岑仲勉、佐藤智水、马雍、王欣、吴玉贵、钱伯泉、王素等对突厥与麹氏王国的早期交通进行了考证[87]。姜伯勤、钱伯泉、王新民、刘铭恕、王素等对突厥与麹氏王国的政治关系、宗教联系、商品贸易等进行了考察。刘安志则对唐西州突厥人的政治、经济、军事等情况及其迁来西州的时间、原因等问题进行了探讨[88]。

粟特民族逗留高昌有较长历史。关于粟特民族移居中国，近年颇多研究[89]。姜伯勤受池田温启发，对高昌—西州粟特民族进行系统研究，指出高昌崇化乡与敦煌从化乡相同，也是著籍的粟特人聚落[90]。池田温则进一步指出：高昌崇化乡的粟特人主要集中住在该乡安乐里[91]。荣新江、李方分别对西州粟特民族的政治态度和生活状况进行了研究[92]。吉田丰、森安孝夫等对麴氏王国时期粟特文女奴买卖文书进行的解读，荒川正晴、林梅村等从不同角度对该文书进行的探讨，开阔了对高昌粟特民族进行综合研究的视野[93]。唐长孺、朱雷、郭平梁、钱伯泉、王欣等也对高昌—西州粟特民族进行了考察。王欣、李方还对唐西州的粟特"译语人"进行了研究。

粟特民族信奉的火祆教传入高昌也有较长历史。最早的记载是吐鲁番出土庚午岁索将军合家写《金光明经》题记。该题记首次提到"胡天"，引起国内外学术界热烈讨论。然而，此庚午岁究竟是公元430年，或是公元490年，迄今似乎还未达成一致意见。最晚的记载是S.6551号高昌回鹘时期的讲经文。该讲经文称："此间则有波斯、摩尼、火祆、哭神之辈。"使我们知道，直至高昌回鹘时期，吐鲁番地区仍有火祆教流行。王素最早对吐鲁番出土麴氏王国时期文书所见"萨薄"（即萨宝）及"胡天"进行系统探讨[94]。姜伯勤结合敦煌火祆教对高昌火祆教进行了更为深入的比较研究[95]。张广达则对高昌火祆教进行了最新的研究[96]。影山悦子对火祆教徒的"纳骨器"进行了考察。尽管火祆教在高昌长期流行已无疑问，但学者对《北史》称高昌"俗事天神"的"天神"仍有不同见解：①火祆教。此为传统见解。②天体自然崇拜。林悟殊最早提出，王素等表示反对[97]。③道教。陈国灿最早提出，赵文润等极力支持[98]。以至姜伯勤认为："高昌之'俗事天神'，迄今仍然是一个谜。"但实际上，这本来不应成为问题。只须注意《北史》称火祆教发源地波斯也有"俗事火神、天神"语。此处之"天神"只能是指火祆教。同一作者在同一书中记火祆教发源地波斯"俗事天神"，又记火祆教流行地区高昌"俗事天神"，根据常理判断，此二地之"天神"也只能是一种宗教。

此外，还有车师、铁勒、薛延陀、突骑施等众多民族。姜伯勤、刘铭恕、钱伯泉、王新民等分别对这些民族进行了考察与探研。

（三）吐鲁番社会经济文献的整理与研究

吐鲁番社会经济文献的整理与研究，是一个较早受到关注的项目。这是因为，吐鲁番社会经济文献品种、数量相对较多，又一直受到国内外研究者的重视。其中，西域文化研究会《西域文化研究·敦煌吐鲁番社会经济资料》（全二卷），东洋文库敦煌文献研究委员会《敦煌吐鲁番社会经济文书集》（已出五卷），以及池田温《中国古代籍帐研究》、李锦秀《唐朝财政史稿》（全二卷）中，吐鲁番社会经济文献都占有相当大的比重。但为篇幅所限，也只能按大的门类，进行简略评介。

1. 籍帐制度

籍帐制度主要包括高昌郡、高昌国、唐西州三个专题。

高昌郡籍帐不多，关注者较少。仅关尾史郎结合德藏承阳二年（公元 426 年）户籍残片，对沮渠氏北凉籍帐制度进行过探讨[99]。

高昌国无籍有帐，关注者亦少。关尾史郎等对麴氏王国时期的马帐进行了整理与探讨[100]。

唐西州籍帐较多。土肥义和较早对唐灭高昌之初的安苦阚延手实进行解说[101]（图三一）。唐长孺较早对唐灭高昌之初的诸乡户口帐进行考释[102]。朱雷结合吐鲁番文献对唐代籍帐

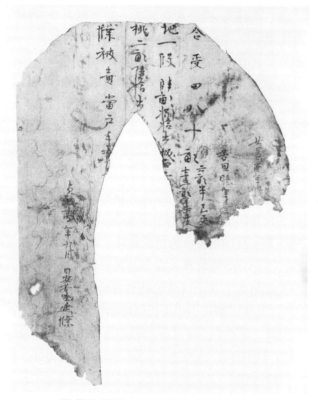

图三一　唐安苦呦延手实（67TAM78:29）

制度进行了系列研究[103]。樋口知志也结合吐鲁番文献对唐代
籍帐制度进行了考察[104]。丘古耶夫斯基对俄藏吐鲁番户籍进
行了整理与研究[105]。荣新江则对北京大学图书馆藏唐开元二
十九年西州天山县南平乡籍和德藏唐开元二十三年西州高昌县
顺义乡籍进行了缀合与研究，并整理出《已刊敦煌吐鲁番发现
唐代户籍文书简目》。卢开万、船越泰次等众多学者对户等文
书进行了考察[106]。

2．土地制度

土地制度也主要包括高昌郡、高昌国、唐西州三个专题。

高昌郡土地资料不多。一些学者（如李宝通等）对高昌郡屯田进行了考察与探讨。贺昌群由于误将北凉"赀簿"作为高昌国"赀合文书"，又误将所记"常田"释作"永业田"，得出高昌国曾经施行均田制的见解。此见解后来虽然屡受批评，但对探讨高昌国土地所有制仍有一定影响。

高昌国主要指麴氏王国。麴氏王国存在大量官田，又存在可以买卖的私有土地，因而关于其土地所有制争论较大，主要有三说：①均田制。在前述贺昌群的影响下，吴震、马雍等先后提出[107]。荒川正晴、唐长孺、张鸿儒等基本支持[108]，仁井田陞、堀敏一、池田温、卢开万、川村康、关尾史郎等表示反对[109]，而土肥义和、西村元佑、小田义久、孔祥星等实际上两说并存[110]。②给授田制。池田温、杨际平在肯定麴氏王国土地制度长期受汉代以来屯田影响的情况下，分别提出给田制和授田制[111]。③占田制。吴震后来修正自己提出的均田制观点，改主"占田"之说；陈国灿则明确提出占田制[112]。此外，围绕均田制，杨际平、黄永年、孔祥星等还对部田的历史渊源进行了考证[113]。

唐西州虽然施行均田制，但土地名称、授受标准等，与中原乃至敦煌多有不同，也曾引起争论。西嶋定生、西村元佑较早进行探讨，并得出均田制下严格实行土地还受制度的结论[114]。韩国磐总结唐西州给田存在四个特点[115]。杨际平不同意西嶋定生、西村元佑的观点，认为唐西州的欠田、退田、给田诸文书与均田制无关，当时实际存在两种授田制度[116]。池田温也认为当时还存在另一种给田制，并对 65TAM42 所出与此制相关的高昌县授田簿进行了整理与考释[117]。同时，土肥义和、关尾史郎、卢开万、朱雷等也就均田制的有关问题进行了探讨[118]。大金富雄对土地的种类及世业、口分等田进行了考察[119]。卢向前对均田制的普遍意义，高昌县授田簿的断代、土地管理方式、部田及其授受额、合户之授受额等进行了研究，不少见解与杨际平不同，而与西村元佑、池田温等接近[120]。陈国灿对武周时期的勘田检籍活动进行了探讨[121]。李文澜、陈国灿、齐陈骏等对职田进行了考察[122]。王永兴、宋家钰、胡如雷、鲍晓娜、竹浪隆良等众多学者也参加了西州土地制度的讨论。

此外，宋晓梅、王素、町田隆吉分别对高昌郡、高昌国、唐西州的农业（谷物）生产进行了考察；嶋崎昌、王仲荦、孙晓林、町田隆吉、柳洪亮、米田贤次郎、荒川正晴、王素等分别对同一时期水利的开发与灌溉、水渠的使用与管理等进行了研究。

3. 赋役制度

赋役制度主要包括高昌郡、高昌国、唐西州三个专题。

高昌郡赋役资料也不多。朱雷对北凉按赀配生马从制度上进行了探讨[123]。朱雷在贺昌群、池田温、堀敏一等研究的基础上，又对北凉赀簿进行了全新的整理与深入的考察[124]。町田隆吉、王素也分别对北凉赀簿进行了整理与研究[125]。

高昌国也主要指麴氏王国。麴氏王国赋役非常复杂，有田租、酒租、调麦、调薪、臧钱、丁正钱、称价钱、远行马价钱、丁输、作人役、商人役、羁人役、计田承役诸目。郑学檬、关尾史郎等对田租进行了探讨[126]。孙振玉对酒租，卢向前对臧钱，朱雷对称价钱，关尾史郎对远行马价钱，分别进行了考察[127]。陈仲安、关尾史郎等对赋税文书中"剂"字的含义进行了解说[128]。关尾史郎对具有纳税证明性质的条记文书进行了整理与研究[129]。关尾史郎对丁输，程喜霖对计田承役，冻田栋对役制，分别进行了探讨[130]。唐长孺、卢开万、谢重光、杨际平等对高昌国赋役进行了综合研究[131]。

唐西州赋役主要有户税、地税、仗身、杂徭等。周藤吉之对唐中期的户税及按户征收的其他负担进行了综合研究[132]。冻国栋考证唐代户税之征，至迟在开元末、天宝初就已实施[133]。杨际平认为：虽然根据唐代令式与西州租佃契，地税应由田主承担；但根据唐代西州青苗簿，地税实际当由佃人承当[134]。牛来颖对早期仗身文书进行了研究，认为当时的仗身处在纳课代役阶段[135]。黄惠贤对仗身及仗身文书进行了综合研究，并对仗身纳课代役及最终停给仗身的时间进行了推断[136]。程喜霖对唐西州官田征发人夫役作制度进行了追溯，认为这种制度形成甚早，从高昌郡经麹氏王国到唐西州已有二百六十余年，最终成为唐西州地方官府掌握的杂徭[137]。小笠原宣秀、西村元佑则对徭役制度进行了综合研究[138]。此外，仁井田陞、王仲荦、王炳华、关尾史郎等还对吐鲁番出土的租布、缥布、庸调布进行了整理与研究[139]。

4. 契约制度

契约制度主要包括买卖契约、租佃契约、借贷契约等专题。

买卖契约较少。最早是西晋泰始九年（公元 273 年）翟姜女买棺约，不少学者对该约发表了见解。其次是前凉升平十一年（公元 367 年）王念卖驼契，侯灿对该契进行了研究，认为该契反映了当时以物易物的自然经济状况[140]。徐俊考证

ДХ.11414v 号为前秦建元十三年（公元 377 年）买婢券，关尾史郎考证 Дx.02947v 号为前秦建元十四年（公元 378 年）买田券，意义重大。池田温、小田义久、川村康等对麹氏王国的土地买卖契约进行了研究[141]。赵云旗虽然对高昌国至唐西州的土地买卖进行了考察，但由于没有参考前贤成果，问题似乎不少[142]。

租佃契约较多。胡如雷较早对高昌郡的民间租佃关系进行探讨，认为既不能把当时的超经济强制估计得太过分，也不能把契约形式的租佃关系看得太自由[143]。严耀中则对高昌郡的官方租佃关系进行了探讨，认为这种租佃关系可能存在"佃役"和"共分治"二种形态[144]。仁井田陞对高昌国至唐西州的租佃关系进行了研究，认为唐西州的租佃关系存在二种形态[145]。韩国磐也对高昌国至唐西州的租佃关系进行了研究，认为当时租佃关系相当发达，租佃双方地位对等，但也有特殊性[146]。鲍晓娜也对高昌国至唐西州的租佃关系进行了探讨[147]。周藤吉之对唐西州官田（包括职田、公廨田等）、寺观田、百姓田的租佃关系进行了整理与研究[148]。吴震、沙知、小田义久、孔祥星、关尾史郎等也从不同角度对唐西州的租佃关系进行了考察[149]（图三二）。池田温、孙达人、杨际平、陈国灿等对敦煌吐鲁番的租佃契约进行综合研究已见前述，此处不再介绍。

借贷契约种类似不太多。王素对高昌国的取银钱作孤易券进行了考释[150]。石田勇作对高昌国的举钱契进行了研究[151]。小口彦太对唐西州的借贷文书进行了探讨[152]。唐耕耦对敦煌吐鲁番的借贷文书进行综合研究已见前述，此处也不再介绍。

此外，程喜霖对高昌国至唐西州的雇佣关系进行了探讨，

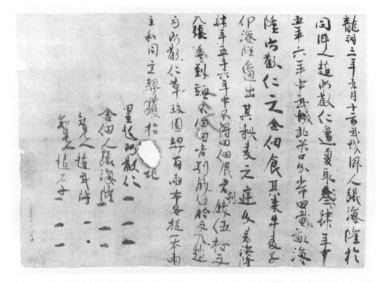

图三二　唐西州高昌县张海隆夏田契（60TAM337∶18）

认为尽管这种雇佣关系是一种发展的社会现象，但不能估计过高，仍是封建性质，与资本主义无关[153]。仁井田陞对借麦、租田、雇佣、买卖等契约进行了综合研究[154]。沙知对唐西州的契约进行了综合介绍[155]。池田温、陈国灿、吴震等对吐鲁番出土的契约进行了综合整理、介绍与研究[156]。

5. 寺院经济

寺院经济主要包括土地庄园、财政收支、依附人口等专题。

土地庄园资料较多。町田隆吉对麹氏王国寺院僧尼土地关系文书进行了简单评介。小笠原宣秀根据寺院文书对唐西州的寺田进行了探讨[157]。小田义久也对唐西州的寺田与僧田进行了研究[158]。张弓考察了唐代的寺庄，对西州的寺庄也进行了研讨。

财政收支资料也不少。但学者感兴趣的主要是 67TAM377 号墓出土的麴氏王国《乙酉、丙戌岁某寺条列月用斛斗帐历》。陈良文较早对该帐历反映的寺院人员、阶级构成及财政收支等进行分析与探讨[159]。陈国灿则对该帐历反映的僧人食量、钱粮（物）比价、雇价与租赋等进行了研究[160]。吴震对该帐历进行了复原与考释，认为高昌寺院经济除自给外，还向社会提供一定数量的商品粮，其作用不应低估[161]。

依附人口资料同样不少。高昌国寺院依附人口称为使人、作人。姜伯勤、朱雷、谢重光等曾分别对此二类依附人口进行过探讨。在此基础上，町田隆吉对此二类依附人口的劳动内容、隶属形态、身份地位等进行了综合研究[162]。姜伯勤则对唐西州寺院依附人口——家人、奴婢的身份地位进行了研究，最后认为：唐长孺关于"西州寺观依附者的身份大致和敦煌寺户相同"的结论完全正确[163]。张弓考察唐代寺院奴婢阶层及贱口依附制，对西州的寺院奴婢和部曲也进行了研讨。

此外，町田隆吉对马寺、张寺的经济进行了个案研究[164]；小田义久、谢重光、吴震、严耀中等对寺院经济进行了综合研究[165]。据小田义久、町田隆吉、严耀中等统计，高昌国至唐西州时期，吐鲁番地区至少有佛教寺院 200 余所，远远超过敦煌地区。就此而言，吐鲁番地区的寺院经济，似应还有很多课题可供研究。

6. 社会生活

社会生活主要包括人口、社会、生活、信仰等专题。

人口　主要讨论居民由来、门阀变迁、侨宦逃户等。吐鲁番的居民主要来自中原和河西。王素先对其中令狐氏、阴氏的由来进行了研究，后又结合族谱对其中麹氏、张氏的由来进行了探讨。白须净真、吴震、陈国灿、宋晓梅等对其中张氏的由来、仕宦及婚姻等进行了考察[166]。白须净真根据墓表、墓志及其他相关记载，对高昌郡至唐西州时期当地豪族、名族的变迁及新兴庶民阶层的成长进行了系列研究[167]。王素、朱雷根据 73TAM506 号墓出土马料帐，分别对唐边塞诗人岑参、封疆大吏封常清等过留西州的事迹进行了考证[168]。唐长孺则根据吐鲁番敦煌出土括浮逃使文书，对武则天统治末年（长安三年）的浮逃户问题进行了研究，认为：当时已承认在一定条件下逃亡人户可以不括还本乡，为唐玄宗开元九年括客承认客户合法地位打下了基础，不仅反映了封建国家对均田农民人身控制的削弱，也反映了大土地所有制的发展[169]。

社会　主要讨论民间结社、阶级结构、妇女地位等。吐鲁番出土社邑文书甚少。郭锋对其中《唐众阿婆作斋名转帖》进行了探讨，认为定名可能不妥，应改名为《唐众阿婆作斋社约》[170]。麹氏王国有三种"作人"。朱雷对身份最为特殊的一种"作人"进行了研究，认为：这种"作人"与奴婢不尽相同，虽能继承、买卖，却有私人财产，类似南朝宋、齐的"十夫客"。唐灭高昌之后，这种"作人"突然全部消失，可能都改为合乎唐令的部曲了[171]。堀敏一也对这种"作人"进行了研究，认为：这种"作人"的买卖条件与奴婢的终身买卖并无区别，应是一种田奴，也可能是由奴婢上升成为国家掌握的一种初期特殊身份。关尾史郎也对这种"作人"进行了研究，结论与朱雷、堀敏一多有不同，最后认为：这种"作人"很可能是由被征服的车师人充当的[172]。李靖莉对唐西州的部曲、客女进行了考察，认为：唐朝时期，这种贱口在内地已趋于绝迹，在西州却有一定比例[173]。邓小南、福岛绫子等对妇女的生活和地位进行了探讨[174]。

生活 主要讨论饮食、丧葬以及与之相关手工业、商业、货币等情况。王素对高昌时期的主食、副食进行了考察。马雍较早对随葬衣物疏进行探讨。小田义久对随葬衣物疏及其向功德疏的演变进行了研究[175]。白须净真、郑学檬、侯灿、孟宪实、钟国发等也对随葬衣物疏的样式、源流、性质等进行了考释[176]。王素、片山章雄在前贤研究基础上，对随葬伏羲女娲绢画的性质及意义进行了新的探讨[177]。沙比提、孔祥星、武敏、唐长孺、横张和子、韩国磐、陈良文、荒川正晴等对丝棉纺织业进行了研究，其中，唐长孺的研究最有深度[178]。关尾史郎、冻国栋分别对高昌国、唐西州的工匠进行了探讨[179]。仁井田陞对当票、市场、价格进行过研究。孔祥星、徐伯夫、小田义久、冻国栋分别对唐西州商业、贸易、价格、管理等也进行了考察[180]。荒川正晴对唐代布帛输送与客商活动的研究很有深度[181]。郑学檬、林友华、郭媛、武敏、卢向前等分别对银钱与货币的探研[182]，周昆宁、王琳、片山章雄等对高昌本地自铸"高昌吉利"钱的考察[183]，则更加丰富了对高昌国至唐西州经济生活的认识。

信仰亦属生活的一部分。小笠原宣秀较早注意民间的宗教生活乃至精神生活[184]。小田义久对庶民佛教进行了系列研究。王素、町田隆吉站在民间信仰的角度，对高昌郡至高昌国时期佛祠向佛寺的演变进行了解说[185]。小田义久、刘铭恕曾对咸亨三年新妇为阿公录在生功德疏反映的民间佛教信仰进行过探讨。王素则对吐鲁番出土功德疏所见西州庶民的净土信仰进行了综合研究[186]。还有一些反映民间信仰的成果，不赘举。

注　释

[1] 陈国灿：《斯坦因所获吐鲁番文书研究》第 460～462 页，武汉大学出版社，1994 年；荣新江：《柏林通讯》，《学术集林》第 10 卷，1997 年。

[2] 荣新江：《静嘉堂文库藏吐鲁番资料简介》，《敦煌吐鲁番学研究论集》，1996 年。

[3] 中村不折：《新疆卜甘肃ノ探险》第 6～7 页，雄山阁，1934 年。

[4] 严耀中：《麴氏高昌时期的〈孝经〉与孝的观念》，《中华文史论丛》1986 年第 2 辑；柳洪亮：《交河故城出土唐写本〈孝经〉残卷跋》，《新出吐鲁番文书及其研究》，新疆人民出版社，1997 年。

[5] 金谷治：《唐抄本郑氏注论语集成》，平凡社，1978 年；王素：《唐写本论语郑氏注及其研究》，文物出版社，1991 年；陈金木：《唐写本论语郑氏注研究——以考据、复原、诠释为中心的考察》，文津出版社，1996 年。

[6] 荣新江：《〈唐写本论语郑氏注及其研究〉拾遗》，《文物》1993 年第 2 期。

[7] 片山章雄：《吐鲁番、敦煌发见の〈三国志〉写本残卷》，《东海史学》第 26 号，1992 年。

[8] 王素：《吐鲁番所出〈晋阳秋〉残卷史实考证及拟补》，《中华文史论丛》1984 年第 2 辑；町田隆吉：《补修吐鲁番出土〈晋史〉残卷》，《东京学艺大学附属高等学校大泉校舍研究纪要》第 8 集，1984 年；《吐鲁番出土"晋史"残卷について》，《燎原》第 20 号，1984 年。陈国灿、李征：《吐鲁番出土的东晋（？）写本〈晋阳秋〉残卷》，《出土文献研究》，文物出版社，1985 年。

[9] 饶宗颐：《敦煌与吐鲁番写本孙盛晋春秋及其"传之外国"考》，《汉学研究》4 卷 2 期，1986 年。

[10] 荣新江：《德藏吐鲁番出土〈春秋后语〉注本残卷考释》，《北京图书馆馆刊》1999 年第 2 期。

[11] 马雍：《略谈有关高昌史的几件新出土文书》，《考古》1972 年第 4 期。

[12] 王素：《吐鲁番出土〈某氏族谱〉新探》，《敦煌研究》1993 年第 1 期；《吐鲁番出土〈某氏残族谱〉初探》，《新疆文物》1992 年第 1 期。后文，关尾史郎译为日文，载《吐鲁番出土文物研究会会报》第 72、73、75、76 号，1992 年。

[13] 李裕民:《北朝家谱研究》,《谱牒学研究》第 3 辑,书目文献出版社,1992 年;山口洋:《アスターナ——三号墓出土の族谱について》,《吐鲁番出土文物研究会会报》第 94 号,1993 年。

[14] 刘俊文:《吐鲁番发现唐写本律疏残卷研究》,《敦煌吐鲁番文献研究论集》第 2 辑,1983 年。

[15] 许福谦:《吐鲁番出土的两份唐代法制文书略释》,《敦煌吐鲁番文献研究论集》第 2 辑,1983 年。

[16] 柳洪亮:《〈大唐西域记〉传入西域的年代及有关问题》,《新出吐鲁番文书及其研究》,新疆人民出版社,1997 年。

[17] 王素:《关于隋薛道衡所撰〈典言〉残卷的几个问题》,《考古与文物》1984 年第 2 期。

[18] 周祖谟:《记吐鲁番出土急就篇注》,《敦煌吐鲁番文献研究论集》第 2 辑,1983 年。

[19] 唐长孺:《跋吐鲁番所出〈千字文〉》,《唐研究》第 1 卷,1995 年。

[20] 西胁常记:《ベルリン、トルフアン、コレクシヨン汉语文书研究》第 98～108 页,京都大学总合人间学部西胁研究室,1997 年。

[21] 戴应新:《祖国医药学史的重要文献——〈吐鲁番出土文书〉学习札记》,《文博》1984 年第 2 期;马继兴:《敦煌古医籍考释》,江西科学技术出版社,1988 年。

[22] 柳洪亮:《新出麴氏高昌历书试析》,《西域研究》1993 年第 2 期;邓文宽:《吐鲁番新出〈高昌延寿七年历日〉考》,《文物》1996 年第 2 期。

[23] 邓文宽:《吐鲁番出土〈明永乐五年丁亥岁具注历日〉考》,《敦煌吐鲁番研究》第 5 卷,2001 年。

[24] 张培瑜:《吐鲁番新出土的唐代写本历书》,《考古与文物》1988 年第 4 期;邓文宽:《跋吐鲁番文书中的两件唐历》、《吐鲁番出土〈唐开元八年具注历〉释文补正》,均载《敦煌吐鲁番学耕耘录》,1996 年。

[25] 池田温:《〈トゥルフアン古写本展〉列品解说》,《トゥルフアン古写本展》,朝日新闻社,1991 年。

[26] 饶宗颐:《〈敦煌吐鲁番本文选〉序》、《唐代文选学略述(代前言)》,《敦煌吐鲁番本文选》,中华书局,2000 年。

[27] 秦明智:《新疆出土的晋人写本潘岳书札残卷考述》,《敦煌学辑刊》1987 年第 2 期;茨默:《吐鲁番敦煌出土的回鹘文头韵诗:古突厥诗研究》(德文本),匈牙利科学院出版社,1991 年。

[28] 张鸿勋：《〈唐写本孔子与子羽对语杂抄〉考略》，《敦煌学辑刊》1984 年第 1 期。

[29] 陆庆夫：《吐鲁番出土西凉〈秀才对策文〉考略——兼论汉晋隋唐时期策试制度的传承》，《敦煌学辑刊》1989 年第 1 期；李步嘉：《一份研究西凉文化的珍贵资料——建初四年秀才对策文书考释》，《武汉大学学报》1990 年第 6 期；大西康裕、关尾史郎：《〈西凉建初四年秀才对策文〉に关する一考察》，《东アジア——历史と文化》第 4 号，1995 年。

[30] 王素：《唐写〈论语郑氏注〉对策残卷与唐代经义对策》，《文物》1988 年第 2 期；《唐写〈论语郑氏注〉对策残卷考索》，《唐写本论语郑氏注及其研究》，文物出版社，1991 年。

[31] 陈国灿：《美国普林斯顿所藏几件吐鲁番出土文书跋》，《魏晋南北朝隋唐史资料》第 15 辑，1997 年。

[32] 石塚晴通：《玄应〈一切经音义〉的西域写本》，《敦煌研究》1992 年第 2 期。

[33] 黄烈：《略论吐鲁番出土的“道教符箓”》，《文物》1981 年第 1 期；刘昭瑞：《吐鲁番阿斯塔那 332 号墓方术文书解说》，《文物》1994 年第 9 期。

[34] 荣新江：《唐代西州的道教》，《敦煌吐鲁番研究》第 4 卷，1999 年。

[35] 西胁常记：《ベルリン、トルフアン、コレクシヨンの禅籍资料について》，《俗语言研究》第 4 号，1997 年。

[36] 王素：《吐鲁番出土佛教写经漫谈》（共 19 篇），《南海菩萨》第 160～173 期，1996～1997 年。

[37] 小笠原宣秀：《高昌佛教の研究》，《龙谷史坛》第 42 号，1957 年；《中世吐鲁番净土教の信仰形态》，《福井博士颂寿记念东洋文化论集》，早稻田大学出版部，1969 年。小田义久：《沮渠氏と佛教について》，《龙谷史坛》第 60 号，1968 年；《西州における庶民佛教の一考察——〈随愿往生经〉を中心として》，《佛教史学研究》30 卷 1 号，1988 年。王素：《高昌佛教丛谈》（共五篇），《南海菩萨》第 134～138 期，1994 年；《高昌至西州时期的弥勒信仰》，《中国佛学》1 卷 1 期（创刊号），《南海菩萨》杂志社，1998 年。姚崇新：《北凉王族与高昌佛教》，《新疆师范大学学报》1996 年第 1 期；《试论高昌国的佛教与佛教教团》，《敦煌吐鲁番研究》第 4 卷，1999 年。

[38] 陈怀宇：《高昌回鹘景教研究》，《敦煌吐鲁番研究》第 4 卷，1999 年；王静：《15 世纪前西域的基督教》，《西北大学史学丛刊》第 2 辑，1999 年。

[39] 荣新江：《中国所藏吐鲁番文书及其对中古史研究的贡献》，《敦煌学》第 21

辑，1998 年；王素：《吐鲁番考古及出土文献研究的回顾与前瞻——以晋—唐汉文非佛经为主》，《汉学研究通讯》20 卷 3 期，2001 年。

[40] 王素：《高昌得名新探》，《西北史地》1992 年第 3 期。

[41] 劳幹：《汉代的西域都护与戊己校尉》，《历史语言研究所集刊》第 28 本上，1956 年。

[42] 唐长孺：《魏晋时期有关高昌的一些资料》，原载《中国史研究》1979 年第 1 期，收入《山居存稿》，中华书局，1989 年。

[43] 姜伯勤：《沙皇俄国对敦煌及新疆文书的掠夺》，《中山大学学报》1980 年第 3 期。

[44] 王素：《沮渠氏北凉建置年号规律新探》，《历史研究》1998 年第 4 期。

[45] 荣新江：《〈且渠安周碑〉与高昌大凉政权》，《燕京学报》新 5 期，1998 年；孟宪实：《王素著〈高昌史稿·统治编〉》（书评），《敦煌吐鲁番研究》第 4 卷，1999 年。

[46] 王素：《吐鲁番出土张氏高昌时期文物三题》，《文物》1993 年第 5 期。

[47] 按：义熙紧接承平，已经成为定论。甘露的隶属曾有多说：中村不折主张曹魏说，许承尧主张孙吴说，王国维、常盘大定、小川贯式、姜亮夫、池田温、秦明智主张苻秦说，罗振玉、侯灿、金荣华、荣新江、王素主张麹氏王国说。参阅王素：《吐鲁番出土写经题记所见"甘露"年号补说》，《敦煌吐鲁番学研究论集》，1996 年。

[48] 小田义久：《新出の随葬衣物疏に関する一考察》，《龙谷史坛》第 113 号，1999 年；张铭心：《"义和政变"与"重光复辟"问题的再考察》，《敦煌吐鲁番研究》第 5 卷，2001 年。

[49] 唐长孺：《吐鲁番文书中所见高昌郡县行政制度》，原载《文物》1978 年第 6 期；《吐鲁番文书中所见高昌郡军事制度》，原载《社会科学战线》1982 年第 3 期。此二文均收入《山居存稿》，中华书局，1989 年。

[50] 祝总斌：《高昌官府文书杂考》，《敦煌吐鲁番文献研究论集》第 2 辑，1983 年；严耀中：《吐鲁番文书中所见高昌郡兵民和军政关系初探》，《1983 年全国敦煌学术讨论会文集》文史·遗书编上册，1987 年；柳洪亮：《吐鲁番文书中所见高昌郡官僚机构的运行机制——高昌郡府公文研究》，《新出吐鲁番文书及其研究》，新疆人民出版社，1997 年。

[51] 吴震：《北凉高昌郡府文书中的校曹》，《西域研究》1997 年第 3 期；王素：《吐鲁番出土北凉"画可"文书》，《华学》第 4 辑，2000 年。

[52] 罗振玉：《增订高昌麹氏年表》，《辽居杂著乙编》，辽东，1933 年；黄文弼：

《高昌国官制表》，《高昌砖集》（增订本），中国科学院，1951 年；嶋崎昌：《麹氏高昌国官制考》，《隋唐时代の东トゥルキスタン研究——高昌国史研究を中心として》，1983 年。

[53] 陈仲安：《麹氏高昌时期门下诸部考源》，《敦煌吐鲁番文书初探》，1983 年；荒川正晴：《麹氏高昌国の官制について》，《史观》第 109 号，1983 年；《麹氏高昌国における郡县制の性格をめぐつて——主としてトゥルファン出土资料による》，《史学杂志》95 编 3 号，1986 年；侯灿：《麹氏高昌王国官制研究》，《高昌楼兰研究论集》，新疆人民出版社，1990 年；王素：《麹氏高昌中央行政体制考论》，《文物》1989 年第 11 期；同氏：《麹氏王国军事制度新探》，《文物》2000 年第 2 期；关尾史郎：《高昌国の侍郎をめぐる诸研究》，《吐鲁番出土文物研究会会报》第 62、63 号，1991 年；《高昌国の侍郎について——その所属と职掌の检讨》，《史林》74 卷 5 号，1991 年；孟宪实：《关于麹氏高昌王朝地方制度的几个问题》，《西域研究》1993 年第 2 期；孟宪实、宣红：《试论麹氏高昌中央诸曹职掌》，《西域研究》1995 年第 2 期。

[54] 白须净真：《麹氏高昌国における上奏文书试释——民部、兵部、都官、屯田等诸官司上奏文书の检讨》，《东洋史苑》第 23 号，1984 年；《麹氏高昌国における王令とその传达——下行文书"符"とその书式を中心として》，《东洋史研究》56 卷 3 号，1997 年。关尾史郎：《觉书："班示"という样式の高昌文书について》，《吐鲁番出土文物研究会会报》第 44 号，1990 年，《高昌文书にみえる官印について——〈吐鲁番出土文书〉札记（九）》，《吐鲁番出土文物研究会会报》第 40、41、44 号，1990 年。本间宽之：《麹氏高昌国の文书行政——主として辞をめぐつて》，《史滴》第 19 号，1997 年；《麹氏高昌国の一侧面——文书形式"辞"から》，《史观》第 138 号，1998 年。孟宪实《麹氏高昌追赠制度初探》，《敦煌吐鲁番研究》第 5 卷，2001 年。

[55] 孟宪实、姚崇新：《从"义和政变"到"延寿改制"——麹氏高昌晚期政治史探微》，《敦煌吐鲁番研究》第 2 卷，1997 年。

[56] 王素：《麹氏王国末期三府五郡二十二县考》，《西域研究》1999 年第 3 期。

[57] 王素、李方：《〈梁四公记〉所载高昌经济地理资料及其相关问题》，《中国史研究》1984 年第 4 期。

[58] 嶋崎昌：《唐の高昌国征讨の原因について》，《隋唐时代の东トゥルキスタン研究——高昌国史研究を中心として》，1983 年；王谡：《唐太宗平定高

昌的历史意义》，《历史研究》1979 年第 4 期；长泽和俊：《唐の高昌远征に
ついて》，《史观》第 102 册，1980 年；李方：《唐灭高昌的意义》，《文史知
识》1995 年第 1 期。

[59] 仅王永兴仍坚持安西都护府于贞观廿三年（公元 649 年）初徙龟兹，永徽二
年（公元 651 年）又徙西州之旧说。见《唐代前期安西都护府与四镇研究》，
《唐代前期西北军事研究》，中国社会科学出版社，1994 年。但此旧说，至
荣新江最后论证，其为错讹，已可作为定论。见《新出吐鲁番文书所见西域
史事二题》，《敦煌吐鲁番文献研究论集》第 5 辑，1990 年。

[60] 柳洪亮：《唐天山县南平乡令狐氏墓志考释》，《文物》1984 年第 5 期。又，
同氏：《安西都护府初期的几任都护》、《“西州之印”印鉴的发现及相关问
题》，均载《新出吐鲁番文书及其研究》，新疆人民出版社，1997 年。程喜
霖：《唐付宋赟等物帐跋》，《西北史地》1986 年第 2 期。郁贤皓：《唐刺史
考》第 436～437、440 页，中华书局香港分局、江苏古籍出版社，1987 年。
荣新江：《〈唐刺史考〉补遗》，《文献》1989 年第 2 期。王小甫：《唐吐蕃大
食政治关系史》，北京大学出版社，1992 年。

[61] 仅陈国灿认为乔师望任守安西都护应在贞观十八年（公元 644 年）。见《唐
乔师望职官年谱》，《魏晋南北朝唐史资料》第 13 期，1994 年。但此说遭
到池田温的反对。二人通信论辩，陈国灿似乎亦对己说产生怀疑。见《关于
唐初乔师望守安西都护的时间问题》，《魏晋南北朝隋唐史资料》第 14 期，
1996 年。

[62] 李方：《唐西州官吏编年考证》（全 10 篇），分载《敦煌吐鲁番研究》（第
1～3 卷，1996～1998 年）、《周绍良先生欣开九秩庆寿文集》（中华书局，
1997 年）、《首都师范大学学报》（2000 年第 4、5 期）、《敦煌学辑刊》（1997
年第 2 期）、《出土文献研究》（第 4 辑，1998 年）、《吐鲁番学研究》（2000
年第 1 期 [创刊号]），等书刊，不赘举。

[63] 森安孝夫：《回鹘吐蕃 789～792 年的北庭之争》，《敦煌译丛》第 1 辑，1985
年。陈国灿：《八、九世纪间唐朝西州统治权的转移》，《魏晋南北朝隋唐史
资料》第 8 期，1986 年；《安史乱后的唐二庭四镇》，《唐研究》第 2 卷，
1996 年。

[64] 荣新江：《摩尼教在高昌的初传》，《吐鲁番新出摩尼教文献研究》，文物出版
社，2000 年。

[65] 孟宪实：《试论唐朝在高昌推行州县制的历史与文化基础》，《新疆文物》
1993 年第 3 期。

［66］孔祥星：《唐代里正——吐鲁番、敦煌出土文书研究》，《中国历史博物馆馆刊》第 1 期，1979 年；白须净真：《唐代の西州の武城城の前城主と沙州の寿昌城主》，《西北史地》1989 年第 3 期。

［67］唐长孺：《唐西州差兵文书跋》，《敦煌吐鲁番文书初探》，1983 年。又，同氏：《吐鲁番文书中所见的西州府兵》、《唐先天二年（公元 713 年）西州军事文书跋》，均载《敦煌吐鲁番文书初探》第 2 编，1990 年。朱雷：《唐开元二年西州府兵——"西州营"赴陇西御吐蕃始末》，《敦煌学辑刊》1985 年第 2 期。孙继民：《唐代行军制度研究》，文津出版社，1995 年；《敦煌吐鲁番所出唐代军事文书初探》，中国社会科学出版社，2000 年。气贺泽保规：《府兵制の研究——府兵兵士とその社会》，同朋社，1999 年。刘安志：《对吐鲁番所出唐天宝间西北逃兵文书的探讨》，《魏晋南北朝隋唐史资料》第 15 期，1997 年。陈国灿：《吐鲁番出土文献所见之唐代军府》，《魏晋南北朝隋唐史资料》第 16 期，1998 年。

［68］程喜霖：《汉唐烽燧制度研究》，三秦出版社，1990 年（简本），联经出版公司，1991 年（全本）。

［69］孔祥星：《唐代新疆地区的交通组织长行坊——新疆出土唐代文书研究》，《中国历史博物馆馆刊》第 3 期，1981 年。鲁才全：《唐代前期西州宁戎驿及其有关问题——吐鲁番所出馆驿文书研究之一》，《敦煌吐鲁番文书初探》，1983 年；《唐代的"驿家"和"馆家"试释》，《魏晋南北朝隋唐史资料》第 6 期；1984 年；《唐代前期西州的驿马驿田驿墙诸问题——吐鲁番所出馆驿文书研究之二》，《敦煌吐鲁番文书初探》第 2 编，1990 年。孙晓林：《试探唐代前期西州长行坊制度》，《敦煌吐鲁番文书初探》第 2 编，1990 年；《关于唐前期西州设"馆"的考察》，《魏晋南北朝隋唐史资料》第 11 期，1991 年。荒川正晴：《唐河西以西の传马坊と长行坊》，《东洋学报》70 卷 3、4 号，1989 年；《唐朝の交通システム》，《大阪大学大学院文学研究科纪要》第 40 卷，2000 年。陈国灿：《唐西州蒲昌府防区内的镇戍与馆驿》，《魏晋南北朝隋唐史资料》第 17 辑，2000 年。

［70］张广达：《唐灭高昌后的西州形势》，原载《东洋文化》第 68 号，1988 年，收入《西域史地丛稿初编》，1995 年。

［71］陈国灿：《唐麟德二年西域道行军的救于阗之役——对吐鲁番阿斯塔那四号墓部分文书的研究》，《魏晋南北朝隋唐史资料》第 12 期，1993 年。

［72］荣新江：《吐鲁番文书〈唐某人自书历官状〉所记西域史事钩沉》，《西北史地》1987 年第 4 期。

[73] 姜伯勤：《吐鲁番文书所见的"波斯军"》，《中国史研究》1986 年第 1 期。

[74] 黄惠贤：《从西州高昌县征镇名籍看垂拱年间"西域"政局之变化》，《敦煌吐鲁番文书初探》，1983 年。

[75] 齐东方：《吐鲁番阿斯塔那二二五号墓出土的部分文书的研究——兼论吐谷浑余部》，《敦煌吐鲁番文献研究论集》第 2 辑，1983 年。荒川正晴：《唐代河西の吐谷浑と墨离》，《内陆アジア史研究》第 3 号，1986 年；《唐の中央アジア支配と墨离の吐谷浑》，《史滴》第 9、10 号，1988、1989 年。陈国灿：《武周瓜、沙地区的吐谷浑归朝事迹——对吐鲁番墓葬新出敦煌军事文书的探讨》，《1983 年全国敦煌学术讨论会文集》文史·遗书编上册，1987 年。苏莹辉：《"墨离"、"墨离川"、"墨离海"、"墨离军"考略》，《第一届国际唐代学术会议论文集》，1989 年。

[76] 王国维：《唐李慈艺授勋告身跋》，《观堂集林》（附别集），中华书局，1984 年；大庭脩、小笠原宣秀：《龙谷大学所藏吐鲁番出土の张怀寂告身について》，《龙谷大学论集》第 359 号，1958 年；吴震：《从吐鲁番出土"汜德达告身"谈唐碎叶镇城》，《文物》1975 年第 8 期；王永兴、李志生：《吐鲁番出土〈汜德达告身〉校释》，《敦煌吐鲁番文献研究论集》第 2 辑，1983 年；王文才：《跋唐写本〈汜德达告身〉拔四镇事》，《1983 年全国敦煌学术讨论会文集》文史·遗书编上册，1987 年；孙继民：《唐西州张无价及其相关文书》，《魏晋南北朝隋唐史资料》第 9、10 期，1988 年；小田义久：《德富苏峰记念馆藏"李慈艺告身"の写真について》，《龙谷大学论集》第 456 号，2000 年。

[77] 王仲荦：《试释吐鲁番出土的几件有关过所的唐代文书》，《文物》1975 年第 7 期；《吐鲁番出土的几件唐代过所》，《㟍华山馆丛稿》，中华书局，1987 年。小野胜年：《唐の开元时代の旅行证明书について》，《东洋学术研究》16 卷 3 号，1977 年。吴震：《唐开元廿一年西州都督府处分行旅文案残卷的复原与研究》，《文物研究》第 5、6 辑，黄山书社，1989、1990 年。砺波护：《唐代の过所と公验》，《中国中世の文物》，京都大学人文科学研究所，1993 年。荒川正晴：《唐の州县百姓と过所の发给——唐代过所、公验文书札记（1）》，《史观》第 137 号，1997 年。程喜霖：《唐代过所研究》，中华书局，2000 年。

[78] 大津透：《唐律令国家の予算について——仪凤三年度支奏抄、四年金部旨符试探》，《史学杂志》95 编 12 号，1986 年。大津透、榎本淳一：《大谷探检队吐鲁番将来アンペラ文书群の复原——仪凤三年度支奏抄、四年金部旨

符》，《东洋史苑》第 28 号，1987 年。大津透：《唐仪凤三年度支奏抄、四年金部旨符补考》，《东洋史研究》48 编 3 号，1989 年。同氏：《律令国家支配构造の研究》，岩波书店，1993 年。

[79] 中村裕一：《唐代官文书研究》，中文出版社，1991 年；《唐代公文书研究》，汲古书院，1996 年。

[80] 杨富学：《海外见刊回鹘文社会经济文献总目》，《中国敦煌吐鲁番学会研究通讯》1990 年第 1 期（总第 18 期）。

[81] 山田信夫等：《ウイグル文契约文书综合研究》，《内陆アジア史研究》第 4号，1988 年；贺小萍、朱悦梅有译文，载《新疆文物》1991 年第 4 期。山田信夫等：《ウイグル文契约文书集成》（全 3 卷），大阪，1993 年。参阅庄垣内正弘、牛汝极书评，分载《东洋史研究》53 卷 2 号，1994 年；《民族学报》第 21 期，1995 年。

[82] 李经纬：《回鹘文社会经济文书研究》，新疆大学出版社，1996 年。本书收入 80 件文书，其中 20 余件为敦煌出土，8 件为新疆其他地区出土，其余均为吐鲁番出土。又，同氏：《吐鲁番回鹘文社会经济文书研究》，新疆大学出版社，1996 年。本书收入 117 件文书，全部出自吐鲁番。其中，买卖人口文书 16 件，租佃和买卖土地文书 21 件，租贷文书 22 件，赋税徭役文书 21件，其他杂类文书 16 件。

[83] 护雅夫：《ウイグル文消费贷借文书》，《西域文化研究》第 4 卷《中央アジア古代语文献》，法藏馆，1961 年。山田信夫：《ウイグル文奴婢文书及び养子文书》，《大阪大学文学部纪要》第 16 号，1972 年；《ウイグル文人质文书》，《山本博士还历记念东洋史论丛》，山川出版社，1972 年。

[84] 森安孝夫：《敦煌と西ウイグル王国——トゥルフアンからの书简と赠り物を中心に》，《东方学》第 74 号，1987 年。陈俊谋有译文，载《西北史地》1987 年第 3 期。

[85] 张广达、荣新江：《有关西州回鹘的一篇敦煌汉文文献——S.6551 讲经文的历史学研究》，原载《北京大学学报》1989 年第 2 期，收入《西域史地丛稿初编》，1995 年。

[86] 参阅杨富学：《回鹘文社会经济文书研究百年回顾》，《敦煌研究》2000 年第4 期。

[87] 马雍：《突厥与高昌麴氏王朝始建交考》，《西域史地文物丛考》，文物出版社，1990 年。

[88] 刘安志：《唐代西州的突厥人》，《魏晋南北朝隋唐史资料》第 17 辑，2000

年。

[89] 主要有：王素：《昭武九姓及其文化东渐》，《文史知识》1991 年第 3 期。荣
新江：《西域粟特移民考》，《西域考察与研究》，新疆人民出版社，1994 年；
《北朝隋唐粟特人之迁徙及其聚落》，《国学研究》第 6 卷，1999 年。荒川正
晴：《唐帝国とソグド人の交易活动》，《东洋史研究》56 卷 3 号，1997 年。
上述诸文，对高昌—西州粟特人亦曾涉及。

[90] 姜伯勤撰、池田温译：《敦煌、吐鲁番とシルクロード上のソグド人》，《季
刊东西交涉》5 卷 1～3 号，1986 年。

[91] 池田温：《神龙三年高昌县崇化乡点籍样について》，《栗原益男先生古稀记
念论集　中国古代の法と社会》，汲古书院，1988 年。

[92] 荣新江：《吐鲁番出土〈武周康居士写经功德碑〉校考——兼谈胡人对武周
政权之态度》，《民大史学》第 1 期，1996 年；李方：《唐西州九姓胡人生活
状况一瞥——以史玄政为中心》，《敦煌吐鲁番研究》第 4 卷，1999 年。

[93] 吉田丰、森安孝夫、新疆ウイグル自治区博物馆：《麹氏高昌国时代ソグド
文女奴隶卖买文书》，《神户市外国语大学外国学研究》XIX（内陆アジア言
语の研究 IV），1989 年；柳洪亮有译文，载《新疆文物》1993 年第 4 期。
荒川正晴：《トゥルファン出土〈麹氏高昌国时代ソグド文女奴隶卖买文书〉
の理解をめぐつて》，《内陆アジア言语と文化の研究》第 5 号（外国学研究
XXI），1990 年。

[94] 王素：《高昌火祆教论稿》，《历史研究》1986 年第 3 期。按：此后对萨宝进
行研究渐多。参阅：荒川正晴：《北朝隋、唐における"萨宝"の性格をめ
ぐつて》，《东洋史苑》第 50、51 号（大谷光瑞师五十回忌记念号），1998
年；姜伯勤：《萨宝府制度源流略论——汉文粟特人墓志考释之一》，《华学》
第 3 辑，1998 年；罗丰：《萨宝：一个唐朝唯一外来官职的再考察》，《唐研
究》第 4 卷，1998 年。此外，也引起学者对火祆教传入中国进行研究的兴
趣。参阅：陈国灿：《魏晋至隋唐河西胡人的聚居与火祆教》，《西北民族研
究》1988 年第 1 期；荣新江：《祆教初传中国年代考》，《国学研究》第 3
卷，1995 年；张乃翥：《中原出土文物与中古祆教之东侵》，《敦煌吐鲁番学
研究论集》1996 年；林梅村：《从考古发现看火祆教在中国的初传》，《西域
研究》1996 年第 4 期。

[95] 姜伯勤：《高昌敦煌的萨宝制度与胡祆祠》，《敦煌吐鲁番文书与丝绸之路》，
1994 年；《高昌胡天祭祀与敦煌祆祀——兼论其与王朝祭礼的关系》，《敦煌
艺术宗教与礼乐文明》，1996 年。

[96] 张广达：《吐鲁番出土汉语文书中所见伊朗地区宗教的踪迹》，《敦煌吐鲁番研究》第4卷，1999年。

[97] 林悟殊：《论高昌"俗事天神"》，《历史研究》1987年第4期；王素：《也论高昌"俗事天神"》，《历史研究》1988年第3期。

[98] 陈国灿：《从葬仪看道教"天神"观在高昌国的流行》，《魏晋南北朝隋唐史资料》第9、10期，1988年；赵文润：《隋朝时期中原与西域的文化交流》，《西北大学史学丛刊》第2辑，1999年。

[99] 关尾史郎：《"承阳"备忘——〈吐鲁番出土文书〉札记再补》，《东洋史苑》第50、51号（大谷光瑞师五十回忌记念号），1998年。

[100] 关尾史郎：《高昌国时代の马帐について——〈吐鲁番出土文书〉札记（一一）》，《吐鲁番出土文物研究会会报》第91～93号，1993年。

[101] 土肥义和：《贞观十四年九月西州安苦口延手实について——その特征と历史的背景》，《铃木俊先生古稀记念东洋史论丛》，山川出版社，1975年。

[102] 唐长孺：《唐西州诸乡户口帐试释》，《敦煌吐鲁番文书初探》，1983年。

[103] 朱雷：《唐代"手实"制度杂识——唐代籍帐制度考察》、《唐代"点籍样"制度初探——吐鲁番、敦煌两地出土"点籍样"文书的考察》、《唐"籍坊"考》、《唐代"乡帐"与"记帐"制度初探——吐鲁番出土唐代"乡帐"文书复原研究》，均载《敦煌吐鲁番文书论丛》，2000年。

[104] 樋口知志：《唐代籍帐制度试考》，《东北大学附属图书馆研究年报》第20号，1987年。

[105] 丘古耶夫斯基著、王克孝译：《敦煌汉文文书》第74～79页，上海古籍出版社，2000年。

[106] 卢开万，《唐高宗永淳年间西州高昌县百姓按户等贮粮的实质》，《敦煌吐鲁番文书初探》，1983年；船越泰次：《吐鲁番出土唐代户等文书觉书》，《东アジア古文书の史的研究》（唐代史研究会报告第Ⅶ集），刀水书房，1990年。

[107] 吴震：《介绍八件高昌契约》，《文物》1962年第7、8期；马雍：《麴斌造寺碑所反映的高昌土地问题》，原载《文物》1976年第12期，收入《西域史地文物丛考》，文物出版社，1990年。

[108] 荒川正晴：《高昌国における土地制度について》，《史观》第101号，1979年。唐长孺：《贞观十四年手实中的"合受田"》，《魏晋南北朝隋唐史资料》第2期，1980年；《唐贞观十四年手实中的受田制度和丁中问题》，《敦煌吐鲁番文书初探》，1983年。张鸿儒：《麴氏高昌的土地买卖和推行均田制

的某些迹象》,《河北大学学报》1988 年第 1 期。

[109] 池田温:《初唐西州土地制度管见》,《史滴》第 5 号,1984 年;卢开万:《麴氏高昌未推行均田制度论》,《敦煌学辑刊》1986 年第 1 期;川村康:《麴氏高昌国における土地卖买についての一考察》,《法研论集》第 41 号,1987 年;关尾史郎:《〈文书〉と"正史"の高昌国》,《东洋史研究》47 卷 3 号,1988 年。

[110] 小田义久:《吐鲁番地域における均田制について》,《龙谷大学佛教文化研究所纪要》第 17 号,1978 年;孔祥星:《吐鲁番文书中的"常田"与"部田"》,《中国历史博物馆馆刊》第 9 期,1986 年。

[111] 池田温:《麴氏高昌国土地制度の性格》,《史学杂志》91 编 12 号,1982 年;《中国古代买田、买园券の一考察——大谷文书三点の绍介を中心として》,《东アジア史における国家と农民》,山川出版社,1984 年。杨际平:《麴氏高昌土地制度试探》,《新疆社会科学》1987 年第 3、4 期。按:后来姚崇新也主张授田制。见《麴氏高昌王国官府授田制初探》,《中国吐鲁番学学会第一次学术研讨会论文集》,1991 年。

[112] 吴震:《麴氏高昌国土地形态所有制试探》,《新疆文物》1986 年第 1 期;陈国灿:《高昌国的占田制度》,《魏晋南北朝隋唐史资料》第 11 期,1991 年。

[113] 杨际平:《试考唐代吐鲁番地区"部田"的历史渊源》,《中国社会经济史研究》1982 年第 1 期;《再谈麴氏高昌与唐代西州"部田"的历史渊源》,《中国史研究》1988 年第 2 期。黄永年:《唐代籍帐中"常田"、"部田"诸词试释》,《文史》第 19 辑,1983 年。

[114] 西嶋定生:《从吐鲁番出土文书看实施均田制的状况——以给田文书和退田文书为中心》;西村元佑:《唐代均田制下授田的实际情况——以大谷探险队携来唐代西州高昌县出土文书与欠田文书为中心》,均载《敦煌学译文集——敦煌吐鲁番出土社会经济文书研究》,1985 年。

[115] 韩国磐:《关于吐鲁番出土的唐代西州户籍残卷中的几个问题》,《中国社会经济史研究》1983 年第 2 期;《再论唐代西州的田制》,《敦煌吐鲁番出土经济文书研究》,1986 年。

[116] 杨际平:《唐代西州欠田、退田、给田诸文书非均田说——兼与日本学者西村元佑、西嶋定生先生商榷》,《唐史论丛》第 1 辑,陕西人民出版社,1988 年;《唐代西州欠田、退田、给田诸文书非均田说补证——兼论唐代西州的两种授田制度》,《敦煌吐鲁番出土经济文书研究》,1986 年。

[117] 池田温：《唐代西州给田制之特征》，《敦煌吐鲁番学研究论文集》，1990
　　　年；《初唐西州高昌县授田簿考》，《隋唐史论集》，香港大学亚洲研究中心，
　　　1993 年。按：卢向前后来亦撰《〈唐西州高昌县授田簿〉整理与断代》（未
　　　见，此据注［120］引卢氏文），定该簿时间为贞观十六、十七年。

[118] 土肥义和：《唐代均田制の给田基准考——とくに吐鲁番盆地の实例を中心
　　　に》，《隋唐帝国と东アジア世界》，汲古书院，1979 年；关尾史郎：《トゥ
　　　ルファン将来　唐代田制关系文书の理解をめぐって——米田贤次郎〈オ
　　　アシス农业と土地问题〉を读む》，《集刊东洋学》第 61 号，1989 年；卢
　　　开万：《对唐代西州均田制若干问题的管见》，《敦煌吐鲁番文书初探》第 2
　　　编，1990 年；朱雷：《唐代"均田制"实施过程中"受田"与"私田"的
　　　关系及其他》，《敦煌吐鲁番文书论丛》，2000 年。

[119] 大金富雄：《唐西州における地目について》，《栗原益男先生古稀记念论集
　　　中国古代の法と社会》，汲古书院，1988 年；《吐鲁番出土文书にみえる
　　　世业と口分について》，《安田学园研究纪要》第 29 号，1989 年。

[120] 卢向前：《唐代西州田制研究》（5 篇），分载《文史》（第 44 辑，1998 年）、
　　　《'98 法门寺唐文化国际学术讨论会论文集》（陕西人民出版社，2000 年）、
　　　《唐研究》（第 1 卷，1995 年）、《敦煌吐鲁番研究》（第 1、5 卷，1996、
　　　2001 年）等书刊，不赘举。

[121] 陈国灿：《武周圣历年间的勘检田亩运动》，原载《敦煌吐鲁番文书初探》
　　　第 2 编，1990 年，收入《唐代的经济社会》，1999 年。

[122] 陈国灿：《对唐西州都督府勘检天山县主簿高元祯职田案卷的考察》，《敦煌
　　　吐鲁番文书初探》，1990 年；齐陈骏：《简述敦煌吐鲁番文书中有关职田的
　　　资料》，《中国史研究》1986 年第 1 期。

[123] 朱雷：《北凉的按赀配生马制度》，原载《魏晋南北朝隋唐史资料》第 3 期，
　　　1981 年，后改名《吐鲁番出土文书中所见的北凉按赀配生马制度》，再刊
　　　《文物》1983 年第 1 期、《敦煌吐鲁番文书论丛》等书刊。

[124] 朱雷：《吐鲁番出土北凉赀簿考释》，原载《武汉大学学报》1980 年第 4
　　　期，收入《敦煌吐鲁番文书研究》、《敦煌吐鲁番文书论丛》等书。

[125] 町田隆吉：《吐鲁番出土"北凉赀簿"をめぐって》，《东洋史论》第 3 号，
　　　1982 年；王素：《吐鲁番出土北凉赀簿补说》，《文物》1996 年第 7 期。

[126] 郑学檬：《高昌实物田租问题探讨——〈吐鲁番出土文书〉读后札记》，《敦
　　　煌吐鲁番出土经济文书研究》，1986 年。关尾史郎：《高昌〈田亩（得、
　　　出）银钱帐〉について——〈吐鲁番出土文书〉札记（一〇）》，《吐鲁番出

土文物研究会会报》第 64、65、71 号，1991 年。

[127] 卢向前：《论麹氏高昌臧钱——67TAM84：20 号文书释读》，《敦煌吐鲁番文书论稿》，1992 年；朱雷：《麹氏高昌王国的"称价钱"》，《魏晋南北朝隋唐史资料》第 4 期，1982 年；关尾史郎：《〈高昌延寿元年（公元 624年）六月勾远行马价钱敕符〉をめぐる诸问题》（上），《东洋史苑》第 42、43 号，1994 年；同氏著、黄正建译：《有关高昌国"远行马价钱"的一条史料——大谷 1464、2401 号 文书及其意义》（下），《出土文献研究》第 3 辑，1998 年。

[128] 陈仲安：《试释高昌王国文书中之"剂"字——麹朝税制管窥》，《敦煌吐鲁番文书初探》第 2 编，1990 年；关尾史郎：《高昌文书中の"剂"字について——〈吐鲁番出土文书〉札记（八）》，《吐鲁番出土文物研究会会报》第 16、17、39、49 号，1989~1990 年。

[129] 关尾史郎：《トゥルファン出土高昌国 税制关系文书の基础的研究——条记文书の古文书学的分析を中心として》（未完），《新潟大学人文科学研究》第 74、75、78、81、83、84、86、98、99 号，1988~1999 年。

[130] 关尾史郎：《高昌国"丁输"考——アスターナ四八号墓出土高昌国役制关系文书の分析》，《小田义久博士还历记念 东洋史论集》，真阳社，1995年；程喜霖：《吐鲁番文书中所见的麹氏高昌的计田输租与计田承役》，《出土文献研究》，文物出版社，1985 年；冻国栋：《麹氏高昌役制研究》，《敦煌学辑刊》1990 年第 1 期。

[131] 卢开万：《试论麹氏高昌时期的赋役制度》，《敦煌吐鲁番文书初探》，1983年；谢重光：《麹氏高昌赋役制度考辨》，《北京师范大学学报》1989 年第 1期；杨际平：《麹氏高昌赋役制度管见》，《中国社会经济史研究》1989 年第 2 期。

[132] 周藤吉之：《唐中期户税的研究——以吐鲁番出土文书为中心》，《敦煌学译文集——敦煌吐鲁番出土社会经济文书研究》，1985 年。

[133] 冻国栋：《吐鲁番所出〈唐勒依限征纳税钱文书〉跋》，《魏晋南北朝隋唐史资料》第 8 期，1986 年。

[134] 杨际平：《唐代西州青苗簿与租佃制下的地税》，《新疆社会科学》1989 年第 1 期。

[135] 牛来颖：《读敦煌吐鲁番文书札记》，《中国史研究》1986 年第 1 期。

[136] 黄惠贤：《唐代前期仗身制的考察》，《敦煌吐鲁番文书初探》第 2 编，1990年。

［137］程喜霖：《对吐鲁番所出四角葡役夫文书的考察——唐代西州杂徭研究之一》，《中国史研究》1986 年第 1 期。

［138］小笠原宣秀、西村元佑：《唐代徭役制度考》，《敦煌学译文集——敦煌吐鲁番出土社会经济文书研究》，1985 年。

［139］仁井田陞：《吐鲁番发见唐代の庸调布と租布——日本庸调布との比较》，《东方学报》11 卷 1 号；王仲荦：《唐代西州的缣布》，《文物》1976 年第 1 期；王炳华：《吐鲁番出土唐代庸调布研究》，《文物》1981 年第 1 期。

［140］侯灿：《升平十一年王念驼卖契及其说明的历史问题》，《考古与文物》1982 年第 5 期。

［141］小田义久：《麴氏高昌国时代の土地买卖证书について》，《东洋史苑》第 24、25 号，1985 年。

［142］赵云旗：《唐代敦煌吐鲁番地区土地买卖研究》，《敦煌研究》2000 年第 4 期。

［143］胡如雷：《几件新疆出土文书反映的十六国时期租佃契约关系》，《文物》1978 年第 6 期。

［144］严耀中：《十六国时期高昌官地上的"佃役"与"共分治"》，《中国吐鲁番学学会第一次学术研讨会论文集》，1991 年。

［145］仁井田陞：《吐鲁番发见の高昌国および唐代租佃文书》，《东洋文化研究所纪要》第 29 号，1963 年；《吐鲁番发见の唐代租佃文书の二形态》，《东洋文化研究所纪要》第 23 号，1961 年。

［146］韩国磐：《从〈吐鲁番出土文书〉中夏田券契来谈高昌租佃的几个问题》，《敦煌吐鲁番出土经济文书研究》，1986 年。

［147］鲍晓娜：《六～十世纪敦煌吐鲁番地区的租佃关系》，《平准学刊——中国社会经济史研究论集》第 3 卷（下册），中国商业出版社，1986 年。

［148］周藤吉之：《吐鲁番出土佃人文书的研究——唐代前期的佃人制》、《佃人文书研究补考——特别是关于乡名的简略记号》，均载《敦煌学译文集——敦煌吐鲁番出土社会经济文书研究》，1985 年。

［149］沙知：《吐鲁番佃人文书里的唐代租佃关系》，《历史研究》1963 年第 1 期；小田义久：《佃人文书の一考察》，《龙谷史坛》第 79 号，1981 年；孔祥星：《唐代前期的土地租佃关系——吐鲁番文书研究》，《中国历史博物馆馆刊》第 4 期，1982 年；关尾史郎：《"佃人文书"新探——"堰头"の性格と职掌に关する予备的考察》，《中国水利史の考察》，国书刊行会，1995 年。

[150] 王素：《吐鲁番所出〈高昌取银钱作孤易券〉试释》，《文物》1990 年第 9 期；《〈吐鲁番所出高昌取银钱作孤易券试释〉补说》，《文物》1993 年第 8 期。

[151] 石田勇作：《吐鲁番出土"举钱契"杂考》，《骏台史学》第 78 号，1990 年。

[152] 小口彦太：《吐鲁番发见唐代赁贷借、消费贷借文书について——〈文物〉1973 年第 10 期所载文书より》，《比较法学》10 卷 1 期，1975 年。

[153] 程喜霖：《试析吐鲁番出土的高昌唐代雇佣契券的性质》，《中国古代史论丛》1982 年第 3 辑。

[154] 仁井田陞：《吐鲁番出土的唐代交易法文书》，《敦煌学译文集——敦煌吐鲁番出土社会经济文书研究》，1985 年。

[155] 沙知：《吐鲁番出土唐代契券文书述略》，《丝路访古》，甘肃人民出版社，1983 年。

[156] 池田温：《中国古代券、契の诸相——トゥルファン出土文书を中心として》，《东洋文库书报》第 4 号，1973 年；《吐鲁番、敦煌契券概观》，《汉学研究》4 卷 2 号，1986 年；《中国古代契约文书の整理》，《中国朝鲜文书史料研究》，1986 年。吴震：《吐鲁番出土券契文书的表层考察》，《敦煌吐鲁番研究》第 1 卷，1996 年。

[157] 小笠原宣秀：《西域出土の寺院文书再论——西州の寺田》，《印度学佛教学研究》8 卷 1 号，1960 年。

[158] 小田义久：《唐代吐鲁番地域における宗教行政——寺田と佛寺を中心として》，《中国史上における宗教行政と地域社会》，1981 年；《唐西州における僧田と寺田について》，《小野胜年博士颂寿记念东方学论集》，朋友书店，1982 年。

[159] 陈良文：《从〈高昌乙酉、丙戌岁某寺条列月用斛斗帐历〉看高昌寺院经济》，《湘潭师范学院学报》1987 年第 2 期。

[160] 陈国灿：《对高昌国某寺全年月用帐的计量分析——兼析高昌国的租税制度》，《魏晋南北朝隋唐史资料》第 9、10 期，1988 年。

[161] 吴震：《吐鲁番出土高昌某寺月用斛斗帐历浅说》，《文物》1989 年第 11 期。

[162] 町田隆吉：《使人と作人——麴氏高昌国时代の寺院、僧尼の隶属民》，《骏台史学》第 78 号，1990 年。

[163] 姜伯勤：《唐西州寺院家人奴婢的放良》，《中国古代史论丛》1982 年第

3 辑。

[164] 町田隆吉：《唐西州马寺小考——八世纪后半の尼寺の寺院経済をめぐって》，《驹泽史学》第 45 号，1994 年；《麹氏高昌国时代马寺经済文书考——吐鲁番出土佛教寺院経済关系文书管见》，《东京学艺大学附属高等学校大泉校舎研究纪要》第 23 集，1998 年；《张寺小考——六～七世纪トゥルコァン盆地における寺院経済の一例》，《东洋史苑》第 50、51 号，1998 年。

[165] 小田义久：《西域における寺院経済について》，《龙谷大学佛教文化研究所纪要》第 1 号，1962 年；谢重光：《麹氏高昌的寺院经济》，《汉唐佛教社会史论》，国际文化事业有限公司，1990 年；吴震：《寺院经济在高昌社会中的地位》，《新疆文物》1990 年第 4 期；严耀中：《麹氏高昌王国寺院研究》，《文史》第 34 辑，1992 年。

[166] 白须净真：《高昌门阀社会の研究——张氏を通じてみたその构造の一端》，《史学杂志》88 编 1 号，1979 年；陈国灿：《跋武周张怀寂墓志》，《文物》1981 年第 1 期。

[167] 白须净真：《唐代吐鲁番の豪族——墓坼よりみた初期、西州占领策と残留豪族の考察を中心として》，《东洋史苑》第 9 号，1975 年；《唐代吐鲁番の豪族——とくに阿史那贺鲁の反乱以后における旧高昌豪族への处遇を中心として》，《龙谷史坛》第 72 号，1977 年；《アスターナ、カラホージャ古坟群の坟墓と墓表、墓志とその编年（一）——三世纪から八世纪に亘る被葬者层の变迁をかねて》，《东洋史苑》第 34、35 号，1990 年；《トゥルファン古坟群の编年とトゥルファン支配者层の编年——麹氏高昌国の支配者层と西州の在地支配者层》，《东方学》第 84 号，1992 年；《吐鲁番社会——新兴庶民层の成长と名族の没落》，《魏晋南北朝隋唐史の基本问题》（《中国史学の基本问题》シリーズ2），汲古书院，1997 年。

[168] 王素：《吐鲁番文书中有关岑参的一些资料》，《文史》第 36 辑，1992 年；朱雷：《吐鲁番出土天宝年间马料文卷中所见封常清之碛西北庭行》，《敦煌吐鲁番文书论丛》，2000 年。

[169] 唐长孺：《关于武则天统治末年的浮逃户》，《历史研究》1961 年第 6 期。

[170] 郭锋：《吐鲁番文书〈唐众阿婆作斋社约〉与唐代西州的民间结社活动》，《西域研究》1991 年第 3 期。

[171] 朱雷：《论麹氏高昌时期的"作人"》，《敦煌吐鲁番文书初探》，1983 年。

[172] 关尾史郎：《〈田亩作人文书〉小考——トゥルファン出土高昌国身份制关

系文书研究序说》,《新潟史学》第 26、27 号, 1991 年;《〈田亩作人文书〉
の周边——アスタ-ナ一五四号墓出土作人关系文书の分析》,《东アジ
ア——历史と文化》创刊号, 1992 年;(侯世新译)《论"作人"》,《西域
研究》1995 年第 1 期。

[173] 李靖莉:《从吐鲁番出土文书看唐代西州部曲》,《中国社会经济史研究》
1997 年第 1 期。

[174] 福岛绫子:《副葬品と性差——西晋·十六国时代の敦煌·トルファンを中心
として》,《溯航》第 17 号,1999 年。

[175] 小田义久:《吐鲁番出土の随葬衣物疏について》,《龙谷大学论集》第 409
号, 1976 年;《吐鲁番出土葬送仪礼关系文书の一考察——随葬衣物疏か
ら功德疏へ》,《东洋史苑》第 30、31 号, 1988 年。

[176] 白须净真:《随葬衣物疏付加文言(死人移书)の书式とその源流——吐鲁
番盆地古坟群出土の随葬衣物疏の研究》(1),《佛教史学研究》25 卷 2
号, 1983 年;钟国发:《也谈吐鲁番晋——唐古墓随葬衣物疏》,《新疆师
范大学学报》1995 年第 3 期。

[177] 王素:《吐鲁番出土伏羲女娲绢画新探》,《文物天地》1991 年第 4 期。

[178] 孔祥星:《从吐鲁番出土的衣物疏看十六国和麴氏高昌时期的纺织品》,《中
国历史博物馆馆刊》第 6 期, 1984 年;唐长孺:《吐鲁番文书中所见丝织
手工业技术在西域各地的传播》,原载《出土文献研究》, 1985 年, 收入
《山居存稿》,1989 年;韩国磐:《从吐鲁番出土文书来看高昌的丝棉织
业》,《敦煌吐鲁番出土经济文书研究》, 1986 年;陈良文:《吐鲁番出土文
书中所见的高昌唐西州的蚕桑丝织业》,《敦煌学辑刊》1987 年第 1 期;武
敏:《从出土文书看古代高昌地区的蚕丝与纺织》,《新疆社会科学》1987
年第 5 期;荒正川晴:《トゥルコァンの棉布生产とその流通》,《アジアに
おける国际交流と地域文化》, 1994 年。

[179] 关尾史郎:《〈高昌年次未详入作人、画师、主胶人等名籍〉试释》,《龙谷
史坛》第 103、104 号, 1994 年;冻国栋:《吐鲁番出土文书所见唐代前期
的工匠》,《敦煌吐鲁番文书初探》第 2 编, 1990 年。

[180] 孔祥星:《唐代"丝绸之路"上的纺织品贸易中心西州——吐鲁番文书研
究》,《文物》1982 年第 4 期;徐伯夫:《唐代西域交河郡的商业》,《新疆
历史研究》1985 年第 1 期;小田义久:《吐鲁番出土唐代官厅文书の一考
察——物价文书と北馆文书をめぐって》, 《龙谷大学论集》第 427 号,
1985 年。

[181] 荒川正晴：《唐の对西域布帛输送と客商の活动について》，《东洋学报》73 卷 3、4 号，1992 年；王忻、乐胜奎均有译文，分载《敦煌学辑刊》1993 年第 2 期；《魏晋南北朝隋唐史资料》第 16 辑，1998 年。

[182] 郑学檬：《十六国至麴氏王朝时期高昌使用银钱的情况研究》，《敦煌吐鲁番出土经济文书研究》，1986 年；林友华：《从四世纪到七世纪中高昌货币形态初探》，《敦煌吐鲁番学研究论文集》，1990 年；郭媛：《试论隋唐之际吐鲁番地区的银钱》，《中国史研究》1990 年第 4 期；武敏：《五世纪前后吐鲁番地区的货币经济》，《新疆经济开发史研究》上册，新疆人民出版社，1992 年；卢向前：《高昌西州四百年货币关系演变述略》，《敦煌吐鲁番文书论稿》，1992 年。

[183] 片山章雄：《高昌吉利钱について》，《小田义久博士还历记念东洋史论集》，真阳社，1995 年；于志勇有译文，载《西域研究》1995 年第 1 期。

[184] 小笠原宣秀：《吐鲁番出土の宗教生活文书》，《西域文化研究》第 3 卷《敦煌吐鲁番社会经济资料》（下），1960 年；《唐代西州人士の精神生活》，《龙谷史坛》第 55 号，1965 年。

[185] 王素：《高昌佛祠向佛寺的演变——吐鲁番文书札记（二）》，《学林漫录》第 11 集，1985 年。

[186] 王素：《吐鲁番出土〈功德疏〉所见西州庶民的净土信仰》，《唐研究》第 1 卷，1995 年。

参 考 文 献

敦煌类

1. 张澍辑、李鼎文校点：《续敦煌实录》，甘肃人民出版社，1985年。

2. 荣新江：《话说敦煌》，山东教育出版社，1991年。

3. 宁可、郝春文：《敦煌的历史和文化》，新华出版社，1993年。

4. 胡戟、傅玫：《敦煌史话》，中华书局，1995年。

5. 向达：《唐代长安与西域文明》，生活·读书·新知三联书店，1957年。

6. 苏莹辉：《敦煌论集》、《敦煌论集续编》，学生书局，1969、1983年。

7. 王重民：《敦煌遗书论文集》，中华书局，1984年。

8. 王重民：《敦煌古籍叙录》，中华书局，1979年新1版。

9. 黄永武：《敦煌古籍叙录新编》，新文丰出版公司，1986年。

10. 姜伯勤：《唐五代敦煌寺户制度》，中华书局，1987年。

11. 张广达、荣新江：《于阗史丛考》，上海书店，1993年。

12. 姜伯勤：《敦煌艺术宗教与礼乐文明》，中国社会科学出版社，1996年。

13. 荣新江：《归义军史研究》，上海古籍出版社，1996年。

14. 颜廷亮主编：《敦煌文学概论》，甘肃人民出版社，1993年。

15. 林家平、宁强、罗华庆：《中国敦煌学史》，北京语言学院出版社，1992年。

16．姜亮夫：《莫高窟年表》，上海古籍出版社，1985 年。

17．王素、李方：《魏晋南北朝敦煌文献编年》，新文丰出版公司，1997 年。

18．敦煌文物研究所：《敦煌译丛》第 1 辑，甘肃人民出版社，1985 年。

19．谢和耐等著、耿昇译：《法国学者敦煌学论文选萃》，中华书局，1993 年。

20．季羡林主编：《敦煌学大辞典》，上海辞书出版社，1998 年。

吐鲁番类

21．王树枏：《新疆访古录》，聚珍仿宋印书局，1918 年。

22．袁大化、王树枏、王学曾等：《新疆图志》，东方学会，1923 年。

23．黄文弼：《吐鲁番考古记》，考古学特刊第 3 号，中国科学院，1954 年；又，考古学专刊第 5 号，科学出版社，1958 年。

24．中国科学院新疆综合考察队：《新疆吐鲁番地区综合考察报告》，科学出版社，1958 年。

25．夏训诚、胡文康：《吐鲁番盆地》，新疆人民出版社，1978 年。

26．胡戟、李孝聪、荣新江：《吐鲁番》，三秦出版社，1987 年。

27．王炳华：《吐鲁番的古代文明》，新疆人民出版社，1989 年。

28．侯灿：《高昌楼兰研究论集》，新疆人民出版社，1990 年。

29．王素：《高昌史稿·统治编》，文物出版社，1998 年。

30．王素：《高昌史稿·交通编》，文物出版社，2000 年。

31．敦煌吐鲁番学新疆研究资料中心：《吐鲁番学研究专辑》，乌鲁木齐县印刷厂，1990 年。

32．中国吐鲁番学学会秘书处：《中国吐鲁番学学会第一次学术研讨会论文集》，新疆建工印刷厂，1991 年。

33．王素：《吐鲁番出土高昌文献编年》，新文丰出版公司，1997 年。

34．陈国灿：《吐鲁番出土唐代文献编年》，新文丰出版公司，2002

年。

35.　嶋崎昌:《隋唐时代の东トゥルキスタン研究——高昌国史研究を中心として》(修订版),东京大学出版会,1983 年。

36.小田义久:《大谷文书の研究》,法藏馆,1996 年。

37.关尾史郎:《西域文书からみた中国史》,山川出版社,1998年。

38.H. Maspero: Les Documents Chinois de la troisiè me expé dition de Sir Aurel Stein en Asie Centrale, London, 1953.

39.冯佳班著、邹如山译:《高昌回鹘王国的生活》,吐鲁番市地方志编辑室,1989 年。

40.莫尼克·玛雅尔著、耿昇译:《古代高昌王国物质文明史》,中华书局,1995 年。

敦煌吐鲁番综合类

41.唐长孺:《山居存稿》,中华书局,1989 年。

42.饶宗颐:《饶宗颐史学论著选》,上海古籍出版社,1993 年。

43.宋家钰:《唐朝户籍法与均田制研究》,中州古籍出版社,1988年。

44.刘俊文:《敦煌吐鲁番唐代法制文书考释》,中华书局,1989年。

45.杨际平:《敦煌吐鲁番出土文书研究 均田制新探》,厦门大学出版社,1991 年。

46.卢向前:《敦煌吐鲁番文书论稿》,江西人民出版社,1992 年。

47.姜伯勤:《敦煌吐鲁番文书与丝绸之路》,文物出版社,1994年。

48.张广达:《西域史地丛稿初编》,上海古籍出版社,1995 年。

49.荣新江:《海外敦煌吐鲁番文献知见录》,江西人民出版社,1996 年。

50.邓文宽:《敦煌吐鲁番耕耘录》,新文丰出版公司,1996 年。

51．陈国灿：《唐代的经济社会》，文津出版社，1999 年。

52．荣新江：《鸣沙集》，新文丰出版公司，1999 年。

53．朱雷：《敦煌吐鲁番文书论丛》，甘肃人民出版社，2000 年。

54．柴剑虹：《敦煌吐鲁番学论稿》，浙江教育出版社，2000 年。

55．孙继民：《敦煌吐鲁番所出唐代军事文书初探》，中国社会科学出版社，2000 年。

56．北京大学中国中古史研究中心：《敦煌吐鲁番文献研究论集》（全 5 辑），中华书局、北京大学出版社，1982～1990 年。

57．武汉大学历史系魏晋南北朝隋唐史研究室（唐长孺主编）：《敦煌吐鲁番文书初探》（已出二编），武汉大学出版社，1983、1990 年。

58．沙知、孔祥星编：《敦煌吐鲁番文书研究》，甘肃人民出版社，1984 年。

59．国家文物局古文献研究室、中国文物研究所：《出土文献研究》（已出四辑），文物出版社、中华书局，1985～1998 年。

60．韩国磐主编：《敦煌吐鲁番出土经济文书研究》，厦门大学出版社，1986 年。

61．敦煌文物研究所：《1983 年全国敦煌学术讨论会文集》文史·遗书编上、下册，甘肃人民出版社，1987 年。

62．中国敦煌吐鲁番学会：《敦煌吐鲁番学研究论文集》，汉语大辞典出版社，1990 年。

63．北京图书馆敦煌吐鲁番学资料中心等：《敦煌吐鲁番学论集》，书目文献出版社，1996 年。

64．香港中华文化促进中心等：《敦煌吐鲁番研究》（已出 5 卷），北京大学出版社，1996～2001 年。

65．西域文化研究会：《西域文化研究》第 2、3 卷《敦煌吐鲁番社会经济资料》上、下，法藏馆，1959、1960 年；姜镇庆、那向芹选译：《敦煌学译文集——敦煌吐鲁番出土社会经济文书研究》，甘肃人民出版社，1985 年。

66．池田温：《中国古代籍帐研究　概观·录文》，东京大学出版会，

1979 年；龚泽铣译：《中国古代籍帐研究》，中华书局，1984 年。

67. 堀敏一：《均田制の研究》，岩波书店，1975 年；韩国磐等译：《均田制的研究》，福建人民出版社，1984 年。

68. 池田温：《中国古代写本识语集录》，大藏出版株式会社，1990 年。

69. 池田温：《唐研究论文选集》，中国社会科学出版社，1999 年。

70. 东洋文库敦煌文献研究委员会：Tunhuang and Turfan Documents concerning Social and Economic History. 按：已出 5 卷。第 1 卷为 Legal Texts（法制文献），山本达郎、池田温、冈野诚编，东洋文库，1978、1980 年。第 2 卷为 Census Registers（户籍），山本达郎、土肥义和编，东洋文库，1984、1985 年。第 3 卷为 Contracts（契券），山本达郎、池田温编，东洋文库，1986、1987 年。第 4 卷为 She Associations and Related Documents（社组织及其相关文献），山本达郎、土肥义和、石田勇作编，东洋文库，1988、1989 年。第 5 卷为 Supplement（补遗），山本达郎、池田温、土肥义和、气贺泽保规、冈野诚、石田勇作、妹尾达彦编，东洋文库，2001 年。

（本书注释征引上列书刊，为了节省篇幅，均省略出版单位名称）

后　　记

　　综观本书对敦煌吐鲁番文献的发现与研究进行的回顾与总结，相信我们都会感到：敦煌吐鲁番文献的发现与研究，不仅极大地丰富了我们对中古时期具有独特地位的西北历史的认识，还极大地深化了我们对中古时期具有伟大胸怀的中原文化的了解。而当我们面对过去百年敦煌吐鲁番文献研究取得的骄人成就时，自然也会思考未来百年敦煌吐鲁番文献研究需要面对的问题。这个问题，一言以蔽之，就是未来百年的敦煌吐鲁番文献研究，是否仍会像过去一样繁荣昌盛？我个人认为未来百年敦煌吐鲁番文献的研究，作为一个整体，仍会繁荣昌盛地向前发展。原因主要有三：

　　①敦煌吐鲁番文献并未全部公布，数量还会不断增加。我们知道：狭义的敦煌文献，即所谓藏经洞文献，虽然只有5万件左右，不可能增加，但并未全部公布。而广义的吐鲁番文献，也就是吐鲁番地区出土的文献，由于该地区地下宝库绝大部分尚未开启，只要有发掘就会有收获，数量肯定还会不断增加。

　　②敦煌吐鲁番文献的研究，还有很多悬而未决的问题。我们知道敦煌吐鲁番文献的研究，虽然由于中外学者的共同努

力，几乎没有尚未开垦的处女地，有些课题甚至已无剩义；但学问毕竟没有止境，不少早期做的工作现在看来已嫌粗糙，不少近期做的工作现在看来也未能尽如人意，更何况还有很多悬而未决的问题。

③敦煌吐鲁番文献的研究，在很长一段时间内，没有新的学问可以取代。我们知道，一门新学问的创立，必须有新材料和新问题。这就是本书《前言》引著名史家陈寅恪先生所说："一时代之学术，必有其新材料与新问题。取用此材料，以研求问题，则为此时代学术之新潮流。"而在可以预见的很长一段时间内，在敦煌吐鲁番文献研究的历史范围，都不可能发现与敦煌吐鲁番文献相当的新材料和新问题，更不可能产生足以取代敦煌吐鲁番文献研究的新的学术潮流[1]。

因此，我愿与学界同仁一道，为开创未来百年敦煌吐鲁番文献研究更加繁荣昌盛的新局面而奋斗！

王　素

2001 年元旦于北京工体公寓

注　释

[1] 近年，敦煌悬泉置出土大量汉简，长沙走马楼出土大量吴简，虽然都能创立新的学问，产生新的学术潮流，但敦煌吐鲁番文献主要属于唐代，在学科划分越来越细的情况下，汉简研究、吴简研究都无法取代主要属于唐代的敦煌吐鲁番文献研究。

图书在版编目（CIP）数据

敦煌吐鲁番文献／王素著．－－北京： 文物出版社，
2002.4（2020.11重印）

（20世纪中国文物考古发现与研究丛书）

ISBN 978-7-5010-1312-8

Ⅰ.敦…　Ⅱ.王…　Ⅲ.①敦煌学-文献-研究　②文献-研究-吐鲁番地区　Ⅳ.K870.6

中国版本图书馆CIP数据核字（2001）第077452号

20世纪中国文物考古发现与研究丛书

敦煌吐鲁番文献

著　　者　王　素

封面设计　张希广
责任印制　张　丽
责任编辑　张庆玲
重印编辑　吕　游
出版发行　文物出版社
社　　址　北京市东直门内北小街2号楼
网　　址　http：//www.wenwu.com
邮　　箱　web@wenwu.com
印　　刷　河北鹏润印刷有限公司
开　　本　850mm×1168mm　　1/32
印　　张　8.875
版　　次　2002年4月第1版
印　　次　2020年11月第2次印刷
书　　号　ISBN 978-7-5010-1312-8
定　　价　40.00元